Wolf W. Lasko: | Lektorat: Stephanie Ehrenschwendner
Jammere nicht, handle | Umschlaggestaltung: Wilfried Klei
© J. Kamphausen Verlag & | Typografie/Satz: KleiDesign
Distribution GmbH, Bielefeld 2010 | Druck & Verarbeitung:
info@j-kamphausen.de | Westermann Druck Zwickau
www.inspire-news.de

1. Auflage 2010

Bibliografische Information der Deutschen Nationalbibliothek

Die Deutsche Nationalbibliothek verzeichnet diese
Publikation in der Deutschen Nationalbibliografie;
detaillierte bibliografische Daten sind im Internet
über **http://dnb.d-nb.de** abrufbar.

ISBN 978-3-89901-267-5

Dieses Buch wurde auf 100% Altpapier gedruckt und ist alterungsbeständig.
Weitere Informationen hierzu finden Sie unter www.weltinnenraum.de

Alle Rechte der Verbreitung, auch durch Funk, Fernsehen und
sonstige Kommunikationsmittel, fotomechanische oder vertonte Wiedergabe
sowie des auszugsweisen Nachdrucks vorbehalten.

WOLF W. LASKO

JAMMERE NICHT, HANDLE

In 7 Schritten aus der Krise

Einleitung 6

Passion 9

Das 79/21-Gesetz oder
die Verhältnismäßigkeit der Vollkommenheit 11
Haben ist nicht der Maßstab für Sein 16
Die Einstellung leitet unser Handeln 19
Finales Denken hilft 22
Die Vergangenheit ist tot, es lebe die Gegenwart! 25
Ziele bringen uns in Bewegung 29

Courage 33

Die rote Linie überschreiten und Neuland betreten 35
Im Kreis der Gewohnheiten: Die Komfortzone 42
Wer sich nicht bewegt, wird bewegt 47
Sich von Energieräubern befreien 52
Limitierende Gedanken auflösen 57
Image Blow-up: Den eigenen Rahmen sprengen 62

Creation 67

Im Theater der Wahrnehmung 69
Wir sind, was wir wahrnehmen 74
Das ABC der Gewohnheit 77
Alte Reaktionsmuster ändern 81
Sich die eigenen Überzeugungssysteme bewusst machen 84
Alles ist eine Frage des Standpunktes 89
Probleme entstehen im Kopf 93
Die Einstellung kreiert die Wirklichkeit 99
Das Prinzip von Ursache und Wirkung 102
Das Problem-Chart 106
Lösungen finden statt in Problemen zu verharren 110
Der zweite Grad der Selbstverantwortung 112

Choice 119
Love it, leave it, change it or oscillate it 121
Selbstverantwortung bringt Freiheit 129
Jede Entscheidung birgt ein Risiko 133
Wer die Wahl hat … 136

Resonance 141
Das Pendel des Lebens und seine zwei Seiten 143
Fehler sind Lerngeschenke 146
Den Rhythmus des Lebens bejahen 151
Experimentierfreude bringt Evolution 158
Die eigene Spur finden 163
Altlasten ablegen und das Unbekannte zelebrieren 167

Commitment 173
Regeln geben Spielraum 175
Wer mitspielt, muss sich an die Regeln halten 179
Nichts ist hundertprozentig perfekt 183
Commitment erfordert Vertrauen 188

Mission 193
Was will ich wirklich? 195
Gedanken kreieren Ergebnisse 200
Ko-Be-Pro – ein Wegweiser zu Ihrer Mission 204
Leben Sie Ihr Ko-Be-Pro! 217
Die eigenen Talente anerkennen 221
Wenn Sie drei Wünsche frei hätten … 226

Einleitung

Hören Sie auf zu jammern oder die Schuld bei anderen zu suchen. Wachen Sie auf und handeln Sie. Wenn irgendwann Ihr Leben auf dem Zentralfriedhof die letzte Runde dreht, ist dies biologisch in Ordnung, aber bereits im Unternehmen zu sterben an Frust und Langeweile oder deprimiert durch Machtspiele, ist eine Tragödie. Es reicht nicht, nur körperlich an Ihrem Arbeitsplatz präsent zu sein, diese freizeitorientierte Schonhaltung in einem wohltemperierten Leben nach dem Motto: „Mir geht es vergleichsweise gar nicht so schlecht …" ist ebenso unprofessionell wie tödlich.

Die Lösung liegt nicht darin, Ihr Unternehmen zu verändern, denn das wird Ihnen nicht gelingen. Auch der Wechsel zu einem anderen Unternehmen wird Ihr Problem nicht beheben, denn das Skript ist auch an einem anderen Ort dasselbe. Auch Auswandern nach Bali hilft nicht …, denn Sie nehmen sich ja immer mit, egal wohin Sie gehen. Bleiben Sie, wo Sie sind, und machen Sie dort das Beste daraus.

Aber wie, fragen Sie sich an dieser Stelle vielleicht. Dieses Buch ist nicht für Problemfälle geschrieben, sondern für erfolgreiche Menschen, die mehr vom Leben haben wollen, während sie ihrer Arbeit nachgehen. Mit den folgenden sieben Experimenten möchte ich Sie einladen, Ihre Denkstrukturen neu zu sortieren. Lassen Sie sich auf diese Diskurse des Nachdenkens ein: Passion, Courage, Creation, Choice, Resonance, Commitment und Mission – sieben Wachmacher in kristallisierter Form.

Leben heißt Veränderung. In jeder Sekunde unseres Lebens bieten sich Gelegenheiten, um das Schlechte zum Guten und das Gute zum Besseren zu wenden. Es gibt kein Falsch und Richtig, es gibt nur ein Anders. Darüber nachzudenken lohnt sich – und zwar aktiv, also bevor es zu einer Krise oder Katastrophe kommt.

Sieben Räume des Reflektierens gilt es zu durchschreiten. Alle Räume zusammen bilden ein Ganzes, ein Haus, in dem die Kunst des Lebens geübt wird. Schauen sie in die Räume hinein. Experimentieren Sie. Wagen Sie den ersten Schritt in das Neuland Ihrer Gedankenwelt und entdecken Sie Ihren eigenen Weg.

Begeben Sie sich auf die Suche nach außergewöhnlichen Antworten. Gehen sie wissenschaftlich an die Sache heran. Das Forschungsprojekt sind Sie selbst. Vergeuden Sie keine Zeit.

Wolf W. Lasko

1. Passion

Bevor Sie jetzt munter drauflos lesen: Stopp! Legen Sie dieses Buch erst einmal wieder zur Seite und überlegen Sie, was „Passion" für Sie bedeutet. Denken Sie an Leidenschaft, an leidenschaftliche Hingabe, die ohne Rücksicht auf Verluste Erfüllung sucht? Etwa wie Fitzcarraldo in dem gleichnamigen Film, der die Erfüllung seiner Passion darin sah, im peruanischen Dschungel ein Opernhaus zu bauen, ohne Rücksicht darauf zu nehmen, dass Menschen dabei ihr Leben lassen mussten. Vielleicht denken Sie auch an Romeo und Julia oder an die leidenschaftliche Zuneigung des alternden Goethe zu der blutjungen Ulrike von Levetzow. Das alles sind wahrlich keine erfreulichen Leidenschaften, eher solche, die tatsächlich Leiden schaffen.

Leidenschaft ist nicht gleich Leidenschaft. Im Kontext dieses Buches bezeichnet Leidenschaft – Passion – die intensive Verfolgung von Zielen, ohne jedoch von zerstörerischen Begierden und Besessenheiten, von destruktiven Handlungen und Gefühlen begleitet zu sein. Vielmehr ist sie erfüllt von Freude, Begeisterung, Kreativität und Spaß an allem, was der Passion dient.

Die intensive Beschäftigung mit individuellen Interessen, die das Leben lebenswert und erfüllend erscheinen lassen, das ist die Art Passion, um die es hier geht. Ob es sich dabei um berufliche Ziele handelt, um das Sammeln wertvoller Briefmarken oder um den Herzenswunsch, alle 8.000er der Welt zu bezwingen, das spielt dabei keine Rolle. Wichtig ist, dass die Passion mit der puren Lust zu leben einhergeht. Die Passion, um die es hier geht, dient dem begeisterten Leben und dieses Leben dient der begeisternden Passion.

Ein ganz wesentlicher Unterschied zu der Leiden schaffenden Passion ist auch, dass sie sich nicht vornehmlich auf den angestrebten

Erfolg oder Besitz konzentriert. Zwar ist sie auch ergebnisorientiert, doch gilt hier eher der weise Spruch: Der Weg ist das Ziel. Die Passion ist wegweisend, und der Weg wird mit Freude, Begeisterung und Power gegangen – auch wenn eine ungünstige Richtung eingeschlagen wurde oder Stolpersteine hin und wieder das Weiterkommen erschweren.

Das 79/21-Gesetz oder die Verhältnismäßigkeit der Vollkommenheit

Es scheint ein Lebensgesetz zu geben, das in fast allen Bereichen unseres Seins Gültigkeit hat: das so genannte 79/21-Gesetz. Dieses Gesetz besagt, dass in den meisten Fällen 79 Prozent einer Situation als perfekt und 21 Prozent als eben nicht perfekt bewertet werden können. Die 21 Prozent sind in diesem Fall natürlich kein feststehender Wert, sie sind nur eine Metapher für das, was zur hundertprozentigen Perfektion fehlt. Und was ist schon hundertprozentig? Nichts im Leben ist hundertprozentig! Hundertprozentige Vollkommenheit ist reine Träumerei. Andererseits: Kaum etwas ist ausgeglichen fünfzigprozentig, halbe-halbe.

Beziehen Sie dieses Gesetz einmal auf Ihr privates Leben: Als Sie Ihren Lebenspartner kennenlernten, herrschte anfangs sicher nur eitel Sonnenschein: Zu 100 Prozent waren Sie verliebt! Und was ist jetzt? Einige Jahre sind vielleicht vergangen, und Sie haben Ihren Partner besser kennengelernt. Sie wissen inzwischen um seine Mucken und Macken, und siehe da: Es ist nicht alles pures Gold, was glänzt. In Prozenten ausgedrückt: 79 Prozent definieren das Niveau tiefen Erlebens, 21 Prozent sind der Teil, den Sie als weniger angenehm empfinden.

Das Gleiche gilt für den Job. Die 79 Prozent stehen dafür, dass Sie mit vollem Herzen in Ihrem Job sind. Das Produkt, die Karriereaussichten, die Mitarbeiter, Gehalt und Status – alles passt. Sie sind zwar nicht jeden Tag happy, aber das, was Sie tun, ist Ausdruck Ihrer Bestimmung. Die 21 Prozent repräsentieren den Teil, der Ihnen im Beruf nicht gefällt.

Betrachten Sie Ihre Freunde, Ihre Hobbys, Ihr Zuhause, den Urlaub – Sie werden das 79/21-Gesetz überall entdecken können: 79 Prozent einer Situation empfinden wir als positiv und 21 Prozent als negativ.

Entscheidend ist, dass wir die 21 Prozent vermeintliche Negativität akzeptieren und gut damit umgehen können. Der Virtuose des Spiels, das da Leben heißt, beherrscht die Kunst, auch mit dem Teil umzugehen, der ihm nicht gefällt. Allerdings sollte das Erfreuliche immer überwiegen, denn natürlich gibt es das 79/21-Gesetz auch umgekehrt: mehr Negatives als Positives. Nun weiß wohl jeder, dass es keinen Sinn hat, gegen den Strom zu schwimmen und zu versuchen, aus 21 Prozent 100 Prozent zu machen, wenn woanders die Chance besteht, aus 79 Prozent 100 Prozent zu machen. Das hört sich einfach an und ist auch einleuchtend – umso seltsamer mutet es dann an, dass sich immer wieder Leute auf der 21-Prozent-Seite plagen. Sie konzentrieren sich auf die 21 Prozent und wühlen unentwegt auf der negativen Ebene herum. Damit befinden sie sich in bester Gesellschaft mit anderen Menschen, die einem Ideal hinterherjagen und nicht erkennen, dass sie sich selbst die größten Steine in den Weg legen.

Vielleicht kennen Sie einen Menschen, der der Illusion unterliegt, die Arbeit müsse zu 100 Prozent angenehm und erfolgreich sein. Das, was ihm nicht so gefällt, ärgert ihn mehr, als dass ihn das Positive erfreut. Die Folge ist, dass er die Arbeit als bedrückend und belastend empfindet. Er quält sich durch den größten Teil des Arbeitstages und konzentriert sich darauf, was im Job alles nicht funktioniert, welcher Kollege ihm auf die Nerven fällt, was der Vorgesetzte falsch macht, und der Aufzug, der funktioniert auch schon wieder nicht ...

Solche Menschen sind natürlich bestrebt, den unbequemen 21 Prozent zu entfliehen. Ein neuer Job muss her, doch auch hier begegnen sie den 21 Prozent. Und wieder ein neuer Job, doch die 21 Prozent bleiben. Irgendwann steigen sie vielleicht aus und suchen ihr Glück in einem fernen Land: Sie wandern aus nach Bali, doch spätestens nach zwei Wochen werden sie auch hier mit den 21 Prozent konfrontiert. Aber wen wundert's: Diese Menschen werden mit den 21 Prozent überall konfrontiert, weil sie sich darauf fokussieren und weil die 21 Prozent unumgänglicher Teil des Ganzen sind.

Wer mit den 21 Prozent nicht zurechtkommt, der wird ihnen nur schwerlich entfliehen können. Die 21 Prozent gehören eben zum Leben wie die Nacht zum Tag. Die einzig mögliche Veränderung ist, dass wir selbst uns verändern, um in der Lage zu sein, mit den 21 Prozent umgehen zu können. Entscheidend dabei ist, dass wir sie nicht verneinen und ablehnen, sondern als dazugehörend und unumgänglich akzeptieren. Es wäre doch jammerschade, wenn die 21 Prozent Ihre Passion beeinträchtigen würden.

Gehen wir einmal davon aus, dass Sie mit Anfang 20 ins Berufsleben starten. Bis zur Pensionierung liegen nun viele Jahre der Arbeit vor Ihnen. 50 Prozent Ihres gesamten Lebens widmen Sie also der Arbeit. Rechnen wir nun noch die Schul- und Ausbildungszeit hinzu, sind wir schnell bei den 79 Prozent des 79/21-Gesetzes.

Sie sehen also, das 79/21-Gesetz lässt sich auch auf das Verhältnis von Freizeit und Arbeit anwenden, und es wäre wenig intelligent, würden Sie sich weiter der Illusion hingeben, 79 Prozent Ihrer Zeit seien Freizeit und nicht Arbeitszeit. Fakt ist: 79 Prozent des Lebens sind Arbeit, nur 21 Prozent sind Freizeit. Bei dieser Gewichtung wäre es doch klug, sich das Leben nicht dadurch zu vermiesen, dass Freizeit als positiv und Arbeitszeit als negativ empfunden wird.

Aber, so klug sind wir oftmals nicht. Die Konzentration auf die 21-Prozent-Brille verzerrt unseren Blick für die Wirklichkeit, und wir unterliegen der Vorstellung, dass der größte Teil des Lebens Freizeit und Spaß sein sollte. So ist auch die maßlose Überbewertung der Freizeit zu erklären, die viel dazu beiträgt, dass ganze Heerscharen schon am Montagmorgen den Freitagnachmittag herbeisehnen. Sie quälen sich durch jeden Arbeitstag, sind missgestimmt und sehnen sich nach mehr Freizeit. Den größten Teil der Woche machen sie sich selbst zur Hölle und können – beladen mit dieser negativen Energie – die ersehnte Freizeit noch nicht einmal richtig genießen.

Wenn Sie jetzt einwenden, dass die tägliche Arbeitszeit durchschnittlich nur acht Stunden beträgt, dass es Wochenenden und Urlaub gibt, dann achten Sie doch bitte einmal darauf, wo Sie während der freien Zeit wirklich sind.

Die Indianer kennen den Satz: Die Seele reist langsamer als der Körper. Und das besagt: Wenn Sie zu Hause angekommen sind, ist Ihre Seele noch längst nicht da. Die Dinge des Tages wirken nach. Auch wenn Sie fernsehen, die Zeitung lesen, mit Ihrer Frau, den Kindern oder Ihren Sportkollegen zusammen sind, denken Sie an die Konferenz, die Teambesprechung, das Kundengespräch. Oft genug geht der Körper zu Bett, die Seele aber ist immer noch nicht angekommen. Und wenn Sie am nächsten Morgen unter der Dusche stehen, woran denken Sie dann? Richtig, Sie denken bereits an das, was an diesem Tag erledigt werden muss. Fast rund um die Uhr sind Sie also im Job. Denn woran Sie denken, da sind Sie! Ist das Freizeit?

An den Wochenenden sieht es auch nicht viel besser aus. Bis zum Samstagabend haben Sie es möglicherweise geschafft, mit den Gedanken nicht mehr im Job zu sein. Der Sonntagvormittag schenkt Ihnen vielleicht beinahe so etwas wie eine Erleuchtung, weil Seele und Körper zur gleichen Zeit am selben Ort sind. Das mag bis zum Mittagessen anhalten, aber schon während des Desserts drängen sich die Gedanken an den morgigen Arbeitstag mit all den zu erledigenden Aufgaben wieder nach vorne.

Selbst im Urlaub gelten Ihre Gedanken der Arbeit. Da haben Sie schließlich richtig viel Zeit, um nachzudenken: Ist es tatsächlich der passende Job für mich? Was soll ich tun, um mehr Geld zu verdienen?

Hoffentlich weiß meine Vertretung mit dem ach so schwierigen Kunden korrekt umzugehen. Schade, dass ich so bald wieder zur Arbeit muss.

Fazit ist: Freizeit, so wie wir sie definieren, gibt es nicht. Es gibt keine Trennung zwischen dem Leben im Job und dem Leben außerhalb. Freizeit ist folglich die Zeit, die Ihnen rund um die Uhr zur Verfügung steht, abgesehen von den Stunden, in denen Sie schlafen.

Wenn Sie die 79 Prozent so betrachten können, machen Sie daraus runde 100 Prozent! Sie wissen zwar um die 21 Prozent, schenken ihnen jedoch keine Aufmerksamkeit – Sie leben die 79 Prozent mit Begeisterung und Elan. Wenn Sie die 79/21 akzeptieren, werden Sie die Arbeit so erlebnisreich, so attraktiv und so positiv wie möglich gestalten. Die positive Energie der Arbeit wird sich dann auf Ihre Freizeit übertragen, und die werden Sie dann wirklich genießen können.

Sollten Sie sich jetzt schon auf die Pensionierung freuen, weil Sie glauben, dann endlich hundertprozentige Freizeit genießen zu können, denken Sie daran, dass die meisten Menschen mit Anfang 70 – die Altersangaben variieren je nach Versicherung – bereits ein Meeting auf dem Zentralfriedhof haben. Manager, die engagiert im Berufsleben stecken, haben nach dem Berufsleben nur noch eine durchschnittliche Verweildauer von sechs bis neun Jahren auf diesem Planeten. Falls Sie also bisher die verheißungsvolle Fahrt über die Route 66 auf Ihr Rentenalter verschoben haben, machen Sie besser einen neuen Plan. Denn wer weiß, ob Sie dann noch dazu in der Lage sein werden.

Da leuchtet es doch ein, jedem Tag ein Ja zu schenken und jede Stunde des Tages mit Freude auszukosten. Wer etwas hat, das ihn motiviert, ihn begeistert, für den sind die 21 Prozent das Salz in der Suppe, das dem Leben erst den richtigen Geschmack verleiht. Genau das erklärt den Unterschied zwischen den Menschen, die die Welt als positiv erleben, und denen, die ihre Aufmerksamkeit dem weniger

Perfekten schenken. Das erklärt den Unterschied zwischen denen, die im Leben einer Passion folgen, und denen, die das Leben als sinnlos empfinden.

Haben ist nicht der Maßstab für Sein

Nennen wir ihn Klaus. Klaus ist Student. Er schaut hoffnungsvoll in die Zukunft, hat konkrete Pläne für seine berufliche Karriere und er ist fleißig. Außerdem empfindet Klaus eine große Liebe für die hübsche Angelika Hoffnung, die erfreulicherweise diese Liebe erwidert. Gemeinsam haben die beiden viel Spaß am Leben, unternehmen während der Semesterferien gerne ausgedehnte Fernreisen, wenn auch mit kleinstem Budget, und planen freudig eine gemeinsame, glückliche Zukunft.

Klaus hat nun sein Studium beendet und findet sofort eine attraktive Anstellung. Schnell wird er zum Teamleiter befördert und nur kurze Zeit später zum Vertriebsleiter. Nach wie vor genießen die beiden das Leben, nach wie vor haben beide eine Leidenschaft für Fernreisen, wenn auch jetzt auf höherem Niveau. Natürlich sind Angelika und Klaus inzwischen verheiratet und als sich Nachwuchs ankündigt, gibt Angelika ihren Job auf. Sie sind glücklich, alles ist perfekt, alles ist so, wie es sich beide immer erträumt haben. Ein Jahr später wird das zweite Kind geboren, das Traumhaus im Grünen wird gekauft, und das Glück ist noch etwas perfekter als vorher.

Die Zeit verfliegt, und eines Tages – zehn Jahre sind inzwischen vergangen – kommt Klaus nach Hause und berichtet freudestrahlend, er sei zum Geschäftsführer bestellt worden! Gut, das bedeute zwar mehr Einkommen und weniger Freizeit, aber ihrem gemeinsamen Glück tue das doch keinen Abbruch. Angelika freut sich natürlich mit ihm. Doch es dauert nicht lange, da sieht sie ihren Klaus nur noch am Frühstückstisch, weil er wieder einmal bis spät in die Nacht gearbeitet hat. Auch an den Wochenenden ist er jetzt häufiger unterwegs.

Angelikas Bitten, doch endlich einmal wieder Zeit miteinander zu verbringen, beantwortet Klaus mit: „Das geht im Moment nicht." oder: „Später, später."

Mit der Zeit wandelt sich Angelika Hoffnung zu Angelika Skepsis. Sie langweilt sich. Die Kinder besuchen mittlerweile ein First-Class-Internat, und weil es Angelika zu dumm wird, den lieben langen Tag alleine zu Hause zu sein, eröffnet sie kurzerhand eine Boutique mit exquisiter Mode. Und während Klaus in den Vorstand aufrückt, zum Vorstandsvorsitzenden gewählt wird, in den Aufsichtsrat aufsteigt und Aufsichtsratsvorsitzender wird, vollzieht sich in Angelika Skepsis, ehemals Angelika Hoffnung, die Wandlung zu Angelika Servus. Sie hatten alles, was man sich nur wünschen kann, und dennoch ist ihr Glück zerbrochen.

Wir wollen haben: einen besseren Job, eine größere Wohnung, ein schnelleres Auto, mehr Kapital oder auch einen größeren und renommierteren Freundeskreis. Wir glauben, die Quantität des Habens sei Maßstab für die Qualität des Glücks.

Für dieses Glück sind wir bereit, eine Menge zu tun. Wir tun es, um etwas zu erreichen – seien es materielle Ziele oder ideelle. In beiden Fällen handeln wir habenorientiert. Um ein größeres Haus zu kaufen, arbeiten wir mehr. Um angesehene Menschen kennenzulernen, werden wir Mitglied des Golfklubs. Um unser Kapital zu vermehren, kaufen wir Aktien. Um anerkannt zu werden, wollen wir Karriere machen. Um attraktiv und begehrt zu sein, quälen wir uns im Fitnessstudio, peinigen uns selbst mit immer wieder neuen Diäten und begeben uns unter die Messer der Schönheitschirurgen. Und wir spielen Lotto, weil wir auf den Super-Jackpot-Gewinn hoffen, um endlich all das haben zu können, von dem wir uns das Glück erhoffen.

Die Haben-Geilheit charakterisiert ein emotionales Defizit, sie produziert ein Lebensdrama, sie steht für ein Entwicklungsstadium, das es zu überwinden gilt. Dazu gibt es einen schönen Spruch: „Die meisten Menschen kaufen von dem Geld, das sie nicht haben, Dinge, die sie nicht brauchen, um Leuten zu imponieren, die sie nicht mögen."

Die meisten Haben-Symbole entlarven sich jedoch selbst. Sie kennen bestimmt Menschen, die in ihrer Haben-Orientierung ein Haus haben, ein tolles Haus. Die monatlichen Belastungen dafür sind so hoch, dass sie das normale Leben total einschränken müssen. Selbst ein kurzer Urlaub ist nicht mehr drin. Da ist die Frage berechtigt: Wer besitzt hier wen? Besitzt der Käufer das Haus oder besitzt das Haus den Käufer?

Haben ist kein Garant für Glück. Wer das glaubt, begibt sich in die gefährliche Spirale des Habenwollens. Denn das Glücksempfinden wächst nicht proportional zum Haben. Im Gegenteil, der Preis, den wir für das Habenwollen zahlen müssen, ist hoch: Die Sucht und Gier nach mehr ist ebenso groß wie die Angst, alles zu verlieren.

Natürlich gibt es Menschen, die viel tun und viel haben und rundum glücklich sind. Ebenso gibt es Menschen, die viel tun und wenig haben und dennoch rundum glücklich sind. Und es gibt Menschen, die wenig tun und viel haben und ebenfalls glücklich sind.

Was also macht Glück aus? Wäre das Haben Garant für das Glück, wieso gibt es dann Menschen, die wenig haben, aber dennoch glücklich sind? Und warum gibt es Menschen, die viel haben und unglücklich sind? Das Haben allein kann also nicht Bedingung des Glücks sein. Die Glücksgleichung: „Je mehr ich habe, desto besser geht es mir", funktioniert nicht. Trotzdem orientieren sich mehr als 80 Prozent aller Menschen daran.

Allerdings sehnen wir uns danach, glücklich zu sein, wissen jedoch nicht, wie es uns gelingen kann. Liegt das Glück vielleicht im Tun? Also stürzen wir uns in die Arbeit allein um des Tuns willen oder wir sammeln Briefmarken, fahren Ski, engagieren uns in sozialen Bereichen. Wir hoffen, dass wir umso glücklicher sind, je intensiver wir das tun. Doch wir warten vergeblich darauf, dass sich das Glücksgefühl einstellt.

Haben und Tun sind leer. Wer nur haben will, um zu ..., wer nur handelt, um zu ..., der wird das Glück nicht finden. Denn nicht das, was wir bekommen, macht uns glücklich, sondern nur das, was wir bereit sind uns selbst zu geben, macht uns glücklich.

Die Quelle des Glücks entspringt dem Sein. Bewusst zu sein und bewusst aus seinem Sein heraus zu operieren, das ist der Punkt, der es möglich macht, glücklich zu sein. Erst wenn wir verstanden haben, dass wir nur das haben, was wir selbst sind, und dass es eine Beziehung zwischen unserem Sein und unserem Tun gibt, können wir aufhören zu handeln, um etwas haben zu wollen, können wir uns ganz dem hingeben, was wir gerne tun. Je interessanter und leidenschaftlicher unser Tun ist, desto zufriedener und glücklicher werden wir sein – ob wir viel oder wenig haben.

Tun Sie das, was Sie tun, um Ihrer selbst willen. Tun Sie es mit Begeisterung und voller Leidenschaft – einfach nur, weil Sie es tun. Das Glück liegt nicht im Haben, es liegt in Ihnen selbst.

Die Einstellung leitet unser Handeln

Das Ergebnis stimmt, das Ziel ist erreicht. Ihre Mitarbeiter haben über Wochen einen absolut tollen Einsatz gezeigt. Die Prämie haben sich tatsächlich alle verdient. Wirklich alle? Sie gehen gedanklich die zurückliegenden Wochen und das Verhalten Ihrer Mitarbeiter durch.

Da ist dieser junge Spund, frisch von der Universität zu Ihnen gekommen. Wie hat er gemault, als bekannt wurde, dass Ihre Abteilung das Projekt von Anfang bis Ende betreuen sollte. Gejammert hat er, weil ihm in den nächsten Monaten wohl weder Zeit für seine Hobbys noch für seine Freundin bleiben werde. Richtig ins Zeug gelegt hat er sich erst, als er von der Prämie hörte. Na, hätte ich nur solche Mitarbeiter, wir hätten dieses Ergebnis nicht erzielt.

Frau S. dagegen hat geradezu gestrahlt, als hätte sie endlich ihre Lebensaufgabe gefunden. Von Anfang an hat sie sich voll engagiert. Öfter als andere war sie bis spät in die Nacht an ihrem Arbeitsplatz und konnte dann morgens oft genug perfekte Lösungen präsentieren. Mit einer solchen Arbeitseinstellung steht der Karriere dieser jungen Frau nichts im Wege.

Und was wäre wir ohne unsere gute Seele gewesen. Als Sekretärin hatte sie mit der Projektarbeit im Grunde gar nichts zu tun. Trotzdem war sie immer bereit, länger zu bleiben. Sie war sich auch nicht zu schade, kleine Besorgungen für die Kollegen zu erledigen, weil die wieder einmal bis in die späten Abendstunden beschäftigt waren.

Besonders positiv aufgefallen ist Herr K. Dieser stille Mensch – unauffällig, aber mit Feuereifer bei der Sache. Mit seinem fundierten Wissen hat er bei manchen Schwierigkeiten den richtigen Weg aufgezeigt.

Für Herrn M. waren offensichtlich weder die hohe Prämie noch das Ziel von Bedeutung. Hätte er nicht jeden Tag eine gehörige Portion Lob und Anerkennung bekommen, wäre seine Motivation wahrscheinlich nach kurzer Zeit auf dem Nullpunkt gewesen.

So gehen Sie in Gedanken Ihre Mitarbeiter durch und Sie stellen fest, dass es höchst unterschiedliche Motivationen für den Einsatz und damit für das Ergebnis gab.

Natürlich kann der Einsatz eines Mitarbeiters grundsätzlich verbessert werden, indem Sie ihm Status, Macht, Geld oder Incentives versprechen. Doch die dadurch bewirkte Motivation funktioniert wie eine Droge: Jede Motivation ist dazu verdammt, in Zukunft immer höher dosiert zu werden oder unwirksam zu verpuffen.

Ein weiterer Aspekt der Leistungssteigerung sind permanente Trainings. Die Schwäche dieses Ansatzes liegt in der Notwendigkeit der ständigen Wiederholung. Ganze Beraterstämme leben von diesen sich ständig wiederholenden Trainings – denn irgendwo scheint es einen Mechanismus zu geben, der bei den Mitarbeitern dafür sorgt, dass gerade die wichtigsten Inhalte durch das eine Ohr hinein und durch das andere sogleich wieder hinausgehen.

Und wenn weder Versprechungen noch Trainings etwas nützen, ist die Leistung vielleicht nur noch durch die Androhung von Sanktionen und durch mehr oder weniger verborgene Kontrollen zu steigern. Allerdings ist es sehr fraglich, ob derartige Steuersysteme tatsächlich der Leistungssteigerung dienen, führen sie über kurz oder lang doch zu mehr Bürokratie und Büromanie.

Wenn Angst und Druck den Einsatz der Mitarbeiter erzwingen, wenn Status, Machtstreben und Karrieregelüste den Einsatz bewirken, wenn Lob, Anerkennung und die Aussicht auf tolle Incentives den Einsatz fördern – vergessen Sie's! Ob Zuckerbrot oder Peitsche – beide benutzen die Defizite des Mitarbeiters: seine Opfermentalität, seine Habgier, sein schlechtes Gewissen und seine Angst.

Natürlich soll hier nicht behauptet werden, dass Motivation, Trainings und Steuersysteme grundsätzlich nicht helfen. Die Erfahrung lehrt allerdings, dass sie nur dann funktionieren, wenn die grundsätzliche Einstellung stimmt. Die besten Mitarbeiter sind diejenigen, die dank ihrer Einstellung Einsatz zeigen und dadurch Ergebnisse erzielen.

Die maßgebliche Frage ist: Welche Einstellung leitet unser Handeln, durch das wir erreichen, was wir haben wollen? Ist das Handeln geprägt von Freude oder von Verdrießlichkeit? Werden Niederlagen und Rückschläge akzeptiert oder verbittern sie? Und welche Einstellung haben wir zu dem, was wir haben wollen? Bereichert es uns wirklich oder wollen wir es nur, weil wir glauben, damit unser Ansehen vergrößern, unser Selbstwertgefühl aufpolieren oder anderen Menschen imponieren zu können?

Fest steht, dass nicht die Dinge selbst, sondern der Wert, den wir den Dingen beimessen, unser Handeln bestimmen. Je mehr dieser Wert unserer ganz persönlichen Einstellung entspricht, umso mehr Begeisterung wird das Handeln begleiten.

Die richtige Einstellung zu haben heißt aber auch, sich nicht von Rückschlägen und Krisen entmutigen und verdrießen zu lassen. Denn auch das ist eine Frage der Einstellung: die Akzeptanz dessen, was ist.

Ein Mensch ist so glücklich, wie sein Handeln und Haben seiner Einstellung entspricht. Ob es darum geht, ein Unternehmen zu führen oder Briefmarken zu sammeln, wenn die Einstellung stimmt, stimmt der Einsatz und damit auch das Ergebnis.

Wer leidenschaftlich etwas will, ist so stark wie 99 andere, die nur deshalb Interesse haben, weil sie etwas haben wollen – sei es Macht, Lob, Prestige oder Geld. Folgen Sie Ihrer Passion, leben Sie leidenschaftlich und sagen Sie ein hundertprozentiges Ja zu dem, was Sie sind, erleben, tun und haben. Damit erübrigt sich jede Frage nach dem Grund für den Einsatz und natürlich auch jede Frage, aus welchem Grund Sie ein Ergebnis erreichen wollen.

Finales Denken hilft

Ich fahre zu schnell, weil ich spät dran bin.
Ich fahre zu schnell, um pünktlich zu sein.

Ich esse, weil ich Hunger habe.
Ich esse, um satt zu werden.

Auf den ersten Blick scheinen die beiden Sätze einer Gruppe ein und dasselbe auszusagen. Auf den zweiten Blick ist jedoch schnell zu erkennen, dass der jeweils erste Satz eine Ursache beinhaltet, aufgrund derer ich etwas tue. Das Tun ist also nur eine Reaktion auf eine Ursache. Die Ursache bewirkt die Aktion. Der zweite Satz hingegen benennt ein Ziel, das ich erreichen will. In diesem Fall ist das Tun keine Reaktion, sondern eine zielgerichtete Aktion. Das ist der Unterschied zwischen kausalem und finalem Denken.

Kausales Denken ist Abhängigkeit von Ursachen, die nicht unbedingt selbst herbeigeführt worden sind. Finales Denken hingegen ist eine gezielte Gedankenrichtung. Die Gedanken werden auf ein bestimmtes Ziel und auf die Erreichung dieses Ziels gerichtet. Das einzig Wichtige dabei ist, für das gesetzte Ziel den sinnvollsten Lösungsweg zu finden und ihn zu realisieren. Finales Denken beinhaltet Planungsfähigkeit, Problemlösung, ein klares Vorstellungsvermögen und die Fokussierung auf ein Ziel.

Das finale Denken, die Finalität, ist also klar auf einen konkreten Punkt, auf ein eindeutiges Ziel gerichtet. Das können Sie sich wie ein nach oben spitz zulaufendes Dreieck vorstellen. Doch jetzt kommt die Überraschung: Finales Denken zielt nicht von der Grundlinie zum obersten Punkt. Vielmehr ist dieser oberste Punkt der Ausgangspunkt, von dem das finale Denken in die Tiefe strebt.

Wenn Sie sich vorstellen, dass Sie gerade im ersten Berufsjahr sind, dann wissen Sie meistens noch nicht so genau, wo der Berufsweg hinführen soll. Sicher, Sie haben Wünsche und Vorstellungen, doch klar definieren können Sie den beruflichen Weg nicht. Nehmen wir an, Sie haben Ihr Berufsleben als Außendienstmitarbeiter mit dem Wunsch gestartet, in absehbarer Zeit als Vertriebsleiter tätig zu sein. Nach einiger Zeit im Außendienst stellen Sie jedoch fest, dass der Verkauf an sich gar nicht so sehr Ihr Ding ist. Der Umgang mit den Menschen hingegen bereitet Ihnen sehr viel Freude, und Sie stellen fest, dass Ihre soziale Kompetenz deutlich ausgeprägter ist als Ihre Fähigkeiten im Verkauf. Da liegt es doch auf der Hand, dass Sie Ihr Talent – eben die soziale Kompetenz – weiter ausbauen. Sie besuchen entsprechende Seminare und weiten Ihr Können und Ihr Wissen aus.

Mit der Zeit fällt Ihren Vorgesetzten auf, wie sehr Kunden und Kollegen Sie wegen Ihrer einfühlsamen, fairen und konstruktiven Art schätzen. Und als der Posten des Teamleiters frei wird, fällt die Wahl auf Sie. Sie nehmen diesen Posten an, und durch den Besuch qualifizierender Seminare geht Ihr Wissen weiterhin in die Breite.

Inzwischen ist es natürlich längst nicht mehr Ihr Ziel, Vertriebsleiter zu werden. Vielmehr sehen Sie Ihre Berufung darin, Menschen zu führen, anzuleiten und zu motivieren. Darauf konzentrieren Sie sich, dafür engagieren Sie sich, dafür lernen Sie und dafür erweitern Sie die Basis Ihrer Fähigkeiten und Ihres Wissens. Sie gehen in die Tiefe, bauen Ihr Fundament immer weiter aus und klettern die Karriereleiter Stufe um Stufe empor.

Finales Denken bedeutet also keinesfalls, mit sturer Zielgerichtetheit auf einen Punkt zuzusteuern, ohne dabei nach rechts und links zu schauen. Vielmehr bedeutet es, zielbewusst und systematisch die Talente und Fähigkeiten, das Können und Wissen auszubauen.

Im Grunde setzt das finale Denken keinen Schlusspunkt. Solange Sie mit Begeisterung und Leidenschaft Ihre persönlichen Ressourcen ausbauen und erweitern, führt es immer weiter in die Tiefe und auf eine immer wieder noch breitere Ebene.

Dennoch, es gibt Grenzen. Spätestens dann, wenn die nächste Beförderung zwar Ihrer Passion, nicht aber Ihren Qualifikationen entspricht. Da mögen Sie bisher mit noch so viel Wissen und exzellenten Fähigkeiten geglänzt haben – in dieser Position Sie sind schlicht und einfach inkompetent.

Damit soll nicht gesagt werden, dass es falsch wäre, seine eigenen Grenzen zu überschreiten und unbekanntes Terrain zu betreten. Damit soll nur gesagt werden, dass es für jeden Menschen natürliche Grenzen gibt, die er einfach nicht überschreiten kann. Schließlich kann jeder viel, aber niemand kann alles können. Daher geschieht es sehr oft, dass fähige Mitarbeiter befördert werden und eine Position beziehen, für die sie unfähig und ungeeignet sind.

Natürlich ist es nur allzu menschlich, eine Beförderung anzunehmen, ist damit doch viel Angenehmes verbunden. Final gedacht wäre es jedoch besser, auf diese Beförderung zu verzichten und bei der Position zu bleiben, die dem eigenen Vermögen entspricht. Denn sonst könnte die Passion schnell zu einer Leidenschaft, die Leiden schafft, werden.

Die Vergangenheit ist tot, es lebe die Gegenwart!

Lassen wir die Zeit der Kindheit und der Jugend außer Acht, kann das Leben grob in drei Phasen aufteilt werden.

Die erste Phase beginnt im Alter von 20 Jahren und endet mit 40. Es ist ein Zeitraum des Aufbaus. Wir konzentrieren uns auf den beruflichen Werdegang und die Karriere. Wir gründen eine Familie, widmen uns der Kindererziehung und schaffen uns einen netten Freundeskreis. Persönlich sind wir während dieser Jahre auf der Suche nach unserer Identität. Am Ende dieser Phase könnten wir dann stolz auf das Geschaffte blicken.

Zwischen 40 und 60 – die zweite Phase – lernen wir mit den Konsequenzen unseres bisherigen Handelns und der getroffenen Entscheidungen zu leben. Daraus resultiert entweder Resignation oder eine neue Aufbruchstimmung. Wir setzen uns mit dem Tod auseinander und üben uns in der Akzeptanz, dass die Lebenszeit endlich ist. Die Kinder ziehen aus, die Beziehung zum Partner bekommt eine neue Qualität, die erst einmal bewältigt werden muss – eine offensichtlich schwierige Angelegenheit, wie die Zahl der Scheidungen in dieser Phase belegt. Neigt sich diese Phase dann langsam ihrem Ende zu, nimmt die Gesundheit einen wichtigen Stellwert ein, zudem gilt dem vorstehenden Rentenalter ein hohes Maß an Aufmerksamkeit.

Die dritte Phase beginnt mit 60. Die letzten Berufsjahre stehen an. Die meisten Menschen freuen sich darauf, bald in den Ruhestand entlassen zu werden. Endlich aus der Tretmühle herauskommen, endlich Freizeit haben! Doch bald schon merken sie, dass es recht langweilig sein kann, nichts zu tun zu haben, nicht tun zu müssen außer alltäglichen Besorgungen und Erledigungen. Wer gerne reist und es sich finanziell erlauben kann, dem bieten Weltreisen und

Kreuzfahrten erlebnisreiche Abwechslung. Auch Ehrenämter sind bestens geeignet, dem täglichen Trott zu entkommen.

Nur wenige Menschen sind der Meinung, dass Altwerden etwas Wunderbares sein kann. Für die meisten ist die dritte Lebensphase nicht gerade ein Hochgenuss. Die Angst vor dem körperlichen Verfall und dem näher kommenden Tod beeinträchtigt die Lebensqualität ebenso wie die Gier, in den verbleibenden Jahren alles das nachzuholen, was bisher vermeintlich versäumt wurde. Weltreisen und Ehrenämter helfen nicht darüber hinweg. Sie sind Zeitfüller, etwas Nettes gegen die aufkommende Langeweile.

Wer in den ersten beiden Lebensphasen nicht sorgfältig mit sich umgegangen ist, braucht sich nicht zu wundern, wenn er in späteren Jahren alles nur Mögliche unternimmt, um dem Einerlei zu entfliehen.

Genau darum geht es aber: sich nicht mit Zeitfüllern zu begnügen, sondern eine Tätigkeit auszuüben, die in Anspruch nimmt, die beflügelt und das Gehirn dazu anregt, bestehende Synapsen zu stimulieren und neue zu entwickeln.

Natürlich ist es schwer, die dritte Phase emphatisch zu leben, wenn die bisherigen Jahre mehr oder weniger trivial gelebt wurden. Unmöglich ist es jedoch nicht. Allerdings ist es im Alter wesentlich leichter, neue Herausforderungen anzunehmen, begeistert, intensiv, lebendig und leidenschaftlich zu sein, wenn in jüngeren Jahren der Grundstein dafür gelegt wurde.

Ist es nicht auffällig, dass Menschen, die sich ihr Leben lang mit Leidenschaft einer bestimmten Sache gewidmet haben, auch im Alter eine sehr lebendige und faszinierende Ausstrahlung besitzen? Dass sie ungeachtet aller körperlichen Alterserscheinungen jung wirken? Dass sie das Leben mit all seinen Höhen und Tiefen genießen? Dabei ist es vollkommen unerheblich, was sie getan haben und was sie tun. Ausschlaggebend ist allein, wie sie es getan haben – nämlich engagiert, passioniert und lebensbejahend.

Herbert ist gerade 40 Jahre geworden. Und seit 20 Jahren arbeitet er in demselben Unternehmen. Wenn man ihm zuhört, wird man schnell erkennen, dass er sich für ein verkanntes Genie hält. Seine Eltern haben ihn nicht richtig gefördert, in der Schule sind seine Leistungen nicht richtig anerkannt worden. Hätte man seine Fähigkeiten berücksichtigt, dann hätte er das Abitur geschafft und studieren können. Denn eigentlich wäre er gerne Ingenieur geworden, und zweifelsohne hätte er es, davon ist Herbert überzeugt, in Fachkreisen zu großer Anerkennung gebracht.

Auch in dem Unternehmen, für das er – leider – statt dessen arbeitet, sind seine Fähigkeiten in all den Jahren nie gewürdigt worden. Denn sonst wäre auch hier einiges anders gelaufen. Hätte man sein Können richtig bewertet, dann wären ihm natürlich gute Aufstiegsmöglichkeiten geboten worden. Und heute wäre er oben, an der Spitze. Wäre, hätte, wäre, hätte, wäre, hätte ... Das ist Simulation von Leben.

Natürlich ist Herbert unzufrieden. Aber die Unzufriedenheit reißt ihn nicht aus der Bequemlichkeit. Denn Herbert hat keine Kraft für die Gegenwart, weil er sie verbraucht für das Festhalten an der Vergangenheit. Und wahrscheinlich wird er noch an seinem 60. Geburtstag sagen: Hätte ich mit 40 Jahren die richtigen Möglichkeiten geboten bekommen, wäre ich bestimmt ein reicher Mann geworden.

Das ist ein Denken in der Vergangenheit. Doch die Vergangenheit ist tot, sie ist nicht mehr zu ändern. Aber wenn Sie den Kontext in Ihrem gegenwärtigen Leben nicht ändern, wird die Vergangenheit Sie immer wieder einholen, und Sie werden heute das Gleiche denken wie gestern: Es ist nicht zu ändern; die anderen sind schuld; die Chance ist vertan. Und Sie werden das Gleiche tun wie vorgestern: Nichts.

Wenn Sie doch damals das Studium nicht abgebrochen hätten, welche Möglichkeiten stünden Ihnen dann offen! Jetzt sind Sie am Ende Ihrer Karriere. Sie sind zwar seit acht Jahren stellvertretender Filialleiter einer Bank, aber genauso lange sind Sie der Meinung: Hätte ich damals das Studium beendet, dann könnte ich heute noch weiter oben sein. Und der Gedanke, was heute alles sein könnte, wenn Sie damals anders gehandelt hätten, macht Sie unzufrieden und nimmt Ihnen den Spaß an der Arbeit. Doch statt nach Gelegenheiten für Ihr Weiterkommen Ausschau zu halten, tun Sie das, was Sie schon seit acht Jahren tun: Den Möglichkeiten der Vergangenheit nachtrauern und die Hände in den Schoß legen.

Was gestern alles hätte passieren können, das ist uninteressant. Handeln gibt es nur in der Gegenwart, nicht in der Vergangenheit. Man kann lediglich aus dem Vergangenen lernen, für die Gegenwart und für die Zukunft. Die Erkenntnisse und Erfahrungen der Vergangenheit sind heute hilfreich und erleichtern das Leben. Nutzen Sie also das Wissen aus der Vergangenheit, um das Heute zu leben. Denn nur heute, immer nur heute, können Sie etwas tun.

Es gibt aber noch eine andere Variante, die wir alle ebenso gut kennen: Wenn ich in sechzehn Jahren die Hypothek auf mein Haus zurückgezahlt habe, dann werde ich ein Leben führen, das ich mir schon immer gewünscht habe. Bis dahin lasst uns darben. Oder: Wenn ich in fünf Jahren diese ganz bestimmte Position erreicht habe, dann wird endlich ein tolles Leben anfangen, das mir alle Annehmlichkeiten bietet. Wenn, dann. Wenn, dann. Wenn, dann ... Die Sahara ist nicht der einzige Ort, wo alles im Sand verläuft.

Leben ist eindimensional und funktioniert nur heute, nicht morgen. Morgen ist eine Fiktion, ein Zustand, der noch nicht eingetreten ist. Leben kann nur heute sein. Jeder Tag zwischen dem Gestern und der Zukunft ist hervorragend geeignet, um ihn zum Handeln zu nutzen. Betrachten Sie das Kalenderblatt eines jeden Tages als ein Wertpapier, dessen Kurs Sie selbst bestimmen. Denn heute können Sie die Vorbereitungen treffen, damit das Morgen Sie nicht unangenehm überrascht. Und ganz bestimmt bietet das Heute viele Möglichkeiten, um ein schönes Leben führen.

Jedes Lamento über Vergangenheit und Zukunft vergeudet Ihre Energie. Wenn Sie Ihre ganze Energie in das stecken, was war, oder in das, was kommt – wie viel Energie bleibt Ihnen noch übrig für das, was ist? Wahrscheinlich keine. Und was aus Ihrer Passion wird, liegt damit klar auf der Hand: Sie landet als Wunschdenken auf der Deponie der unerfüllten Träume!

Ziele bringen uns in Bewegung

Wer eine Passion hat, sich für etwas begeistert und engagiert, der hat natürlich auch ein Ziel, vielleicht sogar mehrere.

Stellen Sie sich vor, Ihr Ziel vor fünf Jahren war es, Abteilungsleiter mit zwanzig Mitarbeitern zu werden. Die fünf Jahre sind um. Sie haben sich angestrengt, auf Freizeit verzichtet, intensiv an Ihrem Weiterkommen gearbeitet. Und eine kleine Feier innerhalb der Firma dokumentiert, dass Sie Ihr Ziel erreicht haben. Sie glauben, jetzt können Sie sich hinsetzen und das Erreichte genießen? Von wegen! Ein Ziel ist niemals ein Schlusspunkt. Denn mit Sicherheit kommen mit dem erreichten Ziel neue Aufgaben auf Sie zu. Sie müssen mehr Verantwortung übernehmen, Ihre Führungsqualitäten verbessern, mehr über Ihr Fachgebiet lernen. Und schon setzen Sie neue Prioritäten und entwickeln neue Ziele.

Bestimmt sind in den vergangenen fünf Jahren auch nebenher noch neue Ideen entstanden, die auch schon wieder neue Ziele vorgeben. Denn wenn Sie es bis zum Abteilungsleiter geschafft haben, können Sie doch anschließend einen Sitz im Vorstand anstreben. Und natürlich ist der berufliche Aufstieg auch mit einem höheren Einkommen verbunden. Warum also nicht ein größeres Haus in einer schöneren Gegend kaufen? Wieder ein Ziel.

Denken Sie an die Ziele, die Sie bisher erreicht haben. Mit Sicherheit haben Sie jedes Mal eine interessante Erfahrung gemacht: Das Ziel an sich ist leer. Denn erstens haben Sie eine Menge Arbeit gehabt, um es zu erreichen, und zweitens ist es gewöhnlich nur die Vorstufe für das nächste Ziel. Das geht Schritt um Schritt weiter, bis ins Unendliche. Ein erreichtes Ziel ist der Ausgangspunkt für das nächste, und bereits auf dem Weg dorthin tauchen neue Wünsche auf. Ziele reihen sich aneinander wie die Glieder einer Kette. Doch sie bilden keine gerade Linie, führen in keine Richtung, sondern wachsen spiralförmig umeinander herum. Sobald eines erreicht ist, schließt sich schon das nächste an. Wie schon Wilhelm Busch sagte: „Ein jeder Wunsch, der sich erfüllt, kriegt augenblicklich Junge." Warum braucht es dann überhaupt Ziele?

Ziele gleichen Defizite aus. Der Punkt, an dem Sie sich in Ihrem jetzigen Leben befinden, ist dadurch gekennzeichnet, dass Sie einen Mangel empfinden. Irgendetwas fehlt zu Ihrer Zufriedenheit. Und Sie glauben, das angestrebte Ziel werde dieses Defizit beheben. Doch mit jedem erreichten Ziel stellen Sie fest, dass es noch mehr gibt, was Ihre Zufriedenheit steigern könnte. Erreichte Ziele setzen niemals den Schlusspunkt, sie eröffnen immer wieder neue Möglichkeiten – bis ins Unendliche.

Sicherlich kennen Sie diese Situation. Sie sind mit Ihrer Frau und Ihrem Kind in den Sommerferien in den Süden gefahren. Wer mit Kindern ans Meer fährt, kommt nicht umhin, am Strand eine Sandburg zu bauen. In den meisten Fällen ist es dann der Vater, der gemeinsam mit dem Kind intensiv damit beschäftigt ist, eine wunderschöne Sandburg zu bauen. Da werden Türme errichtet, Wassergräben angelegt, Wälle erschaffen, und am Ende wird das Bauwerk mit den herrlichsten Muscheln dekoriert. Zufrieden seufzend lässt der Vater sich neben seiner Frau nieder, während der Nachwuchs ausgelassen herumtollt. Da geschieht etwas Schreckliches: Das Kind nimmt Anlauf und springt mit einem Juchzer auf die soeben erst fertiggestellte Sandburg!

Was ist passiert? Eine einfache Antwort: Der Vater hat eine Burg gebaut. Das Kind hat gebaut, um zu bauen. Sein Ziel war allein das Bauen. Die vergangene Arbeit und der Erhalt des Prachtwerks sind ihm gleichgültig. Es lebt heute, jetzt. Sein Ziel ist allein der Weg.

Ziele schenken Ihnen den Weg! Sie haben einzig und allein die Aufgabe, Sie in Bewegung zu bringen. Zu mehr haben Ziele keinen Sinn. Ziele setzen Handlungen in Gang, sie machen den Kopf frei und lassen Sie – so paradox es auch klingen mag – die Ziele vergessen. Ziele schenken Ihnen ein Leben im Heute. Es ist ohne Belang, was heute wäre, wenn Sie damals ... oder was morgen sein wird, wenn ... Sie trauern weder der Vergangenheit mit ihren verschenkten Chancen nach, noch hoffen Sie auf die eventuellen Möglichkeiten der Zukunft. Sie handeln jetzt, immer Ihre Passion im Blickfeld, die sich aber auf Ihrem weiteren Weg wahrscheinlich verändern, erneuern oder vervollkommnen wird.

2 Courage

„Ihr könnt alles erreichen, was ihr wollt (…) Nur ein paar Menschen erreichen, was sie wollen (…) Die Menschen, die sich dafür wirklich anstrengen."

Dieses Zitat stammt aus dem Film „Dance – jeder Traum beginnt mit dem ersten Schritt". Und wahrscheinlich werden die meisten dem zustimmen. Da wundert es doch, dass selbst die, die dem zustimmen, nicht alles erreichen, was sie wollen, obwohl sie sich wirklich anstrengen.

Anstrengung ist die eine Sache. Anstrengen können Sie sich auch, wenn Sie eine halbe Stunde auf der Stelle laufen. Nur kommen Sie damit nicht weiter. Um wirklich zu erreichen, was Sie wollen, müssen Sie die Anstrengung mit Mut ergänzen. Das, was Sie erreichen wollen, gehört logischerweise noch nicht zu Ihren derzeitigen Gegebenheiten. Es liegt außerhalb, und um dort hinzugelangen, müssen Sie den Kreis der Gewohnheiten verlassen.

Stellen Sie sich vor, in diesem Moment wird genau da, wo Sie jetzt sitzen oder stehen, ein Kreis um Sie herum gezeichnet, begrenzt von einer unsichtbaren roten Linie. Schauen Sie genau hin: Es ist eine magische Linie, die Sie nicht überschreiten können, die Sie gefangen hält in diesem Kreis, im Kreis Ihrer Gewohnheiten. Alles, was innerhalb des Kreises der Gewohnheiten liegt, ist Ihnen bekannt und vertraut; hier fühlen Sie sich sicher. Leider ist das auch der einzige Vorteil Ihrer Gefangenschaft. Denn im Kreis der Gewohnheiten gibt es kein Lernen, keine Entwicklung, keine Lebendigkeit. Doch jenseits der roten Linie liegt aufregendes Neuland. Hier warten neue Erfahrungen und Erkenntnisse darauf, entdeckt zu werden. Hier finden Sie faszinierende Herausforderungen, die Sie annehmen sollten, wenn Sie vom Leben mehr erwarten als Stagnation.

Nun, niemand hindert Sie daran, diese magische rote Linie zu überschreiten. Es gibt keine bösen Hexenmeister und keine fauchenden Ungeheuer, die sich Ihnen in den Weg stellen. Wollen Sie den Schritt über die rote Linie wagen, gibt es kein anderes Hindernis als die selbst konstruierten Ängste, die es nun zu überwinden gilt.

Die rote Linie überschreiten und Neuland betreten

Starten wir mit einem Experiment, das wohl all jene erschaudern lässt, die für den Genuss der angeblichen Sicherheit alles gäben. Es ist ein Appell an Ihre Kreativität und Intelligenz, vielleicht aber schon der erste Schritt zu einem Blackout.

Alles in allem geht es bei diesem Experiment um ein Abenteuer der besonderen Art. Das Motto heißt: Hauptsache, völlig daneben! Sie sollen etwas tun, was Ihre Norm sprengt, was nicht zu Ihrer Rolle passt, was Sie eigentlich nie tun würden. Irgendetwas, was niemand von Ihnen erwartet. Und um die Spannung zu steigern, tun Sie es am besten im Beisein anderer.

Hier geht es weder um ein Verhaltenstraining mit dem Ziel, besser zu werden, noch um eine Wertung Ihres Tuns. Der Sinn dieser Übung liegt einzig darin, die eigenen Verhaltensmuster kennenzulernen. Wie reagieren Verstand und Körper, wenn Sie auf Neuland stoßen? Welche Gefühle werden dabei ausgelöst? Was passiert, während Sie den Schritt über die rote Linie wagen? Und was passiert, nachdem Sie es getan haben?

Ein paar Punkte sind beim Überschreiten der roten Linie zu beachten:

- Das, was Sie tun wollen, können Sie frei wählen.
- Es kann so lange dauern, wie Sie möchten.

- Es gibt keine Einschränkung.
- Sie sollen es hier und jetzt tun.
- Sie sind der einzige Akteur, verzichten Sie auf die Unterstützung anderer.
- Egal was Sie tun, tun Sie es nicht auf Kosten anderer.
- Tun Sie nichts, wobei Sie sich verletzen könnten.

Ich nehme an, Ihr Verstand arbeitet jetzt fleißig und sucht nach geistreichen Einfällen. Aber er bekommt keine Informationen, er zieht eine Leerschleife und versucht herauszufinden, ob eine solche Situation in der Vergangenheit schon einmal da gewesen ist, ob es etwas Vergleichbares gibt, um dann ein vertrautes Verhaltensmuster wiederholen zu können. Doch auch das führt meist zu keiner Lösung, denn es gibt bisher nichts Vergleichbares. Der Verstand signalisiert: Gefahr in Verzug! Und sofort reagiert Ihr Körper. Kleine Adrenalinstöße setzen alle Stressreaktionen in Gang. Sie sind erregt, stehen unter Spannung. Spannung kann ein fantastisches Gefühl sein: Sie mahnt zur Vorsicht, verhilft zur erforderlichen Wachsamkeit und Aufmerksamkeit. Doch mit zunehmender Spannung kommt eine gewisse Unsicherheit auf, vielleicht begleitet von hektischen roten Flecken oder vor Aufregung feuchten Händen. Die krampfhafte Suche nach etwas Vernünftigem geht weiter.

Irgendetwas müsste doch da sein! Ihr Verstand ergeht sich in paranoiden Hochrechnungen. Mit missionarischem Eifer zeigt er auf, was alles Schlimmes passieren, was schiefgehen könnte. Und wie denken die anderen darüber? Werden sie lachen? Fazit: Was immer Sie auch tun werden, Sie können sich nur blamieren. Doch auf einmal kommen Ihnen brillante Ideen und völlig neue Vorstellungen in den Sinn. Sie werden ungeheuer kreativ.

Ich bin jedoch fast sicher, Sie tun es nicht. Und nachdem Sie mehrere vielleicht auch unschickliche Einfälle verworfen haben, gewinnt der Gedanke überhand, dass Sie natürlich mit Leichtigkeit irgendetwas in die Tat umsetzen könnten, nur haben Sie im Moment einfach keine Lust dazu. Dann gelangen Sie langsam zu der Ansicht, dass dieses Experiment eigentlich gar nicht intelligent ist, sondern sogar ziemlich dumm. Und Sie lesen einfach weiter statt zu handeln.

Ich weiß nicht, wie Sie mit diesem Unterfangen umgegangen sind. Wollten Sie vielleicht etwas tun und haben es doch nicht ausgeführt? Dann brauchen Sie jetzt ein Ventil, um sich abzureagieren, denn die Anspannung, der Stress ist noch nicht abgebaut. Sie können nun sauer werden und die aufsteigende Wut über Ihr Nichthandeln auf irgendjemanden projizieren. Sie können mit anderen über irgendetwas Belangloses reden. Sie können auch über die Menschen lachen, die solch ein Experiment wirklich durchführen.

Was hat das Spiel mit dem realen Leben zu tun? Nun, wenn Sie die rote Linie tatsächlich überschreiten wollen, um an Ihr Ziel zu gelangen, werden Sie bestimmt eine weitaus größere Herausforderung spüren. Besonders dann, wenn Sie wissen, dass andere Menschen Ihre ungewöhnlichen Handlungen bemerken werden.

Dann stehen Sie vor Ihrer roten Linie, noch geschützt im Kreis der Gewohnheiten, und schauen auf die außerhalb liegenden Ziele, die für Sie einfach wichtig sind. Und während Sie über die notwendigen Schritte nachdenken, werden Sie wie in der Übung Erregung und Spannung spüren. Denn dann, wenn Ihnen etwas unbekannt ist, wenn Sie vor Neuland stehen, versetzt der Körper Sie in die Lage, sehr präsent, sehr wach zu sein, um auf das reagieren zu können, was auf Sie zukommt. Adrenalinstöße bereiten den ganzen Körper auf eine mögliche Aktion vor. Aber nicht das Ereignis an sich produziert die Adrenalinstöße. Auslöser sind vielmehr Ihre Gedanken über das, was Sie tun wollen, und über das mögliche Ergebnis.

Wenn Sie die rote Linie schließlich überschritten haben, werden Sie vielleicht sagen: Hey, das war super! Und Sie werden feststellen, dass Sie sich gelöst und entspannt fühlen. Die aufgebaute Spannung ist während des Handelns verschwunden, der Stress ist abgebaut.

Jenseits der roten Linie ist Neuland. Wir schauen aus dem Kreis der Gewohnheiten sehnsuchtsvoll dorthin, wo unsere Ziele, unsere Wünsche, unsere Absichten und Vorhaben wie leuchtende Sterne an einem unbekannten Himmel funkeln. Wir wollen hin zu ihnen, fühlen aber gleichzeitig die Angst vor dem Unbekannten. Und unverzüglich baut unser Denken eine Grenze auf zwischen dem, was wir bereits kennen, und dem, was es zu entdecken gäbe. Diese Grenze ist wie eine dicke rote Linie, in Zentimeterabständen gespickt mit Warntafeln: Achtung! Sie betreten absolutes Neuland! Gefahr!

Das ist die Tragik eines normalen Mitteleuropäers: Der Verstand, der so unendlich hilfreich sein kann, erweist sich vor dem Überschreiten der roten Linie als Zensor. Er wird zum Großinquisitor, dessen paranoide Ideen den Befehl geben, alles beim Alten zu lassen und auf keinen Fall ein Wagnis einzugehen. Denn wenn Sie die rote Linie überschreiten, betreten Sie absolutes Neuland, und damit gehen Sie ein Risiko ein.

Risiko macht Angst, schürt Zweifel und Unsicherheiten. Alles wird in Frage gestellt, tausend Gründe sprechen dagegen. Der Verstand läuft Amok, die Gefühle wenden sich mit Grausen ab. Und mit vereinten Kräften ziehen sie uns zurück, sobald wir uns dazu entschließen, den Schritt zu wagen. Dann stehen wir wieder am Ausgangspunkt, zwar in Sicherheit, aber erfolglos, frustriert, verzagt.

Kramen Sie doch einmal in Ihren Erinnerungen: Wann sind Sie in Ihrem Leben über die rote Linie gegangen und wie haben Sie sich dabei gefühlt? Je nachdem, worum es sich bei Ihrer roten Linie gehandelt hat, mag ein zufriedenstellendes, beglückendes, befreiendes oder berauschendes Gefühl damit einhergegangen sein. Auf jeden Fall war es einfach fantastisch, sich der Herausforderung gestellt und Neuland betreten zu haben.

Solche Gefühle sind im Kreis der Gewohnheiten nicht anzutreffen. Hier gibt es die gewohnte Ordnung, die heimelige Sicherheit und die alltägliche Routine. Nur: Die Chance zu lernen und zu wachsen, die Möglichkeit der Entwicklung gibt es hier nicht.

Stellen Sie sich diese Situation vor: Ihnen wird angeboten, im kommenden Jahr die Vertretung Ihrer Firma in Japan zu übernehmen. Sie haben eine Woche Bedenkzeit. Natürlich reagieren Sie voller Begeisterung auf dieses Angebot, denn endlich scheint sich ein langgehegter Wunsch zu erfüllen. Sie sind ganz aufgewühlt und rufen abends sofort sämtliche Freunde an, um von dieser einmaligen Chance zu berichten. Bevor Sie zu Bett gehen, denken Sie an all die faszinierenden Dinge, die Sie kennenlernen werden. Und beim Einschlafen steht für Sie fest: Ich übernehme den Job. Am nächsten Tag überlegen Sie noch einmal gründlich, aber immer noch voller Enthusiasmus, welche Vorbereitungen zu treffen sind. Natürlich werden Sie einen Intensivkurs für Japanisch besuchen und noch einiges für die Erweiterung Ihres Fachwissens tun. Dann stellen Sie eine Liste auf, was sonst noch alles zu regeln ist. Und abends legen Sie sich wieder schlafen mit der Überzeugung, in einem Jahr in Japan zu sein.

Nun gehen Sie aber am folgenden Tag nicht direkt zu Ihrem Vorgesetzten, um diesen Entschluss mitzuteilen. Sie zögern und wollen die endgültige Entscheidung noch ein wenig aufschieben. Auf einmal spüren Sie eine leichte Anspannung, so ein unangenehmes Gefühl. Bis zum Abend stehen Sie dann richtig unter Stress. Und damit haben Sie den Zeitpunkt verpasst, über die rote Linie zu gehen. Denn plötzlich empfinden Sie Furcht vor den Aufgaben, die auf Sie zukommen werden. In einem Jahr Japanisch lernen? Sie hatten schon mit Englisch einige Schwierigkeiten. Und ob Sie jemals mit der fremden Kultur vertraut werden? Sie werden Ihre Freunde verlassen und mutterseelenallein sein. Sie werden alles Vertraute hinter sich lassen. Jetzt überfällt Sie richtige Angst. Es ist nichts Bestimmtes mehr, woran Sie denken. Nur noch ein umfassendes, ungutes Gefühl des Bedrohtseins macht sich breit. Einen ganzen Tag lang schlagen Sie sich damit herum, dann entscheiden Sie sich gegen Japan.

Wie oft lassen Sie in Ihrem Leben einfach Chancen verstreichen, statt etwas Neues zu wagen? Hätten Sie den Mut, die eine oder andere rote Linie im Leben zu überschreiten, wäre das ein sicherer Weg aus dem Kreis der Gewohnheiten. Lernen können Sie nur jenseits der roten Linie! Aber viele Menschen denken zuerst über die möglichen negativen Auswirkungen ihrer Handlungen nach. Das nimmt ihnen den Mut, etwas zu riskieren. Doch je seltener sie den Mut haben, den Kreis der Gewohnheiten zu verlassen, umso größer wird die Angst vor jeder neuen Herausforderung, und sie werden irgendwann passiv und lethargisch durchs Leben stolpern, ohne den geringsten Ehrgeiz zu entwickeln, mehr aus sich zu machen.

Dennoch: Die rote Linie bleibt bestehen, sie ist nur dazu gemacht, um überschritten zu werden. Das Leben schenkt uns die roten Linien, damit wir die Chance haben, uns stetig zu entwickeln, vielschichtiger und vielseitiger zu werden. Wenn wir diese Chancen nicht nutzen, müssen wir untätig zusehen, wie das Leben sich beständig fortentwickelt, und wir müssen uns dem, was geschieht, machtlos unterwerfen. Dabei braucht es nur einen mutigen Schritt über die rote Linie, um den Prozess der Entwicklung aktiv mitgestalten zu können.

Stunden- und oft tagelang malen wir uns aus, was alles passieren könnte, wenn wir den Schritt über die rote Linie wagen würden. Alle Eventualitäten werden im kleinsten Detail überdacht, bis uns eine schier unüberwindbare Mauer aus Zweifeln, Ängsten und Sorgen umgibt.

Das alles sind Energieformen, die Signale setzen, um über uns hinauszuwachsen und ungeahnte Fähigkeiten zu entwickeln. Eine gute Sache, hätten wir dann auch tatsächlich den Mut, über uns hinauszuwachsen und der Entwicklung ungeahnter Fähigkeiten eine Chance zu geben. Doch leider lässt unser Verstand stattdessen alle erdenklichen Warnbojen aufsteigen. Warum ein Risiko eingehen? Warum nicht bei den vertrauten Gewohnheiten, dem eingefahrenen Verhalten und dem gebräuchlichen Denken bleiben? Die paranoiden

Hochrechnungen des Verstandes produzieren Horrorszenarien und wollen mit aller Macht das Neue verhindern.

Kommt Ihnen das bekannt vor? Vielleicht haben Sie Ähnliches bei dem Examen erlebt, vielleicht auch vor der Führerscheinprüfung oder vor dem Gespräch mit Ihrem Vorgesetzten wegen der Ihrer Meinung nach längst fälligen Gehaltserhöhung.

Manche Einwände des Verstandes mögen berechtigt sein. Die gilt es zu überdenken und abzuwägen. Alles andere aber wird sich niemals bewahrheiten. Es ist schlicht und einfach Gedankenmüll, der zudem eine Menge Energie bindet, die durchaus sinnvoller zu nutzen wäre.

Stellen Sie sich vor, ein Trapezkünstler würde sich vor jedem Auftritt solchen Überlegungen hingeben – einfach undenkbar. Natürlich kennt auch er den Moment der Unsicherheit, er hat ihn tausendfach erlebt. Doch dann verlässt er die Sicherheit, bleibt für Sekundenbruchteile ohne Halt, bis er die Hand seines Partners ergreifen kann, auf die er zufliegt. Nicht mehr gehalten von der Sicherheit der Gewohnheit und noch nicht in der Sicherheit des Neulands – doch im Moment des Loslassens, in der Handlung selbst, ist der Verstand naturgemäß auf kraftvolles, funktionierendes Denken programmiert.

In der Handlung selbst gibt es kein Zaudern, keine Unentschlossenheit, keine Angst vor dem Risiko. Nur die Gedanken vorher verunsichern und ängstigen, weil wir nie wissen können, zu welchem Ergebnis die Handlung tatsächlich führen wird. Doch dieses Risiko sollte uns nie davon abhalten, den Schritt zu wagen. Denn danach wissen Sie zumindest, was Sie besser oder anders machen könnten.

Leben Sie das Risiko, es schafft neue Erkenntnisse. Holen Sie sich das vom Leben, was Sie eigentlich verdient haben! Und denken Sie daran: Im Kreis der Gewohnheiten findet mit Sicherheit vieles statt, aber kein Wachstum. Sicherheit gibt es nur in der Vergangenheit, in der Zukunft ist alles Risiko. Risiko gehört zum Leben wie der Punkt unters Fragezeichen. Und letztendlich gehen Menschen, die jedes Risiko scheuen, das größte Risiko ein.

Wenn Sie einmal den Mut gefasst haben, die rote Linie zu überschreiten, wird dieser Erfolg, dieses Glücksgefühl, jede neue Herausforderung leichter machen. Und vor allem: Die quälenden Gedanken, die sich vor dem Schritt über die rote Linie in Ihrem Kopf tummelten, sind verschwunden, sie haben sich in Luft aufgelöst.

Das soll aber nicht heißen, dass es Ihnen im Leben immer gelingen wird, die rote Linie zu überschreiten. In manchen Lebenssituationen werden Sie einfach zu viel Angst haben. Respektieren Sie das, und stehen Sie zu Ihrer Mutlosigkeit! Aber lassen Sie sich niemals davon abhalten, es bei der nächsten Gelegenheit wieder zu versuchen.

Natürlich kann es Ihnen manchmal passieren, dass Sie mit aller Macht gegen die rote Linie laufen und wie von einem starken Gummiband zurückgezogen werden. Wer in seinem Leben stets nach vorne geht, nie anhält, steht immer auf einem Bein und kann schnell umgeworfen werden. Wenn Sie aber wirklich bereit sind, die rote Linie zu überschreiten, macht es durchaus Sinn, sie eine Weile aus der Entfernung zu betrachten und die Handlung neu zu überdenken.

Dann holen Sie tief Luft, um mit ganzer Kraft aus dem Kreis der Gewohnheiten auszubrechen. Nehmen Sie sich das, was Sie für ein erfülltes Leben brauchen. Je häufiger Sie es schaffen, über die rote Linie zu gehen, umso intensiver leben Sie, umso mehr können Sie Ihren Erfolg ausbauen. Wer im Status quo verharrt, hat schon verloren.

Im Kreis der Gewohnheiten: Die Komfortzone

Was passiert eigentlich, wenn ein Mensch nie bereit ist, über die rote Linie zu gehen? Egal, ob Sie sich für oder gegen das Überschreiten der roten Linie entscheiden, es kostet Sie die gleiche Menge Energie.

Denn Stress werden Sie auf jeden Fall spüren, wenn Sie vor der roten Linie stehen. Doch sobald Sie den Schritt wagen, wird diese Energie in die Aktion umgesetzt und führt zu einem Ergebnis. Bleiben Sie aber stehen, dann brauchen Sie einen anderen Weg, um die Energie abzubauen. Und da gibt es nun verschiedene Fluchtwege, die ich gerne als „Verpisser-Routen" bezeichne.

Zum Beispiel die intellektuelle Variante: Viele Menschen verfallen auf die geniale Idee, sich zu rechtfertigen oder anderen die Schuld zuzuschieben. Rechtfertigung und Schuldzuweisung – ein interessantes Zwillingspaar, das zusammengenommen ungemein stark wirkt. Sie können sicher sein, dass Sie jeden Tag einen neuen Grund finden, um im Kreis der Gewohnheiten zu verharren. Wer etwas vermeiden will, wird garantiert einen Weg dafür finden.

Rechtfertigung bedeutet, dass Sie begründen, warum Sie etwas nicht getan haben. Und das in brillanter, wissenschaftlich fest belegbarer Art. Im Leben lässt sich alles beweisen. Die Schuldzuweisung ist aber noch wirkungsvoller, sie ist die beste Kampfformel zur Selbstverteidigung: Machen Sie doch einfach andere dafür verantwortlich, dass Sie nicht gehandelt haben.

Wenn Ihr Chef Ihnen nicht erst heute mitgeteilt hätte, dass er die Fertigstellung des Konzepts schon in einer Woche erwartet, hätten Sie endlich den Konflikt mit dem Kollegen klären können. Doch nun bleibt Ihnen leider nichts anderes übrig, als alle Kraft in die Ausarbeitung zu investieren.

Aber welche Rechtfertigung Ihnen auch immer einfällt, wie viel Schuld Sie anderen auch zuweisen, Tatsache ist, dass Sie nicht über die rote Linie gegangen sind. Tatsache ist, dass Sie Selbstrespekt verlieren und dass die Power des Lebens Ihnen nicht geschenkt werden kann. Denn Sie haben die Verantwortung für Ihr Leben in die Hände anderer gelegt.

Wem Rechtfertigung und Schuldzuweisung zu schwierig sind, dem bleibt noch die Möglichkeit der Kompensation. Das ist sozusagen die emotionale Variante der Verpisser-Routen. Wenn Sie sich für diese entscheiden, dann vermeiden Sie einfach jegliche Aktion. Sie setzen sich vor den Fernseher und erleben das, was andere Ihnen vorleben: Sie fliegen zum Mond, überqueren den Amazonas und lernen hochinteressante Menschen kennen.

Im sicheren Kreis der Gewohnheiten wird Ihnen das serviert, was andere erleben. Sie leben sozusagen secondhand. Die eigene Lebendigkeit wird getragen von dem Tun anderer. Doch wer immer getragen wird, verlernt am Ende das Laufen.

Vielleicht sitzen Sie aber auch zu Hause in Ihrer sicheren Welt und träumen von dem, was Sie tun könnten. Und damit der Traum nicht zu einem Albtraum wird, kompensieren Sie Ihr Nichthandeln durch bestimmte Ablenkungsstrategien.

Was auch immer Sie bevorzugen, um Veränderung zu umgehen, jede Art von Kompensation hat einen entscheidenden Nachteil: Irgendwann lässt die positive Gefühlseinwirkung nach und Sie kehren in die Wirklichkeit zurück, in der einfach nichts passiert. Irgendwann werden die Träume, die nie wahr werden, nicht mehr ausreichen. Sie werden unzufrieden mit Ihrem Leben sein. Doch statt endlich aufzustehen und das eigene Leben zu gestalten, wird erneut durch Kompensation nachgeholfen, um dem tristen Alltag zu entfliehen.

Für welche Verpisser-Routen Sie sich entscheiden, Sie tun es, um etwas anderes nicht zu tun und weil Sie versuchen, den Stress und Frust irgendwie abzubauen. Aber jeder Versuch bringt nur kurzfristige Erleichterung, denn zwischendurch werden Sie immer wieder mit Ihrem eigenen Dasein konfrontiert, mit einem Dasein, das zur trostlosen Routine geworden ist, und die Gewohnheit, die Sie festhält, wird zu einer Schutzschicht. Erst wenn Sie den Mut aufbringen und den Schritt über die rote Linie wagen, können Sie die sedierende

Schutzschicht sprengen und sich aus dem frustrierenden Kreis der Gewohnheiten befreien.

Niemand kann sein Leben so leben, wie er es sich wünscht, wenn ihm der Mut fehlt, den ersten Schritt ins unbekannte Neuland zu tun. Je länger dieser Schritt hinausgezögert, immer wieder auf morgen verschoben wird, umso dicker und höher wird die Mauer, die in den selbst gesetzten Grenzen der Gewohnheiten und Bequemlichkeiten gefangen hält. Innerhalb dieser Grenzen gibt es kein Wachstum, keine Entwicklung, keine Lebensfreude. Und wer möchte schon ein solch fades Leben führen?

Wir sehnen uns danach, die Mauer zu überwinden und Neues kennenzulernen. Doch gleichzeitig wollen bleiben, wo wir sind. Daran sind wir gewöhnt, da kennen wir uns aus, da ist es sicher und bequem. Außerhalb der Mauern liegt zwar eine verlockende, faszinierende und Glück versprechende Welt, aber sie ist uns unbekannt. Es ist ein Wagnis, die Mauern zu verlassen und diese Welt zu betreten. Denn wir wissen nicht, welche Gefahren uns dort drohen, welche Risiken auf uns zukommen, welche Hindernisse zu überwinden sind.

Die Vorstellung dessen, was passieren kann, wenn wir die vertraute Komfortzone verlassen, ruft Angst hervor und nimmt den Mut, hinauszugehen und etwas zu riskieren. Doch je seltener wir die Komfortzone verlassen, umso größer wird die Angst davor, es zu tun. Je länger Sie warten, über die roten Linien Ihres Lebens zu gehen, umso einschränkender werden Ihre Vorstellungen darüber, was alles schiefgehen könnte. Sicherheitswahn lähmt die Lebensgeister, halluzinierte Gefahr limitiert, und all Ihre Energie wird von der freudlosen Schwarzmalerei aufgesaugt. Fürs Handeln bleibt nichts mehr übrig.

Irgendwann ist die Macht der Gewohnheit so groß, dass es keinen Ausweg mehr zu geben scheint. Und tatsächlich: Jeder hemmende Gedanke, jede blockierende Vorstellung verstärkt die rote Linie, sie wird dicker, stabiler. Allerdings: Sie verstärkt sich nicht, indem sie nach außen wächst, im Gegenteil. Sie wächst nach innen und reduziert damit den Kreis der Komfortzone. Die Folge ist natürlich, dass die Komfortzone sich mehr und mehr verkleinert, je dicker die rote Linie wird.

Salopp gesagt: Die Schlinge zieht sich zu! Die rote Linie kontrahiert. Ob Sie sich das nun wie die Kontraktion eines Muskels oder aus physikalischer Sicht wie das Zusammenziehen und Verringern eines Volumens vorstellen, bleibt Ihnen überlassen. Fakt ist: Die rote Linie wird dicker und unbeweglicher, Sie haben weniger Raum in Ihrer Komfortzone und werden ebenfalls unbeweglicher.

Was nun passiert, liegt auf der Hand. Sie befinden sich in Ihrer immer kleiner werdenden Komfortzone, umgeben von einer immer dominanter werdenden roten Linie. Damit verstärkt sich die Abwehr, über die rote Linie zu gehen. Denn natürlich ist es leichter, eine dünne Wand zu überwinden, als eine mächtige Mauer zu bewältigen.

In diesem Stadium bleiben nur noch Flucht oder Angriff. Entscheiden Sie sich für die Flucht, ist lethargischer Stumpfsinn das einzig mögliche Ende. Ziehen Sie den Angriff vor, haben Sie – zumindest vorübergehend – zwei Alternativen. Die erste ist die sinnlose Aggression gegen alles, was sich in Ihrer Komfortzone befindet. Das wäre die aussichtslose Variante, denn die fortschreitende Kontraktion der roten Linie können Sie damit nicht aufhalten. Gewinn bringender ist da die zweite Alternative: Sie krempeln die Ärmel hoch, leisten der eigenen Bequemlichkeit couragiert Widerstand und bauen Schritt um Schritt die kompakte Mauer ab.

Um wie vieles leichter erscheint es da doch, rechtzeitig den Mut für den entscheidenden Schritt zu fassen, den Sicherheitswahn im Kreis der Gewohnheiten Adieu zu sagen und zu akzeptieren, dass Lernen und Entwicklung nur außerhalb der roten Linie stattfinden.

Wer sich nicht bewegt, wird bewegt

Im Kreis der Gewohnheiten erwarten wir Sicherheit. Wir vertrauen darauf, dass alles so bleibt, wie es ist. Doch dann kommen die Dinge in Bewegung, einfach so, ohne dass wir selbst etwas dafür getan haben. Wir kommen irgendwo an, ohne zu wissen, wie wir dort hingekommen sind und warum. Ist es gut, nennen wir das Glück. Entspricht es hingegen in keiner Weise unserer Vorstellung, fühlen wir uns, als hätten wir jegliche Kontrolle über unser Leben verloren.

Nehmen Sie einen großen Ball und markieren Sie mit einem wasserfesten Stift irgendeinen Punkt darauf. Er repräsentiert Ihre Person. Stoßen Sie nun den Ball an und lassen Sie ihn rollen, bis er von selbst wieder zur Ruhe kommt. Wenn Sie das einige Male wiederholen, werden Sie feststellen, dass Sie nie vorhersagen können, wo der Ball hinrollt. Er rollt und kommt irgendwo zur Ruhe. Selbst wenn die Ausgangssituation immer die gleiche ist – der Ball wird kein zweites Mal zum selben Punkt rollen.

Sie können den Ball markieren, wo Sie wollen. Er rollt, und Sie können nicht handeln. Alles bewegt sich, und Sie können nicht eingreifen. Niemand kann die Richtung, die Drehungen oder das Ziel beeinflussen und schon gar nicht bestimmen. Der Wille allein kann das Geschehen nicht beeinflussen.

Niemand kann sagen, wie es weitergeht. Nichts ist berechenbar. Es geschieht ganz einfach.

Wer in seiner Komfortzone innerhalb der roten Linie bleibt und glaubt, er brauche sich nicht zu bewegen und könne dennoch glücklich sein, der unterliegt einem schwerwiegenden Irrtum. Denn das Gesetz des Lebens heißt: laufende Veränderung. Und wer sich nicht bewegen will, der wird bewegt. Allerdings ist es höchst fraglich, ob die Bewegungsrichtung den eigenen Wünschen und Vorstellungen entspricht.

Wir werden nie wissen, wie das Leben weitergeht. Wir haben zwar bestimmte Vorstellungen, Wünsche und Ziele, doch wir können nicht wissen, wo unsere Position auf dem Ball ist, wenn er an unbekanntem Ziel zur Ruhe kommt. Trotzdem können wir großen Einfluss auf den Verlauf unseres Lebens nehmen, wenn wir den Mut haben, die Dinge anzugehen, die uns wichtig sind. Das ist nur möglich, wenn der Boden die richtige Nahrung bekommt. Elementarer Nährstoff für das menschliche Wachstum ist die Bereitschaft, Herausforderungen anzunehmen und ein Risiko zu wagen. Wer sich aus Angst vor Misserfolg und Niederlage immer zurückhält, wird niemals erfahren, dass schon allein das Eingehen des Wagnisses ein großer Erfolg ist. Das einmal erlebte Glücksgefühl, den Kreis der Gewohnheiten mutig verlassen zu haben, erleichtert die Annahme jeder neuen Herausforderung.

Leben ist nicht Stagnation. Leben ist Bewegung, Veränderung und Wachstum. Ohne den Mut, ein Risiko zu wagen und seine Grenzen aufzubrechen, gibt es keine Chance auf Wachstum.

Bekannt ist das vielen, aber nicht alle handeln entsprechend. Vielleicht wissen Sie nicht, wohin Sie sich bewegen wollen oder was der richtige erste Schritt wäre. Vielleicht hoffen Sie darauf, durch irgendeinen Umstand auf den richtigen Weg gebracht zu werden. Oder Sie sind in die falsche Richtung gegangen und haben resigniert aufgegeben. Vielleicht sind Sie aber schlicht und einfach nur zu bequem. Was auch immer der Grund für das Nichthandeln sein mag – Sie bewegen sich nicht und Sie hoffen, dadurch allen eventuellen Unannehmlichkeiten zu entgehen.

Eine Zeitlang lässt es sich auf der bequemen Matratze der Sicherheit tatsächlich gut liegen, und es besteht auch nicht die geringste Gefahr, zu fallen. Sie können sich nach links und rechts drehen, die Arme und Beine bewegen, den Kopf heben und ihn zur Seite rollen. Das alles ist möglich, doch im Grunde sind Sie in Ihren Bewegungen ziemlich eingeschränkt.

Nun stellen Sie sich Folgendes vor: Sie liegen auf Ihrer Sicherheits-Matratze und plötzlich steht neben Ihnen irgendetwas Großes. Was das sein könnte, spielte keine Rolle. Es geht nur darum, dass Sie sich vorstellen, wie es ist, wenn Sie in liegender Position etwas Großes und obendrein Unbekanntes wahrnehmen. Gut, Sie können Ihre Gliedmaßen bewegen, aber Sie wollen nicht aufstehen aus Angst zu fallen. Fühlen Sie sich jetzt noch sicher? Nein, Sie empfinden dieses große Unbekannte als beträchtliche Bedrohung, zumal es im Liegen viel größer erscheint, als es tatsächlich ist.

Das ist eine fatale Situation. Sie können zwar nicht fallen, doch Sie können aus dem Liegen heraus auch nichts tun, um der empfundenen Bedrohung zu entrinnen.

Übertragen auf das Leben bedeutet das: Der Wunsch nach Sicherheit hat Sie in eine Falle gelockt. Sie können sich nicht bewegen, Sie können nicht agieren. Würden Sie aufrecht durchs Leben gehen, wäre das anstrengender und zudem mit der Unsicherheit verbunden, fallen zu können. Doch Sie sind mit dem Unbekannten auf Augenhöhe, stehen ihm von Angesicht zu Angesicht gegenüber, und dadurch verliert es ein beachtliches Maß der Bedrohung.

Im realen Leben haben Sie vielleicht schon einmal Ähnliches erlebt, zum Beispiel wenn Ihr Vorgesetzter mit einer Stinkwut in Ihr Büro stürmt und sofort losbrüllt, bevor Sie die Chance haben, sich von Ihrem Stuhl zu erheben. Sie müssen das Donnerwetter im Sitzen über sich ergehen lassen und fühlen sich dabei wesentlich unwohler, als wenn Sie ihm auf gleicher Höhe gegenüberstehen würden. Kindern geht es übrigens ähnlich, wenn die Erwachsenen sich nicht bemühen, auf Augenhöhe mit ihnen zu kommunizieren.

Alles, was größer ist, wirkt furchteinflößend. Für den, der liegt, ist beinahe alles größer und damit auch furchteinflößend. Und da er noch nicht einmal den Mut hat, aufrecht zu stehen, fühlt er sich zum größten Teil unterlegen, wehrlos und ohnmächtig.

Die Konsequenzen, die sich aus dem Liegenbleiben ergeben, sind weitaus schwerwiegender als die, die möglich sind, wenn der Mensch den Mut hat, sich zu bewegen, zu handeln und ganz bewusst eventuell ein Risiko in Kauf zu nehmen.

Es gibt Menschen, die sind da angelangt, wo sie ankommen wollten. Trotz gleicher Ausbildung, gleichen Fähigkeiten und gleichem Alter gibt es andere, die meinen, niemals dort ankommen zu können. Dabei beträgt der kleine Unterschied zwischen beiden nur 30 Zentimeter. Das ist die Differenz, die Sie brauchen, um vom Stuhl aufzustehen und handeln zu können. Versuchen Sie's mal: Wenn Sie Ihren Allerwertesten ungefähr 30 Zentimeter erheben, bleiben Ihnen zwei Möglichkeiten: sich entweder wieder hinzusetzen oder einfach aufzustehen und zu handeln.

Schauen Sie sich den Lebenslauf einiger erfolgreicher Manager an. Sie kommen aus unterschiedlichen Elternhäusern, haben unterschiedliche Ausbildungen absolviert und unterschiedliche Berufswege eingeschlagen. Es scheint keinen grundsätzlichen Gemeinsamkeiten zu geben – außer an diesem einen Punkt: Sie sind aufgestanden und haben gehandelt. Sie haben Ihr Unternehmen als die eigene Lebensbühne interpretiert und die Möglichkeiten zum permanenten Wandel entdeckt und genutzt.

Jedes Handeln beginnt mit dieser kleinen Aktion: aufstehen und zur ersten grundlegenden Tat schreiten. Das kann ein Telefonat sein, ein Brief, ein Kündigungsschreiben, ein Gespräch. Doch schon ein derart kleiner Schritt wird oft genug von aufkeimender Angst blockiert.

Es kommt uns so vor, als stünden wir vor einem 2.000 Meter hohen Berg, den wir ersteigen sollen. Wir schauen hoch und es ist uns sofort klar: Das kann ich nicht! Wie soll ich das denn schaffen? Würden Sie sich hingegen auf den Weg machen, auch ohne zu wissen, wie Sie weiterkommen werden, könnten Sie feststellen, dass der Fels eine Menge Möglichkeiten bietet, um weiterzukommen. Doch wer sich nicht beweist, kann seine Fesseln nicht lösen.

Als ein 47-jähriger Geschäftsführer eines Unternehmens sich eine Fernsehsendung ansieht, in der Menschen und ihre Erfolge vorgestellt werden, fragt er sich: Warum steckt mein eigenes Leben in der Routine fest? Warum mache ich so etwas nicht? Er steht auf und schreibt seine Kündigung. Am nächsten Tag gibt er einem Makler den Auftrag, seine Eigentumswohnung zu verkaufen und eine möglichst kleine Mietwohnung für ihn zu finden. Nach fünf Jahren als freier Grafiker verfügt er jetzt über einen festen Kundenstamm, der ihm einen sehr guten Lebensunterhalt sichert.

Als es darauf ankam, ist er von seinem Stuhl aufgestanden und hat zugepackt. Er hat sich im richtigen Moment um ganze 30 Zentimeter bewegt und hat das gemacht, wozu manch anderem der Mut fehlte. Er hat sich für eine Sache engagiert und war bereit, ein Risiko zu tragen.

Wie oft lassen wir Chancen verstreichen, stehen erst gar nicht auf oder setzen uns schnell wieder hin, weil uns der Mut verlässt! Dabei geht es gar nicht darum, außergewöhnliche Dinge zu tun, sondern gewöhnliche Dinge außergewöhnlich zu tun. Es geht nicht darum, eine Sache 100 Prozent besser zu machen, sondern darum, das, was getan werden muss, um einen Prozent besser zu machen – das aber zu 100 Prozent.

Egal, was Sie tun wollen, um im Leben weiterzukommen, es gibt nur eins: Tun Sie es! Jedes Weiterkommen beginnt mit einem kleinen Schritt. Das Geheimnis des Erfolges liegt vielleicht nur in dem kleinen Unterschied von 30 Zentimetern.

Die roten Linien sind – ob wir das wahrhaben wollen oder nicht – die eigentlichen Wegweiser im Leben. Sie sind es, die Ihnen das auf Ihre Visionen und Ziele ausgerichtete Handeln aufzeigen. Das Überschreiten einer roten Linie ist der erste Schritt von der Ohnmacht zur Macht. Nur so können Sie wachsen und besser werden. Es ist die einzige Möglichkeit, um den eigenen Erfahrungsbereich auszudehnen. Damit sind keine sinnlosen Mutproben gemeint. Es geht hier auch nicht darum, etwas zu tun, was keinen Sinn hat für Ihre persönliche Zielsetzung, für Ihre individuelle Lebensvision. Nackter Ehrgeiz ist immer schädlich. Tun Sie es, weil es Sie weiterbringt, weil es eine Möglichkeit bietet für inneres Wachstum. Erweitern Sie Ihren Erfahrungsbereich, dehnen Sie Ihren Erfolg aus, überschreiten Sie eine rote Linie nach der anderen! Experimentieren Sie mit Ihrem Mut, und haben Sie keine Angst vor der Angst! In der Aktion gibt es keine Angst. Tun Sie etwas, gehen Sie aus sich heraus! Der Weg ist immer da, wo die Herausforderung ist.

Wenn Sie vor der roten Linie stehen, gibt es nur eine Chance: Handeln! Überwinden Sie Ihre Selbstzweifel, bevor die Spannung in Stress, der Stress in Furcht, die Furcht in Angst umschlägt. Handeln Sie, bevor Rechtfertigung, Schuldzuweisung und Vermeidung zum Inhalt Ihres Lebens werden. Alle für Sie wichtigen Wege, die Sie noch nicht gegangen sind, sind Ihre Eintrittskarten zu Glück und Erfolg. Fassen Sie sich ein Herz!

Sich von Energieräubern befreien

Alles in allem haben Sie ein ganz bestimmtes Maß an persönlicher Energie zur Verfügung, ausreichend genug, um voller Tatkraft durchs Leben zu gehen. Gäbe es da nicht die Energieräuber! All diese Unerledigten, die Ihre zur Verfügung stehende Energie reduzieren oder gänzlich verschlingen.

Wenn Sie Ihre Angelegenheiten sofort erledigen, brauchen Sie nicht darüber zu reden, was Sie irgendwann einmal tun werden, sobald dieses und jenes geschieht. Sie projizieren das heute erforderliche Handeln nicht unablässig in die Zukunft. Sie brauchen auch nicht in der Vergangenheit zu wühlen, um irgendetwas oder irgendjemanden für Ihr Nichthandeln verantwortlich zu machen.

Es kostet einen hohen Preis, die Dinge immer weiter aufzuschieben. Denn unerledigte Dinge ballen sich irgendwann in ihrer Vielzahl zu Angst und Furcht zusammen. Der Verstand intrigiert: Was wird wohl alles passieren, wenn nicht endlich das Anstehende erledigt wird!? Man sorgt sich, gerät in Stress, verliert eine Unmenge Energie. Doch statt endlich zu handeln, schiebt man es immer weiter auf, bis es irgendwann scheinbar unüberwindbar vor einem liegt. Natürlich sucht man Vermeidungs- und Fluchtstrategien, weil man die Unerledigten nicht erledigt, und natürlich können sich Erwartungen nicht erfüllen, weil die Voraussetzungen fehlen. Unerledigte ziehen immer wieder neue Probleme nach sich – ein Heer von Energieräubern nimmt, was es kriegen kann, bis nichts mehr übrigbleibt.

Unerledigte sind wie diese Geister. Sie verschlingen, was ihren Weg kreuzt – allerdings keine kleinen Punkte, sondern Ihre Energie. Und wenn Sie nie etwas wirklich erledigen, gibt es auch keine Powerpillen. Das Fazit: Sie sind ausgelaugt, energie- und kraftlos.

Unerledigte gibt es sowohl auf der materiellen wie auch auf der psychischen Ebene. Auf der materiellen Ebene geht es mehr um die Dinge, die im Rahmen Ihrer beruflichen Aktivitäten liegen:

- Bis zum Monatsende sollen zehn Angebote erstellt werden.
- Ein Konzept muss möglichst bald ausgearbeitet werden.
- Die Kalkulation für das neue Großprojekt eilt ebenfalls.
- Der Vorstand wartet auf das neue Strategiepapier.
- Termine mit wichtigen Geschäftspartnern sind abzusprechen.
- Ein neuer Auftraggeber erwartet Ihre Vorschläge.
- Die Kundenpflege müsste intensiviert werden.

Sie wissen selbst am besten, welche Unerledigten im Arbeitsalltag anstehen. Doch dafür gibt es eine Menge guter Managementsysteme, mit denen Sie Ihre Arbeit organisieren können. Richtig belastend wird es dagegen, wenn sich die Unerledigten auf der psychischen Ebene tummeln:

- Vor einigen Wochen haben Sie und Ihr Kollege, der gleichzeitig ein sehr guter Freund von Ihnen ist, den Auftraggebern das neue Projekt vorgestellt. Sie hatten die Aufgabe, die Idee zu präsentieren, und das kam glänzend an. Ihr Kollege, der anschließend die Schritte der Realisierung präsentierte, hatte sich offensichtlich nicht richtig vorbereitet und konnte den Anwesenden nicht mehr als gelangweiltes Gähnen entlocken – was Ihr Kollege allerdings kaum zu bemerken schien. Seitdem plagen Sie sich mit Überlegungen, ob Sie ihn darauf ansprechen oder nicht, und Sie ertappen sich dabei, dass Sie ihm nur noch ausweichend begegnen.
- Sie fühlen sich durch das Verhalten eines anderen Menschen stark verletzt und ziehen sich ohne Klärung der Situation zurück.
- Ihr bester Freund hat Ihnen ein Geheimnis anvertraut, und Sie haben es unüberlegt einem gemeinsamen Bekannten weitererzählt.
- Ein Freund ist gestorben, und Sie haben ihm nicht mehr sagen können, wie leid es Ihnen tut, unaufrichtig zu ihm gewesen zu sein.
- Einen Geschäftspartner, mit dem Sie in häufigem Kontakt stehen, haben Sie wissentlich übervorteilt, ohne die Angelegenheit jemals geklärt zu haben.

Neben all diesen gestörten Beziehungen zu anderen Menschen erscheinen die Unerledigten des Alltags fast lächerlich.

- Da ist die Schramme an der Wagentür, die sich jedes Mal, wenn Sie ins Auto steigen, wieder in Erinnerung bringt. Denn eigentlich wollen Sie den Wagen verkaufen. Aber wenn Sie es tun, dann mit oder ohne Schramme?

- Jedes Jahr nehmen Sie zehn Fachbücher mit in den Urlaub, ohne auch nur eine Seite zu lesen.
- Die Anmeldung zum Spanischkurs schieben Sie immer wieder auf die lange Bank.

All diese Unerledigten können Ihnen natürlich ständig durch den Kopf gehen und Ihre Energie wegziehen. Wenn Sie jetzt einmal überlegen, welche Vermeidungs- und Fluchtstrategien Sie anwenden, um Ihren Unerledigten zu entkommen, werden Ihnen wohl auch die Konsequenzen deutlich.

Unerledigte kosten nicht nur Energie. Im gleichen Maße, wie sie Energie abziehen, laden sie negative Energie auf. Stellen Sie sich die Summe der negativen Energie all Ihrer Unerledigten wie eine schwere, graue Wolke vor. Nicht nur Ihre Psyche, sondern auch Ihr Körper hat diese Last zu tragen. Den Körper kann man nicht belügen, er reagiert sofort auf psychische Belastungen und gerät unter Spannung.

Mit viel Kraftaufwand versuchen Sie, Ihren Körper in ständiger Anspannung zu halten, um das Gewicht dieser Wolke tragen zu können. Die Auswirkungen sind nur allzu bekannt. Erst wenn die Unerledigten geklärt sind, kann sich Ihr Körper wieder entspannen und auch der Verstand gibt endlich Ruhe. Denn unser Verstand ist ein Perfektionist. Er kann Dinge erst zu den Akten legen, wenn sie wirklich erledigt sind. Unerledigte Angelegenheiten sind höchst unbequeme und unverdaute Bestandteile des Denkens.

Wenn Unerledigte anstehen, warten Sie nicht auf irgendeine besondere Gelegenheit, um zu handeln. Überlegen Sie nicht lange, ob es richtig oder falsch ist. Denken Sie nicht darüber nach, ob Sie ausreichend vorbereitet sind. Warten Sie nicht auf einen besonders günstigen Moment, der sich vielleicht nie bieten wird. Handeln Sie einfach, denn ab einem bestimmten Punkt wird Nichthandeln zur Vermeidung. Je schneller Sie handeln, umso eher werden Sie Ihre

Power wiedergewinnen. Ob ausreichend vorbereitet, ob richtig oder falsch, wissen Sie sowieso erst nachher, denn diese Wertungen entsprechen nur Ihrer jetzigen Lebensdefinition.

Das Einzige, was sich negativ auswirkt, ist das Nichthandeln. Wenn Sie nicht handeln, können Sie auch nichts korrigieren. Und Sie werden auch nichts schaffen. Es kostet letztendlich nur Ihre Energie. Manche Unerledigten haben Sie vielleicht schon soweit verdrängt, dass Sie sich bewusst gar nicht mehr daran erinnern können. Aber Sie können sicher sein, Ihr Verstand hat den Kreis noch nicht geschlossen.

Denken Sie sich Ihre Energie wie einen frischen, knackigen Apfel. Und jedes Unerledigte ist ein Wurm. Wie viele Würmer sitzen in Ihrem Apfel und ernähren sich fröhlich schmausend von Ihrer Energie? Sie brauchen sich gar nicht zu wundern, wenn irgendwann aus dem herrlichen Energie-Apfel ein kleines, hutzeliges Etwas geworden ist. Was also liegt näher als ein Schädlingsbekämpfungsmittel? Und das ist nicht nur für die Unerledigten in Beruf und Alltag vonnöten. Ganz besonders wichtig ist dies bei den zwischenmenschlichen Dingen – all die Beziehungsschwierigkeiten, die Sie psychisch belasten und zumindest von Ihrer Seite geklärt werden können.

Gehen Sie diese Dinge an, als seien sie ein Projekt, das Sie in Ihrem Job zu realisieren haben. Sie wissen, es sind tausende Schritte zu erledigen, doch alles beginnt mit dem ersten Schritt. Stellen Sie sich selbst die Aufgabe, gleich heute oder spätestens am nächsten Wochenende den ersten Schritt zu tun. Auch das ist eine rote Linie, und es kostet Mut, diesen Schritt zu gehen. Doch Sie können sicher sein, dass Sie durch Bereinigung der Vergangenheit ein großes Maß Energie zurückgewinnen werden.

Limitierende Gedanken auflösen

Niemand weiß mit Sicherheit, was passieren wird, wenn die Herausforderung angenommen wurde. Sicherheit gibt es nur in der Vergangenheit, in der Zukunft ist alles Risiko. Sogar das Verbleiben im Kreis der Gewohnheiten ist ein Risiko. Denn hier besteht die Gefahr, dass sich Umstände und Gegebenheiten verändern und die vermeintliche Sicherheit zerstören. Wer dann nicht gelernt hat, mit Herausforderungen umzugehen, verliert den Boden unter seinen Füßen.

Bevor jedoch eine Herausforderung angenommen wird, hebt der Verstand seinen mahnenden Finger: „Das kannst du nicht!", „Das geht doch gar nicht!", „Das ist nicht zu schaffen!". Mit diesen Gedanken wird jede Herausforderung umgangen.

Es gibt Gedanken, die Ihr Leben zum Funktionieren bringen – aber es gibt auch Gedanken, die verhindern, dass irgendetwas in Ihrem Leben funktioniert. Ein Gedanke ist genauso kraftvoll, ist genauso Materie wie ein Gegenstand, nur auf einer anderen, feinstofflichen Ebene. Gedanken arbeiten in einer anderen zeitlichen Dimension. Das, was wir denken, ist auf einer feinstofflichen Ebene bereits geschehen. Der Mensch denkt unablässig. Ohne zu denken, gäbe es keinen Schritt, den wir machen könnten. Gedanken sind Materie, sind Energie pur. Sie weisen Wege und lenken in Bahnen. Was ein Mensch denkt, wird ihm geschehen. Wer kreative Gedanken hat, wird kreativ sein. Wer großzügig denkt, wird Großzügigkeit erfahren. Es ist eigentlich sehr simpel: Die richtigen Gedanken erzielen die richtigen Ergebnisse. Der Mensch erschafft selbst, was er haben will. Er ist der Schöpfer seiner Resultate. Himmel und Hölle existieren, weil er sie selbst verursacht.

Was spielt sich in Ihrer Gedankenwelt ab, wenn Sie vor einer Herausforderung stehen? Haben Sie den Mut, sie anzunehmen? Haben Sie auch den Mut, sich selbst – ganz ohne ein Muss – herauszufordern, einfach so, weil Sie über sich hinauswachsen möchten? Sollten Sie eher zu den verzagten Menschen gehören, dann ist es erst recht an der Zeit, sich einer Herausforderung zu stellen und sehr bewusst über die rote Linie zu gehen.

Denken Sie einmal darüber nach, wovon Sie sich bisher aufgrund Ihrer limitierenden Gedanken erfolgreich abgehalten haben, obwohl Sie es gerne tun würden – sei es aus Spaß, aus Neugier oder einfach nur deshalb, weil Sie sich gerne selbst beweisen würden, dass sie es ebenso können wie andere auch. Seien Sie ehrlich zu sich selbst und denken Sie jetzt nicht an etwas, was Sie bisher nur aus Bequemlichkeit nicht getan haben. Nein, es sollte etwas sein, was mit diesem oder ähnlichen Gedanken einhergeht: „Das kann ich nicht."

Suchen Sie sich ganz bewusst etwas aus, was für Sie wirklich eine Herausforderung darstellt, und bereiten Sie sich darauf vor. Das aber nicht nur gedanklich. Erinnern Sie sich an die 30 Zentimeter und schreiten Sie besser gleich zur Tat. Leiten Sie alles Notwendige in die Wege. Nervosität oder Gedanken wie: „Ach, es ist doch besser, wenn ich das lasse" sind gute Indikatoren dafür, dass Sie sich tatsächlich an die rote Linie begeben haben.

Dann ist es soweit, und Sie können sicher sein, dass alle begrenzenden Gedanken absolut präsent sind, dass Sie am liebsten den Rückzug antreten würden. Tun Sie es nicht! Sie würden sich um eine fantastische Erfahrung bringen.

Es ist nur ein Schritt, der den Gedanken zerbrechen lässt: „Das kann ich nicht." Es ist nur ein Schritt, der die Limitierung auflöst. Das wird Ihnen zwar erst nachher bewusst, denn während des Tuns gilt Ihre Aufmerksamkeit ganz dem, was Sie tun. Im Tun mag es Achtsamkeit und Besonnenheit geben, aber keine Angst. Und nachher? Nachher gibt es nur das wunderbare Gefühl, dass Sie durchaus in der Lage sind, mit Herausforderungen umzugehen.

Vielleicht erreichen Sie irgendwann einen Punkt, an dem Sie sagen: „Schön. Ich habe Ziele, denen meine ganze Leidenschaft gehört und an deren Verwirklichung ich mit Begeisterung arbeite. Nur: Mit den Resultaten, die ich erziele, bin ich immer noch nicht zufrieden. Irgendetwas scheint mich daran zu hindern, genau das zu tun, was ich als wichtig und richtig erkannt habe."

Machen Sie sich einmal mit der folgenden Aussage vertraut: Alles, was der menschliche Geist entwerfen kann, das kann er auch erreichen. Was nichts anderes bedeutet, als dass Sie genau das bekommen, was Sie denken.

Alles, was Sie wahrnehmen, wird bewertet, ob Sie es bewusst oder unbewusst tun, und Sie reagieren darauf mit Ihren Gedanken. Möglicherweise folgt darauf das Wort, mit Sicherheit aber das Handeln, das Tun, dem am Ende das Resultat entspricht. Der Gedanke ist genauso Materie, genauso existent wie das Resultat, auch wenn Sie ihn im Gegensatz zum Resultat weder fühlen noch sehen können. Gedanken haben eine sehr feinstoffliche Energie, die sich in einem Ergebnis manifestiert. Kein Mensch wird glücklich sein, wenn er sich die meiste Zeit des Tages unglücklichen Gedanken widmet. Keiner kann erfolgreich sein, wenn sein Denken ihn nicht darin unterstützt. Sie können immer nur die Resultate erzielen, die Ihren Gedanken entsprechen.

Der Gedanke ist die Ursache allen Seins, er existiert und wird vielleicht nur mit einer Zeitverzögerung auf der materiellen Ebene sichtbar und spürbar. Das heißt, wenn Sie einmal in einer ganz bestimmten Art und Weise etwas denken, wird es so sein. Und wenn Sie vorwiegend pessimistische Gedanken bevorzugen, wird Ihr Leben in Langeweile und Schwarzmalerei verlaufen.

Dabei sind weder abenteuerliche Tollkühnheiten noch furchtloses Draufgängertum vonnöten, wenn es darum geht, das Richtige zu tun, um das Gewünschte zu erreichen. Doch die Angst zu versagen, Niederlagen zu erleben, sich zu blamieren oder enttäuscht zu werden, siegt über das Bestreben nach Veränderung.

Courage braucht ein starkes Fundament. Zuerst ist es natürlich wichtig zu wissen, was das Ziel ist. Courage braucht einen Beweggrund. Die positive Vorstellung von dem, was kommen wird, ist das zweite wichtige Element. Was nicht heißt, dass es sinnvoll ist, sich unüberlegt in ein Wagnis zu stürzen. Das umsichtige Abwägen der Schritte ist schon angemessen. Doch wenn die Zukunftsbilder in leuchtenden Farben gemalt sind, werden die Schreckensbilder der Eventualitäten verblassen.

Ein drittes Element ist die Überzeugung, die richtigen Fähigkeiten und Voraussetzungen zu haben. Der vierte und stärkste Pfeiler für Courage ist aber der intensive Wunsch, ein Ziel zu erreichen und für das, was auf dem Weg dorthin zu tun ist, den sprichwörtlichen Mut zur eigenen Courage zu fassen.

Vor einigen Jahren hatte ich das Vergnügen, im Rahmen eines Seminars mit neun Geschäftsführern ein Projekt auf Mallorca durchzuführen. Inhaltlich sollte der Unterschied herausgearbeitet werden zwischen dem Risikoscheuen, der jeden Misserfolg vermeiden möchte, und dem Mutigen, der Initiative und unternehmerisches Denken in seiner Arbeitswelt beweist. Die Herren Geschäftsführer hatten sich gerne zu einem Abenteuer besonderer Art einladen lassen. Sie wollten auf dieser Insel etwas ausprobieren, was sie normalerweise nicht tun, was die Norm sprengt, nicht zu ihrer Rolle passt. Was das jedoch sein würde, das sollte eine Überraschung sein.

Das ganze Unterfangen startete mit einer recht angenehmen Spazierfahrt in eine Gegend, in der es weder Straßen noch Wege gab. Dort wurde es ernst, denn nun sollte jeder alleine weitergehen und sich innerhalb von sieben Stunden an einem vorher vereinbarten Treffpunkt wieder einfinden. Die Sache hatte allerdings einen Haken: Die Rückkehr war mit der Aufgabe verbunden, unterwegs so viel Geld zu verdienen, dass jeder sein Abendessen bezahlen und Champagner für alle spendieren konnte.

Das Experimentierfeld war die ganze Insel. Jeder konnte für sich bestimmen, wie er sein Geld verdienen wollte. Allerdings unter der Voraussetzung, dass dafür eine Leistung erbracht wird. Und was ganz wichtig war: Was immer sie taten, sie durften es nicht auf Kosten anderer Menschen tun.

Alle Wertgegenstände, Scheckkarten oder Bargeld gaben sie ab und versprachen zusätzlich, sich weder durch Telefonate noch Betteleien auf leichte Weise Geld zu verschaffen. Als einzige Sicherheit erhielt jeder von ihnen einen Zauberkoffer. Denn ich hatte es mir angewöhnt, in den Pausen der bisherigen Seminarzeit einfache Zaubertricks vorzuführen und zu erklären. Also hatten sie auf jeden Fall die Möglichkeit, damit etwas Geld zu verdienen.

Und dann standen die Herren da, noch sicher im Kreis der Gewohnheiten, und waren aufgefordert, die rote Linie zu überschreiten, Bekanntes und Vertrautes hinter sich zu lassen und absolutes Neuland zu betreten. Wahrscheinlich dachten sie, die Übung sei ein Witz, oder der Trainer, in diesem Falle ich, sei verrückt geworden. Sie projizierten das, was sie nicht leisten wollten, auf etwas anderes. Doch das Experiment funktionierte. Jeder hatte bis zum Abend ausreichend Geld verdient und dabei wahnsinnige Dinge erlebt, die an Herausforderung und Spaß weit über das hinausgingen, was sie sich hatten vorstellen können. Die Teilnehmer hatten sich die verrücktesten Ideen einfallen lassen, vom bezahlten Geschichtenerzählen in Cafés bis hin zu schauspielerischen Darbietungen auf der Straße. Sie alle berichteten am Abend, schon lange nicht mehr diese innere Freude, diese Spannung, diese machtvolle Power verspürt zu haben. Manche meinten sogar, sie seien seit mindestens 20 oder gar 30 Jahren nicht mehr mit einem solchen Feuer an eine Aufgabe herangegangen.

Ungewöhnliche Herausforderungen verlangen ungewöhnliche Methoden. Und alle bewiesen mit dieser Übung eins: Wenn man einmal angefangen hat, wenn man eine Aufgabe in Angriff genommen und die rote Linie überschritten hat, ist die Angst vor der Herausforderung verschwunden. Während des Handelns gibt es keine Angst. Es ist völlig absurd, welche Ideen der Verstand entwickelt, wenn man den Kreis seiner Gewohnheiten verlässt, etwa: Bestimmt werden die Leute mich auslachen, wenn ich ihnen derart lächerliche Zaubertricks vorführe, und sicher werden sie nicht auch noch dafür bezahlen. Diese oder ähnliche Gedanken werden die Teilnehmer wohl gehabt haben. Aber nichts dergleichen passierte, die Leute haben geklatscht und sogar für die Leistung gezahlt.

Die Herren der Geschäftsführung machten auf Mallorca die Erfahrung, dass gar nichts Schlimmes geschieht, wenn man den Mut hat, über die rote Linie des eigenen Lebens zu gehen und den Kreis der Gewohnheiten zu verlassen. Was allerdings passiert, das ist aufregend und spannend. Jede Herausforderung, die ein Mensch annimmt, wird sein inneres Wachstum fördern, jede Schwierigkeit, die er bewältigt, wird ihm das Ausmaß seiner Kraft bewusst machen. Der Mut zum Handeln lässt Lebensträume und -visionen nicht länger unerreichbar erscheinen, er holt sie in greifbare Nähe und kann sie Wirklichkeit werden lassen.

Image Blow-up: Den eigenen Rahmen sprengen

Jeder Mensch hat von sich selbst ein Bild seiner Persönlichkeit. Und wie es sich für ein ordentliches Bild gehört, wird auch das Selbstbild von einem ordentlichen Rahmen umgeben, erbaut aus unseren Standpunkten, Überzeugungen und Wertvorstellungen. Natürlich beinhaltet der Rahmen auch die Angst, aus eben diesem zu fallen.

Das, was wir als unsere Persönlichkeit bezeichnen, ist nichts anderes als die Summe unserer Vorurteile, Einstellungen, Meinungen, Überzeugungssysteme und Wertvorstellungen. Und jeder Teil der Summe entstammt der Vergangenheit: Erziehung, Erfahrungen, angeborene und übernommene Verhaltensweisen. Alles verdichtet sich, wir identifizieren uns damit und benennen es als unsere Persönlichkeit. Dabei sind es nur Muster, die irgendwann einmal unserem Verstand eingeprägt wurden und ein naives Bild von der Wirklichkeit zeichnen – ohne Perspektive und ohne Tiefenschärfe.

Dennoch entscheidet dieses Persönlichkeitsbild darüber, was sich gehört und was nicht, was man macht und was nicht, was man kann und was nicht und so weiter und so fort.

Es braucht nicht viel Mut, um in diesem abgesteckten Rahmen zu bleiben. Sehr viel Mut braucht es hingegen, diesen Rahmen zu sprengen, sein Selbstbild zu zerstören, weil es etwas sehr Wichtiges gibt, was zwar überhaupt nicht in den eigenen Rahmen passt, aber so viel Bedeutung hat, dass es das Leben erschweren würde, würde der Rahmen nicht gesprengt.

Lassen Sie sich die wahre Geschichte eines Mannes erzählen, der sich aufgrund seines Selbstbildes mit seinem Sohn entzweit hat. Folgendes war passiert: Die Familie wollte in Urlaub fahren. Einen Tag vorher ging der achtzehnjährige Sohn zum Friseur und kam mit einem Irokesenschnitt zurück. Der Vater wandte sich schweigend ab, denn seine Überzeugung war: Mein Sohn tut so etwas nicht, so etwas gehört sich einfach nicht!

Während des Urlaubs sprach er kein Wort mit seinem Sohn, er weigerte sich sogar, mit ihm in der Öffentlichkeit gesehen zu werden. Das Schweigen setzte sich nach dem Urlaub fort. Der Sohn wollte diese Situation nicht mehr ertragen und bezog eine eigene Wohnung. Jahrelang hatten die beiden keinen Kontakt miteinander. Der Vater litt darunter, denn sein Sohn bedeutete ihm sehr viel. Aber ihm fehlte einfach der Mut, auf seinen Sohn zuzugehen, er wusste auch nicht, wie er sich seinem Sohn überhaupt wieder annähern könnte.

Eines Tages hielt er es nicht mehr aus. Spontan ging er zum nächsten Friseur und verließ den Laden mit – einem Irokesenschnitt. Er fuhr zur Wohnung seines Sohnes, klingelte, und dann standen Vater und Sohn sich das erste Mal seit Jahren wieder gegenüber. Über das, was damals passiert war, brauchte nicht mehr geredet zu werden; eine derart ausdrucksstarke Entschuldigung braucht keine Worte.

Der Vater hat seinen Rahmen, sein Image gesprengt. Er ist über seinen Schatten gesprungen, weil ihm die Versöhnung mit dem Sohn sehr am Herzen lag.

Was ist in Ihrem Leben so sehr von Bedeutung, dass Sie es dringend möchten, aber nicht zu tun wagen? Was liegt außerhalb Ihres Rahmens, hat aber dennoch enorme Wichtigkeit für Sie? Wofür müssten Sie über sich selbst hinauswachsen?

Für den einen mag es etwas scheinbar Leichtes sein, eine Rede zu halten, zumal wenn die Rede nur im Familienkreis vorgetragen wird. Für den anderen ist es jedoch eine immense Kraftanstrengung. Denn er ist der tiefen Überzeugung, das nicht zu können, obwohl es ihm eine Herzensangelegenheit ist, seinen Eltern an deren Hochzeitstag mit einer Rede zu danken, und das im Beisein der gesamten Verwandtschaft.

Solange wir etwas wollen, was für uns eine große Bedeutung hat, und es nicht tun, tragen wir es als „unfinished business" mit uns herum. Wir können es nicht aus unseren Gedanken verbannen, wir leiden darunter, dass wir es einfach nicht tun können.

Wenn es so etwas in Ihrem Leben gibt, dann geht kein Weg daran vorbei: Sie müssen es wagen. Fassen Sie den Mut, tun Sie es! Sie werden anschließend feststellen, wie gut Sie sich fühlen, und Sie haben den Rahmen Ihres Selbstbilds beträchtlich vergrößert.

Es wird in Ihrem Leben Situationen gegeben haben, in denen Sie sich entscheiden mussten: die Berufswahl, das Studium, die Arbeitsstelle, ein Umzug. Bei manchen Entscheidungen haben Sie vielleicht nach einiger Zeit festgestellt, dass Sie nicht die richtige Wahl getroffen haben. Die Erfahrung einer als falsch empfundenen Entscheidung ist ein negativer Baustein für Ihr Vertrauensprogramm. Möglicherweise haben Sie dadurch die Überzeugung gewonnen, es sei besser,

Entscheidungen aus dem Weg zu gehen. Lieber halten Sie sich ängstlich an das, was Sie haben. Damit nehmen Sie sich natürlich jede Möglichkeit, neue und positive Erfahrungen zu machen und damit das Vertrauen in sich selbst zu stärken. Wenn fehlendes Vertrauen Sie aber davor zurückhält, neue Erfahrungen zu machen, werden Sie niemals entdecken, dass außerhalb der roten Linie Dinge existieren, die Ihre Überzeugungen verändern können.

Nun haben wir natürlich nicht nur mit uns selbst zu tun, sondern oft genug auch mit anderen Menschen, wenn wir den Kreis der Gewohnheiten erweitern wollen. Ganz besonders im direkten Kontakt scheint es uns sehr schwer zu fallen, ihnen zu vertrauen. Es ist also an der Zeit, das Vertrauen in sich selbst zu stärken und sich darin zu üben, anderen Menschen zu vertrauen. Um das zu üben, gibt es viele Möglichkeiten: Sie können einen noch nicht so erfahrenen Mitarbeiter mit einer Aufgabe betrauen, ihm eine Chance geben und ein eventuelles Misslingen zulassen. Sie verzichten darauf, eine Aufgabe in der gewohnten Routine zu lösen, und wagen sich stattdessen auf neues unbekanntes Terrain mit einem neuen Lösungsweg. Das alles braucht Vertrauen, um sich mental fallen zu lassen. Eine gute praktische Vertrauensübung ist der „freie Fall".

Die einfachste Variante ist, sich rückwärts in die Arme eines anderen Menschen fallen zu lassen. Es gibt Menschen, denen es sogar schwer fällt, sich in die Arme des besten Freundes oder der engsten Freundin fallen zu lassen. Das hat nicht nur mit dem Vertrauen dem anderen gegenüber zu tun, sondern auch mit dem Mut, sich fallen zu lassen, und natürlich auch mit Selbstvertrauen.

Die zweite Variante des „freien Falls" ist schon etwas schwieriger. Dabei ist die Hilfe guter Freunde ratsam. Mindestens sechs Personen bilden einen Kreis um einen Menschen und bitten ihn, sich fallen zu lassen. Am Anfang fangen sie ihn schon nach zehn Zentimetern auf. Dann lassen sie ihn jedes Mal etwas tiefer fallen, bevor sie ihn auffangen. Zuletzt wird er erst kurz vor dem Boden aufgefangen.

Sie werden Menschen sehen, die sich kaum fallen lassen können, die kaum Vertrauen zu anderen haben. Und Sie werden Menschen erleben, die sich mit vollem Vertrauen blindlings fallen lassen.

Stellen Sie sich das Gefühl vor, nach dem Fall noch eine Weile auf den Händen der Gruppe zu liegen und sich tragen zu lassen. Der Körper scheint fast schwerelos und erfüllt von einer ganz intensiven Lebendigkeit. Es ist eine wunderbare Geborgenheit, eine tiefe Freude und absolute Sicherheit. Und ein starker Beweis des Vertrauens. Haben Sie die Gewissheit, aufgefangen zu werden, wenn Sie den Sprung ins Ungewisse wagen? Haben Sie den Mut, sich fallen zu lassen?

Wirkliches Vertrauen ist etwas anderes als blindes Vertrauen. Um wirklich vertrauen zu können, brauchen Sie Mut, Zuversicht, Vertrauen in die eigenen Fähigkeiten und den Glauben an den anderen Menschen.

Vertrauen ist mehr als eine Fähigkeit, mit anderen Menschen umzugehen. Vertrauen verleiht Ihnen eine innere Qualität, die Auswirkungen auf Ihre ganze Lebenshaltung hat. Vertrauen verändert, lässt Menschen wachsen. Vertrauen in sich und in andere ist ein elementarer Baustein für die Absicht, den Schritt über die rote Linie zu wagen.

3 Creation

Das Leben ist voller Probleme, Schwierigkeiten und Ärgernisse, nicht wahr? Nicht nur die großen Unannehmlichkeiten, auch der kleinste Verdruss geben ausreichend Anlass, den Tag nicht genießen zu können.

In unserer Gesellschaft ist es nun einmal üblich, jedes Problemchen als eine höchst belastende Komplikation wahrzunehmen. Für uns ist es einfach nicht vorstellbar, dass mit Problemen und Misserfolgen so umgegangen werden kann, wie es das Ende des Films „Alexis Sorbas" zeigt: Die Seilbahn bricht zusammen und Sorbas sagt zu Basil: „He, Boss! Hast du jemals erlebt, dass etwas so bildschön zusammenkracht?" Beide bleiben alleine am Strand zurück, essen, trinken und lachen. Dann folgt die wunderschöne Schlussszene: Basil und Sorbas tanzen den Sirtaki.

Können Sie sich vorstellen, nach einer Niederlage fröhlich zu sein und ein Fest zu feiern? Nein, wir schauen kummerbeladen drein und geben uns der Schwermut hin. Wieso eigentlich? Wieso können wir uns nicht auf den Standpunkt stellen: Okay, das hat nicht funktioniert. Jetzt bin ich um eine neue Erfahrung reicher, und das muss gefeiert werden.

Weder ein schlimmes Erlebnis noch eine unangenehme Erfahrung befehlen eine negative Reaktion. Den Befehl dazu geben Sie sich selbst, und deshalb sind auch Sie alleine dafür verantwortlich, wenn Sie übellaunig reagieren und sich dabei hundsmiserabel fühlen.

Jede Situation und jede Erfahrung bekommt ihre Bedeutung erst durch Ihre Reaktion darauf. Und wie Sie reagieren, das ist abhängig von Ihrer Wahrnehmung und Ihrer Interpretation. Kein Mensch und kein Geschehnis ist schuld, wenn Sie leiden oder schlecht gelaunt sind. Die Verantwortung dafür liegt allein bei Ihnen.

Sollten Sie also morgen den Abflug in den Urlaub verpassen, eine Absage auf Ihre Bewerbung erhalten oder die Kündigung Ihres Bankdarlehens, dann feiern Sie! Sie werden an der jeweiligen Situation verständlicherweise nichts verändern. Aber Sie werden sich selbst verändern. Sie werden erkennen, dass die Wahrnehmung und Interpretation einer Situation kein Naturgesetz ist, sondern Ihre eigene Kreation, die jederzeit so verändert werden kann, dass Sie davon nicht mehr als unbedingt notwendig beeinträchtigt werden.

Im Theater der Wahrnehmung

Fragen Sie irgendeinen Menschen, ob er für sein Leben selbst verantwortlich sei. Er wird Sie möglicherweise mit großen Augen anschauen und nach einer kurzen Denkpause mit einem Ja antworten. Sicher, jeder von uns ist für sein Leben selbst verantwortlich, aber kaum jemand weiß, wie diese Verantwortung im Einzelnen zu tragen ist und wie minimal die Details sind, auf die es ankommt, wollen wir wirklich die Verantwortung für unser Leben übernehmen.

Stellen Sie sich vor, Sie seien in einen Verkehrsunfall verwickelt. Glücklicherweise sind Menschen nicht zu Schaden gekommen, doch die am Unfall beteiligten Fahrzeuge sind ziemlich ramponiert. Eine unerfreuliche, ärgerliche Situation, zumal Sie nun den wirklich wichtigen Termin versäumen. Nur gut, dass Ihr Unfallgegner seine uneingeschränkte Schuld zugibt.

Wer ist nun dafür verantwortlich, dass Sie in diese Situation mit all ihren unangenehmen Begleiterscheinungen geraten sind? Der Unfallgegner? „Selbstverständlich", werden Sie sagen, „er hat seine Schuld schließlich auch zugegeben."

Sie sind also vollkommen unschuldig an dieser Situation, tragen keinerlei Verantwortung für das, was passiert ist, nicht wahr? Und wie steht es mit Ihrer Verantwortung für all die lästigen, misslichen, unerquicklichen und unliebsamen Situationen, die Sie im Beruf, in Ihrem Privatleben und in Zusammenhang mit Ihrer Gesundheit erleben? Wie bewerten Sie diese Situationen im Hinblick auf Ihre persönliche Verantwortung?

Diese Fragestellung zielt nicht darauf ab, wie Sie eine Situation an sich bewerten. Situationen sind wie sie sind – positiv, negativ oder neutral. Die Frage ist vielmehr: Wie hoch ist der Grad Ihrer Verantwortung dafür, dass eine Situation so ist, wie sie ist? Oder anders gefragt: Wie hoch ist der Grad Ihrer Verantwortung dafür, wie Sie eine Situation interpretieren, bewerten, empfinden?

Schauen Sie sich das nachstehende Chart an, mit dem ein äußerst unzufriedener Mensch seine Verantwortung für verschiedene problematische Situationen bewertet.

	Situation	Verantwortung		
		Sie	Andere	gesamt
Beruf	- schlechtes Betriebsklima	1	9	10
	- unfähige Mitarbeiter/Kollegen	0	10	10
	- rückläufige Auftragslage	0	10	10
	- mangelnde Job-Perspektiven	3	7	10
Privat	- zu wenig Freizeit	2	8	10
	- gleichgültiger Partner	0	10	10
	- unerfreuliches Wohnumfeld	5	5	10
Körper	- zu viel Fettansatz	6	4	10
	- Unbeweglichkeit	8	2	10
	- Burn-out	0	10	10
	Summe	25	75	100

Jede Situation wurde mit insgesamt 10 Punkten bewertet, aufgeteilt auf den Grad der eigenen Verantwortung und den anderer. Bei einer Gesamtsumme von insgesamt 100 Punkten entfallen nur 25 auf seine persönliche Verantwortung. Verständlich, dass dieser Mensch unzufrieden ist, muss er sich doch den Gezeiten des Lebens hilflos ausgeliefert fühlen.

Nun aber die Gretchenfrage: Ist er tatsächlich hilflos ausgeliefert? Kann es nicht auch sein, dass ihn seine ganz persönlichen Sichtweisen zu diesen Bewertungen führen? Ist er möglicherweise das Opfer seiner Standpunkte, Überzeugungen, Vorurteile und Verhaltensweisen?

Wie sieht es mit den negativen Situationen in Ihrem Leben und deren Bewertung aus? Wie verteilt sich die Verantwortung für das, was ist, auf Sie und auf die anderen? Wie hoch ist insgesamt der Grad Ihrer Verantwortung für all diese unangenehmen und ärgerlichen Situationen? Überlegen Sie dann: Kreieren Sie Ihr Lebens selbst oder lassen Sie es von anderen gestalten?

Legen wir die unangenehme Frage nach der Verantwortung vorerst zur Seite und wenden wir uns der menschlichen Wahrnehmung zu. Mit unseren fünf Sinnen – Sehen, Hören, Riechen, Schmecken, Tasten – erleben wir die Welt, eine Welt, die sich doch jedem Menschen auf die gleiche Art und Weise darstellen müsste. Schließlich ist eine rote Rose nun einmal eine rote Rose, ein gelbes Auto ist ein gelbes Auto und ein brauner Stuhl ist ein brauner Stuhl. Das sind Fakten – da beißt die Maus keinen Faden ab.

Eigentlich müsste jeder Mensch die Welt gleich und damit auch objektiv wahrnehmen und bewerten. Sicher, Menschen behaupten gerne, sie seien zu objektiver Wahrnehmung und Bewertung in der Lage. Vielfach beginnen sie einen Satz dann so: „Ganz objektiv betrachtet, ist doch klar ..." Dann folgt jedoch eine auf rein subjektiver Wahrnehmung beruhende Meinung.

Was wir mit unseren Sinnen wahrnehmen, assoziiert – bewusst oder unbewusst – Erfahrungen, Erlebnisse, Erinnerungen. Jede Wahrnehmung bewirkt eine Verknüpfung von Gedanken, Gefühlen und Vorstellungen, von denen eines das andere hervorgerufen hat.

Wie unterschiedlich die Assoziationen der Menschen sein können, werden Sie schnell feststellen, wenn Sie ein Wort vorgeben – zum Beispiel „Welt" – und andere sagen, was ihnen spontan dazu einfällt. Kugel, Weltall, Klimakatastrophe, Mysterium, Universum, Schöpfungsprozess – alles mögliche Begriffe, die Menschen mit „Welt" in Verbindung bringen können.

Ebenso unterschiedlich wie die Gedanken, die ein Wort hervorruft, sind auch die Wahrnehmungen, die beim Hören entstehen. Nach einer Konzertaufführung werden einzelne Besucher um ihre objektive Meinung gebeten. Eigentlich müssten alle das Gleiche sagen. Dem ist aber beileibe nicht so. Der eine bezeichnet die Streicher als zu dominant, der andere hingegen als perfekt, dafür aber die Bläser als zu verhalten. Ein Dritter bemängelt die gesamte Orchestrierung, ein Vierter beurteilt sie als die beste, die er jemals gehört hat. Alle haben dasselbe Konzert gesehen, aber höchst unterschiedliche Wahrnehmungen.

Nach dem Konzert geht's ins Museum. Hier laufen parallel zwei Ausstellungen. Eine ist Kandinsky, die andere Caspar David Friedrich gewidmet. Hier wie dort werden Sie hören: scheußlich, langweilig, unerträglich. Aber auch: wunderbar, ausdrucksstark, außergewöhnlich.

Besuchen Sie anschließend noch eine katholische Kirche. Der Geruch des Weihrauchs mag dem einen Menschen gar nicht sonderlich auffallen, während der andere ihn als sehr schönen Duft empfindet. Vielleicht wird ihm aber auch übel oder er findet den Geruch so schrecklich, dass er sich spontan umdreht und die Kirche verlässt. Die Interpretation der Wahrnehmung hängt nun einmal davon ab, ob mit dem Geruch etwas verbunden wird und was mit ihm verbunden wird.

Das Fühlen und das Schmecken unterliegen ebenso wie die anderen Sinneswahrnehmungen den ganz subjektiven Interpretationen und Assoziationen. Es ist erstaunlich, zu welch' unterschiedlichen Ergebnissen Menschen kommen, die mit geschlossenen Augen zum Beispiel eine exotische Frucht kosten. Die diversen Meinungen zu Gries oder Spinat sind Ihnen sicherlich auch bestens bekannt. Und wie fühlt es sich an, wenn Sie mit bloßen Händen in lehmiger Erde buddeln oder mit den Fingernägeln über die Tapete kratzen? Bei solchen Dingen scheiden sich wohl die Geister.

Es ist erstaunlich, welche unterschiedlichen Ergebnisse zustande kommen, wenn es um unsere Sinneswahrnehmungen geht. Wie entstehen solche Unterschiede in der Wahrnehmung? Trotz des objektiv gleichen „Inputs" baut jeder ein anderes subjektives Erleben auf. Dabei ist nur selten klar, warum etwas so wahrgenommen wird, wie es wahrgenommen wird. In den meisten Fällen reagieren wir sehr unbewusst.

Wahrnehmung ist immer beeinflusst von subjektiven Gefühlen, Gedanken, Interpretationen, Erinnerungen. Das Gute daran: Alles, was ist, kann auf die vielfältigste Art wahrgenommen werden. Und deshalb haben wir die Freiheit, die Art und Weise unserer Wahrnehmungen so zu wählen, dass sie sinnvoll für unser Leben ist. Weil wir aber frei sind zu wählen, tragen wir auch selbst die Verantwortung für alle Wahrnehmungen, die uns schwächen, hemmen, verängstigen oder verunsichern. Es liegt allein in unserer Hand, sie zu verändern. Denn wir sind nicht Opfer unserer Wahrnehmungen, vielmehr sind wir deren Schöpfer.

Wir sind, was wir wahrnehmen

Es gibt keine objektive Wahrnehmung, und damit kann es auch keine Wahrnehmung der objektiven Realität geben. Jegliche Wahrnehmung ist nur die subjektive Reflexion einer Wirklichkeit, die wir folgerichtig niemals objektiv wahrnehmen können.

Wenn wir wahrnehmen, bleibt zunächst einmal alles das außen vor, wofür unseren Sinnen generell die Wahrnehmungsfähigkeit fehlt, wie zum Beispiel Infrarotlicht oder elektromagnetische Felder. Wir hören keine Ultraschallwellen wie die Fledermäuse, sehen kein ultraviolettes Licht wie die Bienen, unser Riechorgan ist weitaus weniger entwickelt wie das der Hunde, und im Vergleich mit dem Sehvermögen eines Raubvogels ist das menschliche äußerst bescheiden.

Für vieles, was existiert, fehlt uns also schlicht und einfach das Wahrnehmungsvermögen. Schon allein deshalb ist es uns verwehrt, objektiv wahrnehmen zu können. Um die wahre, die objektive Realität zu erkennen, müssten wir mit weitaus mehr als mit sensibleren Sinnesorganen ausgestattet sein.

Das Unvermögen, mit unseren Sinnesorganen die Realität zu erfassen, ist aber nun beileibe nicht das Einzige, was uns an der objektiven Wahrnehmung hindert.

Denn aus der unendlichen Zahl von Informationen, die in jeder Sekunde über unsere Sinne in unser Bewusstsein und Unterbewusstsein gelangen, können wir nur eine Auswahl treffen. Das im Augenblick Unwichtige, aber auch das Unbekannte und – soweit wie möglich – das Unerwünschte wird aussortiert.

Meist hat eine Information nur dann eine Chance, intern verarbeitet zu werden, wenn sie etwas schon Bekanntes beinhaltet. Denn die Entscheidung, welche Informationen weitergeleitet werden, ist abhängig von einem Filter, der durch das bisherige Wissen, durch bisherige Erfahrungen und Erkenntnisse gebildet wird. Nur Informationen, die den dort vorhandenen Vorurteilen, Einstellungen, Meinungen und Überzeugungssystemen entsprechen, werden durchgelassen und da zugeordnet, wo sie passen. Und je nachdem, wie die bereits vorhandene Abspeicherung bewertet wird, stellt sich ein Gefühl ein – ein positives, ein negatives oder ein neutrales. Die gerade aufgenommene Information wird mit diesem Gefühl verbunden, führt zu einem entsprechenden Körperausdruck und veranlasst uns zu einer Handlung, die schließlich zu einem Resultat führt. Der entscheidende Aspekt ist, dass sich das aus dem Informationsspeicher ausgewählte Gefühl – positiv, negativ oder neutral – im aktuellen Erleben widerspiegelt und in der Handlung ausdrückt.

Nun können wir jedoch nicht einfach entscheiden, welche Informationen unseren Filter passieren dürfen und welche nicht. Ausschlaggebend dafür ist zum einen natürlich die genetische Veranlagung, zum anderen das soziologische, soziale und kulturelle Umfeld. Vieles, was sich in dem Speicher des menschlichen Verstandes befindet, ist von anderen Menschen hineingegeben worden, ohne dass wir es überprüfen konnten: Als Kind übernahmen wir die Überzeugungen, Vorurteile und Verhaltensmuster der Erwachsenen. Eltern, Großeltern, Lehrer, sie alle sagten uns, was richtig oder falsch, was schön oder nicht schön sei. Die Glaubenssätze der Erwachsenen waren die einzige Orientierung, und die daraus abgeleiteten Informationen befinden sich auch heute noch in unserem Speicher und prägen unsere Gesamtpersönlichkeit.

Sicherlich wird im weiteren Verlauf des Lebens der Speicherinhalt durch immer wieder neue Erlebnisse und Erfahrungen aufgefüllt oder auch teilweise verändert. Aber in der Regel ist eine einmal angelegte Information gegenüber den nachfolgenden immer die stärkere.

Das ist also unsere Realität: Eine selbst erschaffene Wirklichkeit, die so, wie wir sie wahrnehmen, außerhalb von uns gar nicht existiert. In dieser Wirklichkeit agieren wir als eine Persönlichkeit, die so, wie sie ist, seit frühkindlichem Alter durch Konditionierungen, durch die

Übernahme der Denkweisen und Verhaltensmuster anderer, geprägt wurde.

Denken Sie einmal darüber nach und hinterfragen Sie sich selbst: Welche Ihrer Eigenschaften, Denkmuster, Verhaltensweisen und Empfindungen sind unbestreitbar Ihre ganz eigenen, unabänderlichen Eigenschaften? Wovon können Sie eindeutig sagen, dass es ein feststehender, konstanter Teil Ihrer Persönlichkeit ist? Und: Bezeichnen Sie auch das, was Ihnen lästig und unangenehm ist, was Ihnen sogar widersinnig erscheint, als tatsächlich zu Ihnen gehörend?

Ob willentlich oder nicht willentlich: Fragen wie „Was löst dieses Verhalten aus?", „Warum denke ich jetzt so?", „Warum fühle ich jetzt so?" führen auf den richtigen Weg. Generalisierende Antworten wie z. B. „... weil mir Bartträger unsympathisch sind" oder „... mein Vater mochte das auch nicht leiden" helfen, den Konditionierungen auf die Schliche zu kommen. Besonders wenn das Denken, Verhalten und Handeln selbst als hinderlich empfunden wird, ist es unerlässlich, die Verantwortung für die Heranbildung der eigenen bewussten Persönlichkeit zu übernehmen und sich daraus zu lösen.

Bleiben Sie nicht länger Opfer Ihrer konditionierten Eigenschaften. Warten Sie nicht auf ein Schock-Erlebnis, das Ihnen die Augen öffnet. Werden Sie jetzt zum Schöpfer von neuen, sinnvollen und förderlichen Prägungen. Kreieren Sie Ihre eigene Persönlichkeit, indem Sie die Verantwortung für Ihre Eigenschaften, Denk- und Verhaltensweisen übernehmen. Sicher gehören mehr Erlebnisse dazu, um eine tiefe Verankerung zu verursachen. Doch es gibt keinen Grund anzunehmen, dass wir nicht mehr für die Wirkungen verantwortlich sind, nur weil wir die Ursachen vergessen haben. Wir haben durchaus die Möglichkeit, uns zu entscheiden, ob wir ein störendes oder hinderliches Verhalten verändern wollen. Dafür brauchen wir nicht einmal den Auslöser für dieses Verhalten zu kennen. Es muss uns nur bewusst werden, dass dieses Verhalten eine Konditionierung ist, die wir durch einen selbst gewählten und bewussten Lernvorgang umkehren können. Sie können sich lösen von dem, was hindert und stört, und Sie können neu erschaffen, was für Ihre Persönlichkeit fruchtbar ist. Denn wenn es sowieso keine objektive Realität gibt, dann können wir uns doch auch als eine Persönlichkeit kreieren, die uns subjektiv gut tut.

Das ABC der Gewohnheit

Stellen Sie sich vor, das Leben sei ein Straßennetz, und Sie würden sich, bequem in einem Auto sitzend, durchs Leben steuern lassen. Der Autopilot ist Ihr Chauffeur, und der hält sich getreulich an das eingegebene Navigationsprogramm. An einer bestimmten Straßenkreuzung fährt er geradeaus. Das macht er nicht willkürlich oder nach reiflicher Überlegung, nein, er fährt geradeaus, weil es in seinem Navigationsprogramm so vorgegeben ist. Und so oft Sie in Ihrem Leben an dieser Straßenkreuzung ankommen, wird Ihr Chauffeur in die gleiche Richtung fahren. Sie haben sich daran gewöhnt, und Sie wissen, was Sie erwartet, wenn Sie diese Richtung einschlagen. Sie ist Ihnen vertraut. Sie kommen gar nicht auf die Idee, selbst das Steuer in die Hand zu nehmen, um zu erfahren, was Sie erwartet, wenn Sie an der Kreuzung nach rechts oder links weiterfahren. Sie sind damit zufrieden, dass der Autopilot einem ganz bestimmten Richtungsmuster folgt.

Unser Verstand arbeitet leider wie ein Autopilot. An einem bestimmten Punkt geht auch er immer in die gleiche Richtung. Er verwendet ein für die jeweilige Situation passendes Muster: Wenn A passiert, reagieren Sie mit B. Immer. Dass es auch noch C, D, E usw. gibt, wissen Sie vielleicht, aber diese Muster liegen nicht in Ihrem Plan. B kennen Sie, B hat bisher funktioniert und Sie immer zu einem Ergebnis geführt, mit dem Sie zufrieden waren. Es ist schwer, den Kurs während der Fahrt zu wechseln. Warum auch sollten wir uns von einer scheinbar befriedigenden Sichtweise lösen, um eine noch bessere zu finden, zumal wir noch nicht einmal wissen, ob es etwas Besseres gibt. Doch statt verschiedene Richtungen auszuprobieren und dabei neue Möglichkeiten kennenzulernen, bleiben wir bei dem, was uns bekannt und vertraut ist. Und damit begrenzen wir uns selbst, unser Handeln, unser Wachstum, unsere Power.

Gut, manchmal wagen wir etwas Neues. Darauf sind wir stolz, darüber freuen wir uns. Doch ist es denn tatsächlich etwas Neues? Nein, wir bedienen auch damit nur die bereits bestehenden Muster. Schließlich können sich die Gedanken an das Neue, an die Planung des Neuen und an das entsprechende Handeln nur auf der Basis des bereits Bestehenden entwickeln. Oder können Sie etwas denken und planen, was Sie überhaupt nicht kennen?

Wenn Sie auf ein Tuch etwas rote Tinte tropfen und jeden Tag auf die gleiche Stelle einen neuen Tropfen rote Tinte geben, wird sich nicht viel verändern. Der Fleck wird vielleicht etwas größer oder bekommt andere Umrisse. Viel mehr Veränderung werden Sie damit aber nicht erreichen. Nach einiger Zeit wird Ihnen das aber zu dumm, und Sie entscheiden sich zu einem mutigen Schritt: Statt der roten Tinte nehmen Sie nun schwarze und zudem auch noch etwas mehr Tinte als bisher. Was hat sich verändert? Nun, optisch hat sich einiges verändert. Der Fleck ist nun schwarz und – weil Sie etwas mehr Tinte aufgetropft haben – größer als vorher. Seine Umrisse haben sich natürlich auch verändert. Es sieht so aus, als habe es niemals vorher einen anderen Fleck gegeben. Ein schöner Schwindel. Denn natürlich sind die roten Flecken nicht verschwunden. Sie sind nur überlagert worden.

Das ist die schlechte Nachricht: Der rote Fleck wird niemals verschwinden, auch wenn Sie weiterhin beharrlich jeden Tag schwarze Tinte darauf tropfen lassen. Die Wissenschaft könnte Ihnen auch noch Jahre später beweisen, dass zuerst ein roter Fleck auf dem Tuch war. Sie könnte Ihnen auch beweisen, wie viele verschiedene rote Flecken sich unter den schwarzen befinden und auch, welche Flecken wie alt sind.

Die gute Nachricht ist: Wenn Sie tatsächlich jeden Tag schwarze Tinte auf den Fleck tropfen lassen, überwiegen irgendwann die schwarzen Tintenflecken. Auf unsere Persönlichkeit bezogen heißt das: Bestehende Prägungen können bewusst überlagert und verändert werden, bis sie eines Tages bedeutungslos, wenn auch nicht verschwunden sind. Das geht nicht von heute auf morgen, aber es geht umso schneller, je intensiver Sie Ihr Augenmerk von der Bestätigung bestehender Prägungen abwenden und auf das Anlegen neuer Eigenschaften konzentrieren. Denn nicht andere sind für die Erschaffung Ihrer Persönlichkeit verantwortlich, Sie sind es selbst.

Warum soll ein einmal gefundener Weg verlassen werden, wenn er doch bisher stets reibungslos zum gewünschten Ergebnis geführt hat? Die Frage ist berechtigt, schließlich birgt jeder neue Weg das Risiko eines Fehlschlags, und zudem ist es reine Zeitverschwendung, einen neuen Weg zu suchen, wenn der alte funktioniert.

Testen Sie mit nachstehender Aufgabe (S. 80), wie leicht Resultate erzielt werden können, wenn der Weg einmal klar geworden ist. Beachten Sie bei der Bearbeitung bitte Folgendes: Lösen Sie die Aufgaben so schnell wie möglich, halten Sie die Reihenfolge der Aufgaben 1 bis 11 ein und berichtigen Sie keine der einmal gefundenen Lösungen.

Sicher haben Sie schnell festgestellt: Wer einmal den Lösungsweg begriffen hat, braucht bei den nachfolgenden Aufgaben nicht mehr lange zu überlegen.

Dieser Automatismus greift in allen Bereichen des Lebens. Wir stützten uns auf Gewissheiten, Gewohnheiten und Vertrautes, und solange damit alles wunschgemäß verläuft, ist die Notwendigkeit einer Veränderung gewiss nur schwer einzusehen. Sollte sie dennoch einmal unvermeidbar sein, sind es gerade diese Gewissheiten und Gewohnheiten, die auch den kleinsten Ansatz von Anstrengung vermeiden lassen. Sie ersticken die Lust auf Neues, vernebeln den Blick für anderes und unterdrücken die Kreativität. Es kostet große

Aufgabe	Fassungsvermögen der Krüge			geforderte Wassermenge	Lösung
	A	B	C		
1	29	3		20	
2	21	127	3	100	
3	14	163	25	99	
4	18	43	10	5	
5	9	43	7	20	
6	20	59	6	27	
7	23	49	2	20	
8	15	39	3	18	
9	28	76/59 ?	3	25	
10	18	48	4	22	
11	14	36	8	6	

Anstrengung, aus eingefahrenen Gleisen auszubrechen und Zugang zu einer Kreativität zu finden, die brauchbare, intelligente Erneuerungen schafft.

Den Gewohnheiten, den Gewissheiten und dem Vertrauten folgend, vergessen wir, dass in uns ein schöpferisches Potenzial ruht, das uns zu weit mehr befähigt als zu dem, was wir aktuell leben. Wir sollten uns früh genug darin üben, das Reservoir der uns zur Verfügung stehenden Ressourcen auszuschöpfen. Denn schöpferisches Wachstum bedarf eines lebendigen Interesses, einer regen Beweglichkeit und freudigen Bereitschaft, Altes aufzugeben.

Um den Anforderungen des Lebens standhalten und Alternativen erkennen zu können, brauchen wir eine intelligente Wahrnehmung der Komplexität, die Bereitschaft zur Flexibilität in allen Bereichen, die Fähigkeit zur Akzeptanz der Widersprüche und ein Improvisationstalent, das spontanes und ungewohntes Reagieren der vertrauten Routine gleichstellt.

Wir kommen einfach nicht umhin, aus dem Schema der bewegungslosen Gewissheiten und Gewohnheiten auszubrechen, wollen wir die Verantwortung nicht anderen überlassen, sondern selbst zum Schöpfer unseres Lebens werden und es so gestalten, dass es sich als durchaus lebenswert präsentiert.

Übrigens: Wie viele Lösungsmöglichkeiten haben Sie bei den Aufgaben 7 bis 11 erkannt?

Alte Reaktionsmuster ändern

Da gibt es dieses Spiel: Nenne mir ein Werkzeug, eine Farbe und ein Musikinstrument. In unserem Kulturkreis werden zumeist Hammer, Rot und Geige genannt. Und es gibt noch ein Spiel: Bitten Sie jemanden, fortlaufend „Blut, Blut, Blut, Blut ..." zu sagen. Wenn Sie ihn nach 15 Sekunden fragen, was der Vampir trinkt, wird er natürlich richtig antworten: „Blut." Dann soll er damit fortfahren, das Wort Blut permanent vor sich hinzusagen. Nun fragen Sie ihn: „Wann fährst du über die Ampel?" Fast jeder wird antworten: „Bei Rot." Und erst nach einer gewissen Zeit wird ihm auffallen, dass Grün eigentlich die richtige Antwort gewesen wäre. Offensichtlich sind wir nicht bewusster als der Pawlowsche Hund: Reiz – Reaktion – Reiz – Reaktion.

Manche Reaktionen sind schon Jahrtausende alt, aber dem Menschen der Neuzeit ebenso vertraut wie seinen Urahnen aus der Steinzeit. Es sind biologisch vorprogrammierte Reaktionen auf bestimmte Reize.

Wenn Sie gedankenverloren eine Straße überqueren, wird die Hupe eines heranbrausenden Autos in Sekundenbruchteilen bei Ihnen eine Reaktion hervorrufen, die Ihr Überleben sichert. Damals wie heute signalisieren bestimmte Reize Gefahr für Leib und Leben, und jeder von uns wird ohne zu überlegen etwas tun, um dieser Gefahr zu entkommen. Das uralte Prinzip „Flucht oder Angriff" gilt immer noch. Und es gilt auch, und heute besonders, wenn es um das Überleben auf der psychischen Ebene geht.

Ihr Vorgesetzter braucht nur beiläufig zu sagen: „Lassen Sie das mal, Ihr Kollege kann das viel besser erledigen", schon signalisiert das Gehirn: Gefahr in Verzug! Sofort laufen die gleichen Körperreaktionen ab wie bei einem Steinzeitmenschen, der um sein Überleben fürchtet: Adrenalin wird freigesetzt, das Herz schlägt schneller, der Blutdruck steigt, die Muskeln spannen sich. Der ganze Körper ist aktionsbereit. Doch Sie bleiben cool sitzen und grinsen dem Widersacher frech ins Gesicht. Oder Sie schmieden insgeheim düstere Rachepläne, während Sie beschämt den Blick nach unten senken.

Wie kommt es eigentlich, dass wider besseres Wissen bei bestimmten Begebenheiten immer die gleichen Reaktionen ablaufen? Nehmen Sie einmal an, bei Ihrer Geburt sei in Ihrem Kopf nichts weiter als eine weiße, ebenmäßige Wachsplatte. Ab dem Moment der Geburt nehmen Sie Informationen auf, wenn auch zunächst noch völlig unstrukturiert und unbewusst. Es ist angenehm, wenn Sie liebkost werden, und ziemlich unangenehm, wenn die Windel mal wieder gewechselt werden müsste. Es schmerzt, wenn Sie sich stoßen, und es tut gut, die tröstenden Hände der Mutter zu spüren. Später erhalten Sie Informationen wie: „Pass auf, das ist heiß!", „Das ist schmutzig!" oder „Das tut man nicht!".

Im Laufe des Lebens bekommt die ehemals weiße und ebenmäßige Wachsplatte immer mehr Ähnlichkeit mit der Haut eines alten Elefanten. Denn alles, was Sie bisher gelernt haben, jede Erfahrung und jedes Erlebnis, hat eine Rille in der Wachsplatte hinterlassen, in der unzählige Informationen gespeichert sind. In jeder Sekunde des Lebens wird unsere Wachsplatte durch neue Informationen verändert. Manche vertiefen eine Rille, andere schaffen eine neue, wieder andere verlängern eine Rille so, dass sie sich mit bereits vorhandenen kreuzt. Nur eins geschieht nie: dass eine Rille sich verändert, weil eine Information verschwindet. Ganz im Gegenteil. Vorhandene Rillen nehmen zwar gerne Neues auf, wenn es sie bestärkt. Aber sie weigern sich geradezu, abweichenden Informationen Platz zu machen.

Das können Sie ganz praktisch überprüfen: Die erste Information, also der erste Tropfen, den Sie auf die Wachsplatte geben, lässt die Oberfläche schmelzen und bildet eine Vertiefung. Wenn Sie nun direkt daneben einen neuen Tropfen auf die Wachsplatte geben, wird er zwar einen leichten Abdruck an dieser Stelle hinterlassen, dann aber den Weg des geringsten Widerstandes gehen: Er fließt in die schon bestehende Vertiefung und verstärkt sie damit noch.

Eine bereits vorhandene Information ist gegenüber nachfolgenden in der Regel immer die stärkere. Nach dem Motto: Wer zuerst kommt, mahlt zuerst. Das hat zwar viele Vorteile, denn wir können die Routinen des Lebens darauf aufbauen. Wenn Sie einmal das Autofahren gelernt haben, brauchen Sie nicht lange zu überlegen, auf welches Pedal Sie treten müssen, wann Sie bremsen und wann Sie wieder Gas geben wollen. Sie können sich dabei sogar noch unterhalten.

Doch diese Art der Informationsverarbeitung hat auch extreme Nachteile. Es kann sein, dass die Information, die zuerst kam, für unseren Lebensweg gar nicht entscheidend und wichtig ist. Und es ist mit Sicherheit richtig, dass manche Informationen schon ziemlich alt sind. Sie stammen von Ihren Eltern oder von Ihrer Großmutter, und wer weiß, ob diese Informationen für Sie wirklich hilfreich waren und sind.

Trotzdem: Sie agieren entsprechend den Vorgaben der Rillen. Sie hinterfragen nicht, warum Sie so und nicht anders denken, sich so und nicht anders verhalten. Sie reagieren ganz einfach – wie eine

Marionette, deren Fäden von einem geheimnisvollen Spieler gezogen werden.

Wenn Sie das erkannt haben, können Sie sich selbst neu kreieren. Sie können Ihre Persönlichkeit so gestalten, wie es für Sie sinnvoll ist, und sich von dem lösen, was Sie hindert und stört. Und Sie können neu erschaffen, was für Ihre Persönlichkeit sinnvoll und nützlich ist. Das geht nicht von heute auf morgen, aber es geht umso schneller, je intensiver Sie Ihr Augenmerk von den vorhandenen alten Rillen abwenden und auf das Anlegen neuer, erstrebenswerter konzentrieren.

Übernehmen Sie die Verantwortung für Ihre Eigenschaften, Denk- und Verhaltensweisen und lassen Sie Erfahrungen zu, die den bestehenden Rillen positiv widersprechen. Denn nicht andere sind für die Gestaltung Ihrer Persönlichkeit verantwortlich, Sie sind es selbst.

Sich die eigenen Überzeugungssysteme bewusst machen

Wohl niemand käme auf die Idee zu behaupten, er würde nicht bewusst reden, es sei denn, er habe in fröhlicher Runde den geistigen Getränken zu sehr zugesprochen.

Sagen Sie doch jetzt einmal ganz bewusst etwas, einen einfachen Satz, irgendetwas Belangloses wie zum Beispiel: „Ich mache mir jetzt eine Tasse Tee." Können Sie das, was Sie sagen, ganz bewusst sagen? Nein, was Sie sagen, können Sie nicht bewusst sagen, mit einer Ausnahme: Sie lesen etwas Aufgeschriebenes vor, wie beispielsweise eine Rede, ein Buch, einen Brief, den Abspann eines Films oder Ähnliches.

Wenn Sie sich auf dem Weg zur Arbeit ein Salamibrötchen kaufen möchten, dann gehen Sie in eine Bäckerei und sagen vielleicht: „Ich hätte gerne ein Salamibrötchen." Okay, der Inhalt des Satzes ist beabsichtigt. Sie hätten jedoch ebenso gut sagen können: „Bitte ein Salamibrötchen", „Ich möchte ein Salamibrötchen", „Geben Sie mir bitte ein Salamibrötchen".

Die Worte sind in Ihrem Gehirn schon gebildet, bevor sie über Ihre Lippen kommen. Das bekommen Sie gar nicht mit, das können Sie nicht kontrollieren. Sie denken den Sinn, aber die Worte fließen je nach Reiz und Reaktion automatisch. Sie können natürlich ab sofort genau überlegen, was Sie sagen werden, um ein Salamibrötchen zu bekommen. Denn wenn Sie schon das gesprochene Wort nicht bewusst beeinflussen können, dann mit Sicherheit doch Ihre Gedanken.

Wenn Sie sich Ihrer Gedanken so bewusst sind, warum entscheiden Sie sich dann für den Satz: „Ich hätte gern ein Salamibrötchen." Welcher konkrete Grund führt Sie zu dieser Entscheidung?

Zugegeben, es ist ziemlich unwichtig, mit welchen Worten Sie Ihr Brötchen bestellen. Sie werden es so oder so bekommen. Aber wie sieht es mit den anderen Sätzen aus, die Sie tagsüber von sich geben? Können Sie dabei die vorausgehenden Gedanken bewusst beeinflussen? Sind Sie tatsächlich Herr über Ihre Gedanken?

Sie sind es nicht! Ihre Gedanken sind die Summe der Erfahrungen, die sich im Verstand als Programme gebildet haben. Programmiert von den Eltern, geprägt von der Umwelt, beeinflusst von den Genen, von den Medien, von der Moral, von den gegenwärtig modernen Denkmodellen.

Gedanken tauchen wie aus dem Nichts auf, verweilen einen Moment, vergehen, und schon ist ein anderer Gedanke da. Gerade taucht der Gedanke auf, dass Sie frieren, da hören sie aus dem Radio eine bestimmte Melodie, die Sie an Ihre erste Liebe erinnert. Und – schwupps – wird eine Gedankenkette in Gang gesetzt. Sie denken an frühere Erlebnisse, an Ihre damals hochfliegenden Pläne, an den ersten vielversprechenden Job, und dann taucht urplötzlich der Gedanke auf: Auweia, ich habe schon wieder vergessen, einen wichtigen Kunden zurückzurufen.

Gedanken kommen und gehen, wie es ihnen gerade beliebt. Sie selektieren, bewerten, beurteilen, assoziieren, manchmal verlieren Sie sich in Tagträumen und manchmal auch in Angstfantasien. Wahrscheinlich würden auch Sie gerne sorgenvolle, beängstigende oder anderweitig belastende Gedanken ausschließen und nur noch diejenigen zulassen, die Ihnen gut tun. Aber Sie können das nicht steuern, Sie können Ihre Gedanken nicht beeinflussen. Ihr Wille kann die Gedankenflut nicht kontrollieren. Es geschieht einfach, und das gesprochene Wort folgt den Gedanken.

Doch Sie können lernen, bewusst zu denken und bewusst zu sprechen, obwohl beides in der Regel nur eine Retusche ist. Denn was Sie denken und in der Folge sagen, entspricht Ihrer Wahrnehmung, die wie gesagt von bestehenden Überzeugungen, Meinungen, Urteilen und Kenntnissen abhängt. Sie können immer nur im Rahmen Ihrer eigenen Realität denken und sprechen. Alle Erfahrungen, Konditionierungen, Lerninhalte, Meinungen, Urteile und Standpunkte eines Menschen finden sich zu einem ganz bestimmten Überzeugungssystem zusammen.

Überzeugungssysteme sind ein wichtiger Teil Ihrer Identität und Ausdruck Ihrer Persönlichkeit, auch wenn ein Großteil im Laufe der Zeit im Unbewussten gespeichert wird und von dort aus wirkt. Jeder von uns hat im Laufe seines Lebens eine Sammlung von Überzeugungssystemen angelegt, die dafür sorgen, dass wir eine ganz bestimmte Sichtweise in diesem Leben einnehmen und nur das sehen, worauf wir unsere Aufmerksamkeit richten. Einige sind durch Erfahrungen hart erarbeitet, andere wurden einfach übernommen.

Ihre Wahrnehmungen und Interpretationen – das Fundament Ihrer Realität – entsprechen deshalb niemals der objektiven Wirklichkeit. Objektiv wahrnehmen zu können würde voraussetzen, frei von allen

Inhalten des subjektiven Bewusstseins zu sein. Da es aber wohl niemanden gibt, der nicht geprägt ist von Erziehung, Umwelt, Gesellschaft, von seinen Erfahrungen und Erinnerungen, kann es auch niemanden geben, der die Wirklichkeit objektiv wahrnimmt. Davon betroffen ist nicht nur die Wahrnehmung der Umwelt, sondern auch die der eigenen Person.

Sie nehmen nichts so wahr, wie es ist, sondern nur so, wie es Ihnen im Kontext mit allem anderen erscheint. Alles, was Sie wahrnehmen, unterliegt einem Bewusstsein, das konditioniert und geprägt wurde, daraus sein Denken, seine Bewertungen und Standpunkte entwickelte und zu entsprechenden Reaktionen veranlasst wird.

Mit diesem Bewusstsein sehen Sie die Menschen, Dinge und natürlich auch sich selbst. Mit diesem Bewusstsein bewerten, interpretieren, unterscheiden, reagieren und handeln Sie.

Der Trugschluss ist, dass wir überzeugt davon sind, mit diesem subjektiven Bewusstsein uns selbst, andere Menschen und die Welt um uns herum objektiv wahrnehmen zu können. Doch da die eigene Wahrnehmung ausschließlich über das subjektive Bewusstsein geschieht, ist uns eine objektive Wahrnehmung schlichtweg unmöglich.

Das subjektive Bewusstsein ist ein Etwas, das sich selbst erschaffen hat aus allem, was ein Mensch seit Beginn seines Lebens bewusst oder unbewusst erfahren und erlernt hat. Daran ist es gebunden, davon wird es begrenzt.

Jedes subjektive Bewusstsein ist in Relation zu jedem anderen subjektiven Bewusstsein eine absolut einmalige Komposition aus unterschiedlichen Lebenshintergründen. So relativ wie das subjektive Bewusstsein selbst sind dann natürlich auch seine Wahrnehmungen und Interpretationen. Die Welt, die Dinge, die Situationen und die Menschen, die uns umgeben, sind, wie sie sind. Und so, wie sie sind, stellen sie für den einen ein Problem dar, für den anderen sind sie unproblematisch, unkompliziert, vielleicht sogar ein Glücksfall.

Ein und dasselbe kann also verschiedenartige Wirkungen erzeugen. Demzufolge ist es durchaus möglich, das subjektive Bewusstsein so zu verändern, dass die Wahrnehmung angenehme Empfindungen und Eindrücke auslöst. Deshalb muss niemand problembeladen durch sein Leben gehen, niemand muss sich aufregen oder ärgern. Es ist immer die persönliche Entscheidung, ob man aus dem, was man sieht und erlebt, etwas Angenehmes, etwas Neutrales oder etwas Unangenehmes kreiert.

Sich dessen bewusst zu sein, ist der erste Schritt, um das eigene Leben wissentlich und zielgerichtet zu kreieren. Wenn Sie zudem noch akzeptieren, dass Altes sterben muss, damit sich Neues entwickeln kann, werden Sie wirklich wachsen und sich verändern.

Lassen Sie sich nicht von alten Gewohnheiten, Sichtweisen, Gewissheiten und Richtlinien leiten. Sie können selbst bestimmen, was sein soll. Sie sind in der Lage, jeden Moment die Richtung zu ändern, ständig etwas Neues zu machen. Denn Sie sind ein freier Mensch. Sie frei in Ihren Entscheidungen, in Ihrem Denken und in Ihren Handlungen. Sofern Sie die Freiräume anderer Menschen akzeptieren, können Sie Ihr Leben so gestalten, wie es für Sie richtig ist. Das setzt natürlich voraus, dass Sie sich nicht von alten Standpunkten und Überzeugungssystemen beschränken lassen.

Es lohnt sich, für eine Weile dem Gedanken nachzugehen, wie es denn wäre, frei von allen Prägungen, Konditionierungen und Überzeugungen zu sein. Die Wahrnehmung der Wirklichkeit wäre eine ganz andere.

Wir sollten jede Sekunde die eigene Glaubwürdigkeit in Frage stellen. Denn wie anders würden wir Gegenstände, Menschen und Situationen betrachten, könnten wir sie einfach nur so wahrnehmen, wie sie sind. Doch leider sind wir so frei nicht. Aber wir haben die Chance, unsere Wahrnehmungen zu hinterfragen. Dadurch entdecken wir möglicherweise ganz neue Sichtweisen, erweitern den Fokus unserer

Aufmerksamkeit und gewinnen Einsichten, die unsere bisherigen Standpunkte und Überzeugungssysteme umgestalten oder gänzlich neu kreieren.

Das einzige Risiko, was Sie dabei eingehen, ist, dass Sie neue Erfahrungen machen und neue Erkenntnisse gewinnen. Es mag auch sein, dass Sie alte Überzeugungssysteme über Bord werfen. Aber was macht das schon? Schließlich steht Ihnen alles, was ist, zur Verfügung.

Übernehmen Sie die Verantwortung für das, was Sie aus den verschiedenen Situationen machen. Für den Reichtum und die Vielgestaltigkeit Ihrer Welt sind Sie selbst verantwortlich. Wenn Sie diese Verantwortung übernehmen, dann sind Sie es, der die Situation gestaltet.

Alles ist eine Frage des Standpunktes

Zeichnen Sie einen Halbkreis auf, und fragen Sie jemanden, ob die Wölbung konvex oder konkav sei. Schnell ist hier zu erkennen: Es kommt darauf an, von welcher Seite er auf die Wölbung schaut. Es kommt auf die Sichtweise, den Standpunkt an.

Menschen haben unterschiedliche Standpunkte und Sichtweisen. Jeder Mensch schaut von seinem Standpunkt, aus einer ganz persönlichen Sichtweise auf eine bestimmte Thematik und leitet daraus die entsprechenden Konsequenzen ab. Ein Standpunkt ist aber nur ein Punkt, und dass ein Punkt nicht sehr viel Inhalt haben kann, liegt auf der Hand.

Diskutieren nun zwei Menschen ihre unterschiedlichen Standpunkte, dann findet jeder wohl eine Vielzahl von Argumenten für seinen eigenen Punkt. Den Punkt des anderen kann er aber nicht verstehen, denn die Beschränktheit eines Punktes lässt eine andere Auffassung als die eigene nicht zu. Ein Streit scheint unvermeidbar.

Dabei würde es genügen, die Blickrichtung zu wechseln, um klarer und mehr zu sehen. Eine eigentlich recht einfache Angelegenheit, wenn dem nicht der Verstand bei der Erfüllung seiner Aufgaben im Wege stünde. Eine seiner Aufgaben ist es, bereits vorhandene Meinungen und Überzeugungen zu verteidigen – wenn es sein muss, mit Gewalt. Kriege bestätigen dies, aber auch im täglichen Leben ist das verbale Hauen und Stechen angesagt, wenn es darum geht, den eigenen Standpunkt zu verteidigen.

Aber: Jeder Standpunkt, jede Wertvorstellung, Wahrnehmung, Meinung, Überzeugung ist nur eine mögliche unter unzähligen anderen. Selbstverständlich brauchen wir die ganz persönlichen Überzeugungssysteme, weil sie uns eine Orientierung vorgeben. Aber wir müssen vorsichtig sein. Denn allzu schnell verfestigt sich eine Überzeugung und wird ein Dogma, das wir dann heftig verteidigen. Damit hindern wir uns selbst daran, die Möglichkeit einer anderen Sichtweise wahrzunehmen.

Die dogmatische Meinung, ob sie nun konvex oder konkav für wahr hält, ist nicht nur objektiv falsch, sie ist auch der große Feind der Kreation und Entwicklung. Natürlich ist es nicht immer einfach, die individuellen Dogmen zu erkennen. Oft stimmen sie mit der Meinung anderer überein, und das festigt uns in dem Glauben, Recht zu haben. Aber nichts wird deshalb wahr, weil eine Vielzahl Menschen es ebenfalls für wahr erachtet.

Die vermeintliche Gewissheit, ein Standpunkt sei unbestreitbar, entspringt einer recht dürftigen Phantasie und hindert diese gleichzeitig daran, sich auszuweiten, mehr Möglichkeiten zu entdecken und diese zuzulassen.

Was Sie denken, glauben und empfinden, ist immer die Konsequenz Ihrer Standpunkte und Überzeugungssysteme. Wenn Sie auf dem Standpunkt stehen, es sei nicht möglich, den einmal eingeschlagenen Lebensweg zu verlassen, dann wird es so sein. Wenn Sie überzeugt sind, es gebe für Sie keine Alternativen, dann wird auch das so sein.

In beiden Fällen beschränken Sie sich selbst. Verlassen Sie Ihren Standpunkt, verändern Sie Ihre Sichtweise und den Blickwinkel, dann werden Sie sehr wohl Wahlmöglichkeiten und neue, kreative Lösungswege entdecken.

Es ist immer eine Frage des Standpunktes und der daraus resultierenden Sichtweise. Wenn Sie wollen, können Sie jeden Standpunkt verändern. Sie sind der Schöpfer Ihrer eigenen Welt und Ihres eigenen Lebens.

Jeder Mensch hat seine Standpunkte und Überzeugungen, zusammengefügt aus den alten Erfahrungen und Konditionierung. Was mit dem eigenen Standpunkt nicht übereinstimmt, ist nicht richtig, man lehnt es ab. Man will Recht haben.

Menschen wollen immer recht haben. Aber sie sind automatisch im Recht. Was sonst? Zwangsläufig ergibt sich daraus: Wann immer Sie glauben, recht zu haben, hat auch der andere recht. Doch Ihre Überzeugungssysteme und Standpunkte wollen mit aller Macht verteidigt werden. Dafür legen Sie sich ins Zeug, und Sie ärgern sich und regen sich auf, wenn Ihren Standpunkten und Überzeugungssystemen widersprochen wird.

Ärger und Aufregung verbrauchen Energie, und diese Energie fehlt Ihnen, um gute Lösungen zu finden. Ballen Sie Ihre Hände zu Fäusten. Geben Sie Ihre ganze Energie in die Fäuste, und dann versuchen Sie, eine Tasse zu halten, diese Seite umzublättern oder einen Gegenstand aufzuheben. Es geht nicht. Sie brauchen offene Hände, um handeln zu können.

Gleiches geschieht, wenn Sie mit Ihren Händen gegen die Hände eines anderen Menschen drücken. Je mehr Sie drücken, um so stärker drückt der andere dagegen. Druck erzeugt Gegendruck. Eine Spirale, die immer weiter nach oben geht. Sie sind gefangen in einer Situation, in der Sie sich nur auf die Anstrengung konzentrieren können. Sie haben keine Hand frei zum Handeln.

Drücken Sie einmal 20 Minuten lang mit Ihren Händen gegen eine Wand. Wenn Sie danach loslassen, werden Sie das Gefühl haben, die Wand fiele zusammen. Wenn Sie es gewohnt sind, immer gegenzudrücken, haben Sie die selektive Wahrnehmung, dass es ohne Druck nicht mehr geht. Aber: Fällt die Wand tatsächlich zusammen, wenn Sie nicht mehr dagegen drücken?

Übertragen auf das Leben dürfen Sie sich jetzt mit der Frage auseinandersetzen: In welchen Situationen glauben Sie, etwas durch Druck verändern zu können? Wann arbeiten Sie gegen etwas, investieren Kraft, weil Ihre Wahrnehmung sagt, ohne das ginge es nicht? Was, befürchten Sie, tritt ein, wenn Sie keinen Druck mehr ausüben?

Beobachten Sie einmal Politiker bei Fernsehdiskussionen: Schon lange haben sie den Inhalt vergessen, mit ideologischer Verbissenheit kämpfen sie nur noch um ihre Positionen. Oder nehmen wir den Manager, der stur an einer Strategie festhält, obwohl er keinerlei Gewinn erwirtschaften kann. Da hilft auch kein Verkauf des Tafelsilbers in Form von Immobilien oder Beteiligungen mehr.

Überlegen Sie, wie unterschiedlich Handlungen und Verhalten in anderen Kulturen bewertet werden: Japaner interpretieren nicht Schwarz, sondern Weiß als Farbe der Trauer, und in Arabien zeugt ein Bäuerchen nach dem Essen von gutem Benehmen.

Was immer Sie behaupten, Sie haben Recht. Jeder hat aus seiner Sicht Recht. Es ist das Spiel des Lebens, und keiner kann gewinnen. Sie können nicht über den Dingen stehen.

Sagen Sie Ja zu dem, was ist, und verabschieden Sie sich von der Illusion des Rechthabens. Nur wenn Sie nicht mehr gegendrücken, wenn Sie nicht mehr gefangen sind in einer Situation, können Sie etwas verändern.

Sie sind dafür verantwortlich, ob Sie auf die Realität da draußen angemessen reagieren oder ob Sie sich, umzingelt von problematischen

Themen, das Leben selbst schwer machen. Was ist, das ist. Das ist ein völlig neutraler Fakt. Es ist; und so, wie es ist, ist es zumindest in diesem Augenblick nicht mehr zu ändern. Sie haben immer die Entscheidungsfreiheit, entspannt zu reagieren. Denn die Welt besteht nicht aus Problemen, es sei denn, Sie haben sich selbst eine solch negative Welt geschaffen.

Probleme entstehen im Kopf

Sie haben zehn Steine, die so klein sind, dass Sie alle in einer Hand halten können. Diese zehn Steine symbolisieren die absolute Lebensbejahung; sie verspüren keinen Wunsch, woanders zu sein, etwas anderes zu tun oder zu haben als das, was jetzt gerade ist. Ob Sie dabei fröhlich sind oder traurig, es spielt keine Rolle.

Nun sehen Sie sich Ihre derzeitige Situation an und überlegen Sie: Wie viele Steine nehmen Sie weg, um diese Situation darzustellen? Vielleicht legen Sie jetzt einen Stein weg, weil Sie lieber im Urlaub wären, einen zweiten, weil Sie so viel Ärger im Beruf haben, den dritten, weil Sie gerne auf Hawaii wohnen möchten, den vierten, weil Sie sich einen anderen Partner wünschen, den fünften, weil ... Wie viele Steine bleiben Ihnen übrig? Wie groß ist Ihre Lebensbejahung?

Wenn ich ein Buch lese und währenddessen daran denke, wo ich gerne wäre und was ich lieber tun würde, werde ich den Inhalt des Buches nicht aufnehmen können. Aber ich werde auch nichts von dem erleben, was mir jetzt lieber wäre. Leben ist immer eindimensional. Man kann nur da sein, wo man gerade ist: entweder hier oder woanders. Sie können noch nicht einmal wissen, ob das, was Sie sich wünschen, wirklich besser ist als das, was Sie zurzeit besitzen oder tun. Warum also halten Sie an solchen Gedanken fest? Sie berauben sich damit nur der Power, mit der Sie das Leben genießen könnten, und werden unfähig, mit effektiven Handlungen den Moment zu verschönern.

Was brauchen Sie, und was muss passieren, damit Sie zu einer Situation ganz Ja sagen können, damit Sie mit Herz und Verstand ganz da sein können und nichts anderes machen möchten? Wenn Sie zu dem stehen, was aktuell ist, selbst wenn Sie müde, vielleicht auch kränklich sind – was soll's! Zehn Steine zu haben, bedeutet nicht, dass alles bestens ist, sondern dass Sie genau das akzeptieren, was ist. Das hat weder etwas mit Resignation noch mit Fatalismus zu tun, es ist vielmehr die Bejahung dessen, was ist, weil es zurzeit eben nicht anders ist.

Vielleicht sorgen Sie sich um ein bevorstehendes Ereignis, dessen Ausgang noch ungewiss ist. Stellen Sie sich vor, alles sei zu hundert Prozent gewiss. Das wäre, als habe man sein Leben auf Video gesehen. Wäre dann doch Spannung da? Gibt es eine Situation in der Zukunft, die gewiss ist? Das wird es nicht geben. Das Leben kreiert Risiko, das Leben ist Risiko. Die Probleme, die Hindernisse geben die Würze.

Unsere Bequemlichkeit hält uns in eingefahrenen Gleisen fest. Viel zu selten sind wir bereit, aus freien Stücken Unbekanntes zu wagen. Und oft zwingen uns erst unerwartete Ereignisse, Gewohntes zu verlassen und neue Wege kennenzulernen. Doch jeder bestimmt selbst, welche Wege er geht. Je mehr Möglichkeiten er aber kennt, die ihn durchs Dasein lenken und leiten, umso vielfältiger ist das Angebot, das ihm das Leben bietet, und umso leichter fällt es ihm, zum Schöpfer seines Lebens zu werden.

Ein Leben mit zehn Steinen ist orgastisch und spannend. Sie selbst sind der Manipulator Ihrer Wahrnehmungen und Gefühle. Wenn Sie Angst haben, wenn irgendetwas nicht so richtig läuft, wenn Sie unter Spannung stehen oder etwas nicht bekommen – das ist ein unabänderlicher Teil des Lebens. Was spricht dagegen, auch diesen Teil mit zehn Steinen zu erleben? Stehen Sie dazu, und sagen Sie Ja.

Wenn die zehn Steine Symbol für das Höchstmaß an Lebenskraft und Lebensbejahung sind, ist es töricht, auch nur einen davon aus der Hand zu geben. Natürlich gibt es im Leben immer wieder ungeliebte Situationen, und die sollten auch so bald wie möglich verändert werden. Aber wenn sie jetzt nun einmal nicht zu ändern sind, ist es doch sinnvoll, ein klares, absolutes Ja dazu zu sagen. Ob traurig oder fröhlich, müde, krank oder voller Tatkraft – wer die Verantwortung für sein Leben übernommen hat, sagt zu allem, was ist, dieses absolute Ja.

Es sind niemals die Umstände oder andere Menschen, die unserem Leben Sinn, Freude, Glück und Zufriedenheit nehmen oder es bereichern. Wir sind es selbst, wir sind selbst dafür verantwortlich, wie wir unser Leben gestalten. Wir sind die Schöpfer unserer Wahrnehmungen, unseres Denkens, unserer Emotionen und Identifikationen.

Wenn Sie ein Problem haben, suchen Sie natürlich den effektivsten Weg, dieses Problem schnell aus der Welt zu schaffen. Dafür haben Sie schließlich alle möglichen Arten der Problemlösungstechniken gelernt. Dass dieser Methodentanz jedoch nicht immer sinnvoll und wirksam ist, haben Sie sicher auch schon oft genug erfahren. Es gibt einfach Probleme, die Sie auf diese Weise nicht lösen können, im Gegenteil: Sie werden damit nur neue schaffen. Das Ergebnis Ihrer Bemühungen: Sie ärgern sich. Sie ärgern sich maßlos. Und weil Sie das Problem nicht lösen können, bleibt Ihnen nichts weiter übrig, als die Faust in der Tasche zu ballen.

Apropos Faust: Denken Sie an ein Problem, das Sie zurzeit stark beschäftigt, das Sie jedoch nicht lösen können. Dann konzentrieren Sie sich auf Ihre rechte Hand, und ballen diese Hand sehr, sehr langsam zur Faust. Lassen Sie sich dabei alle Zeit der Welt. Wenn Sie das langsam genug und mit voller Konzentration auf die sich ballende Faust gemacht haben, dürfen Sie sich jetzt eine interessante Frage stellen:

Wo war Ihr Problem, während Sie die Hand zur Faust geballt haben? Sehr wahrscheinlich haben Sie es vergessen. Das Problem, das Sie im Kopf hatten, ist verschwunden, weil Sie sich auf Ihre rechte Hand konzentriert haben.

Damit ist bewiesen, dass es objektiv keine problematischen Situationen gibt. Probleme entstehen in Ihrem Kopf. Mit dieser Übung erkennen Sie, dass Sie durch Ihren Willen von Minute zu Minute darüber entscheiden können, woran Sie denken und woran nicht. Sie haben es in der Hand, sich auf das zu konzentrieren, was gerade jetzt wirklich wichtig für Sie ist. Sie tragen die Verantwortung dafür, ob Sie ganz bei der Sache sind oder ob Sie sich durch irgendwelche Gedanken stören und nervös machen lassen.

Von sich aus gibt es kein einziges Problem auf der Welt. Alle Probleme entstehen erst in unseren Köpfen. Sie entstehen durch den Zusammenstoß der Welt draußen mit unseren Überzeugungssystemen drinnen. Wenn jemand etwas anderes behauptet als das, was Sie glauben – also das, was Sie für richtig halten –, sind Sie gezwungen, recht zu behalten. Sie wollen recht behalten, um die Überzeugungssysteme, die Sie sich im Laufe Ihres Lebens erworben haben, bestätigt zu sehen. Geschieht dies nicht, haben Sie ein Problem. Solange Ihre Überzeugungssysteme Sie steuern, solange Sie eine genaue Vorstellung, eine Überzeugung von dem haben, wie alles auszusehen hat, eine feste Erwartungshaltung, wird das Erleben dessen, was tatsächlich ist, zerstört werden. Sie erwarten immer etwas anderes als das, was gerade ist. Und die Möglichkeiten, die vorhanden sind, werden nicht einmal bemerkt.

Erwachsen zu sein heißt, verstanden zu haben, dass die Umwelt die Projektion des eigenen Verhaltens und der eigenen Gedanken ist. Wer das nachvollziehen kann und in aller Tiefe begreift, kennt die beste Strategie, mit Problemen umzugehen: die Erweiterung des eigenen Denkens.

Die meisten Menschen glauben, das Leben sei erfolgreich, wenn es frei wäre von Problemen und Konflikten. Dabei geht es im Leben gar nicht darum, ein bestimmtes Klassenziel zu erreichen, das da heißt: keine Konflikte und keine Probleme.

Stellen Sie sich folgende Situation vor: Im Zeitlupentempo rollt die Blechlawine von Süden nach Norden. Und dann – nichts geht mehr. 30 Kilometer Stau! In der Mittagshitze dieses Sommertages sitzen unzählige Menschen in ihren Autos und warten darauf, dass es weitergeht. Da sitzt ein Geschäftsmann in seiner Limousine, schwitzend, schimpfend, völlig gestresst. Die Zeit drängt, der Kunde wartet, das Geschäft könnte platzen. Eine hübsche Rothaarige flirtet ungeniert mit dem älteren Herrn in dem schicken Sportflitzer neben ihr; ein junger Mann singt lauthals zur Musik aus dem Radio. Ein paar Autos weiter sitzt noch ein Geschäftsmann, ebenfalls auf dem Weg zu einem Kunden. Er hat das Verdeck geöffnet, lässt sich die Sonne ins Gesicht scheinen und träumt mit geschlossenen Augen von seinem letzten Urlaub. Irgendwo schimpft eine Mutter mit ihren quengelnden Kindern. Manch einer liest die Zeitung, andere trommeln nervös mit den Fingern auf das Lenkrad. Und der Lastwagenfahrer nutzt die Zeit, um in Ruhe seinen Kaffee zu trinken und ein Brötchen zu essen. Alle sind in der gleichen Situation: Stau auf der Autobahn.

Der Stau an sich ist neutral, unproblematisch. Er ist einfach nur das, was er ist: Ein Stau ist ein Stau ist ein Stau – mehr nicht. Mit Sicherheit ist es für viele wichtig, möglichst schnell weiterfahren zu können, zum Kunden, zur Uni, zum Flughafen. Für manche hängt eine Menge davon ab, ihr Ziel pünktlich zu erreichen. Doch es ist völlig gleichgültig, wie jemand reagiert. Er kann schimpfen, sich aufregen, singen oder flirten, es geht nicht weiter.

Wenn Sie in einem Stau stehen, hat das zuerst einmal etwas damit zu tun, dass Sie Auto fahren. Sie sind zwar nicht für den Stau verantwortlich, wohl aber dafür, dass Sie sich entschlossen haben, Auto zu fahren. Denn Autofahren bedeutet, nicht immer zügig voranzukommen, sondern auch verstopfte Straßen und dadurch bedingte Wartezeiten in Kauf zu nehmen. Wenn Ihnen das klar ist, dürften Sie sich über einen Stau kaum mehr aufregen.

Ein Stau an sich ist kein Malheur. Wenn Sie einen Stau als negativ bewerten, verderben Sie sich nicht nur die Laune oder sogar den ganzen Tag, Sie verderben sich auch die Chance, die Zeit für etwas anderes zu nutzen: Sie könnten Entspannungsübungen machen, ein Konzept neu überdenken, schönen Erinnerungen nachhängen, einen Schwatz mit anderen Wartenden halten.

Ändern Sie Ihre Überzeugung, dass ein Stau etwas Negatives sei. Ein Stau ist das, was er ist: ein Stau – nicht mehr und nicht weniger. Es bleibt Ihrer Fantasie überlassen, wie Sie damit umgehen. Nur denken Sie daran: Was Sie in eine Situation hineingeben, werden Sie zurückerhalten.

Kein Ereignis ist aus sich heraus unangenehm. Es ist einfach ein Ereignis, das ist alles. Was sie daraus machen, ist Ihnen überlassen, denn letzten Endes sind Sie der Schöpfer Ihrer Realität.

Es geht einzig und allein darum, Ereignisse bzw. Probleme anders zu interpretieren und zu lernen, grundsätzlich mit ihnen umzugehen. Das ist der Quantensprung im eigenen Bewusstsein, der aus den alten, überholten, starren Sichtweisen herausführt. Dann werden Sie jede Situation genießen können als eine Möglichkeit, diese Welt zu verstehen und mit ihr umzugehen. Denn diese fantastische Reise, die wir Leben nennen, verliefe fad und eintönig ohne die Würze der Probleme und Konflikte.

Nur Sie selbst können sich helfen, da Sie es auch sind, der Situationen in Probleme verwandelt. Die Veränderung der Sichtweise liegt allein in Ihrer Hand.

Die Einstellung kreiert die Wirklichkeit

Sie sind in einem wichtigen Meeting. Konzentriert verfolgen Sie die Ausführungen des Vorstandsmitglieds, machen sich eifrig Notizen – und da passiert es: Ein Schwall kalten Wassers ergießt sich jäh in Ihren Nacken und im Nu sind Jackett und Hemd durchnässt. Sie springen hoch. Die Bedienung, die mit puterrotem Gesicht und vor Schreck geweiteten Augen Entschuldigungen stammelt, nehmen Sie kaum wahr, denn im Blick Ihres Vorstandes lesen Sie: „Du bist nass geworden. Das lässt du dir doch wohl nicht gefallen? Tu' was, beschimpfe den, der es getan hat. Wehr dich!"

Wie werden Sie reagieren? Mit Schuldzuweisungen oder wüstem Geschimpfe? Nichts davon bewirkt, dass Sie wieder trocken werden. Aber Sie machen sich mit solchen Reaktionen selbst zum Opfer, zum Verlierer. Wie also werden Sie handeln, was werden Sie sagen, um aus dieser Situation als Gewinner hervorgehen zu können?

Wenn Sie in übertragenem Sinne in Ihrem Leben einmal nass geworden sind, nützt es nichts, viel zu reden. Das Einzige, was bleibt, ist zu handeln. Und wie Sie handeln, dafür sind Sie verantwortlich. Die Übernahme der Selbstverantwortung für Ihre Interpretation und das Verstehen, dass Situationen erst einmal sind, wie sie sind, gibt Ihnen eine riesige Freiheit. Eine Freiheit, die von Frustrationen, Ärger und anderen Verstimmungen erlöst. Sie können eine Problemsituation aus der Distanz betrachten und brauchen sich nicht mehr mit ihr zu identifizieren. Sie können das Problem von einer anderen Ebene aus betrachten.

Die meisten Menschen suchen innerhalb einer Denkebene nach Lösungen und schaffen damit stets neue Probleme. Und das frustriert, enttäuscht und führt zu aggressivem Verhalten. Probleme können nicht auf derselben Ebene gelöst werden, ohne neue zu schaffen. Da helfen weder Psychotricks noch Rhetoriktechniken oder Zeitmanagement. Das Einzige, was hilft, ist, die Ebene zu wechseln.

Wie heißt es so schön: Wenn man ein Problem nicht lösen kann, sollte man sich davon lösen, also auf Distanz gehen. Wie sonst sollte es ein Kameramann schaffen, auch in Krisensituationen scheinbar unberührt seinem Beruf nachzugehen? Die Kamera gibt ihm die nötige Distanz. Er nimmt die Situation nicht mehr mit den eigenen Augen wahr, sondern nur noch mit dem Auge der Kamera. Und schließlich sitzen auch Sie oft genug vor dem Fernseher und bekommen die schrecklichsten Kriegsbilder frei Haus geliefert. Wären Sie mitten im Geschehen, blieben Sie wohl kaum so gelassen.

Auch die Zeit schafft Distanz: Nach drei Wochen Urlaub kommen Sie zurück ins Büro, und das Problem, das Sie vorher hatten, ist weg. Es nimmt Ihnen keine Energie mehr. Es ist zwar noch da, aber Sie haben eine andere Perspektive zur Interpretation eingenommen und Ihre Sichtweise optimiert. Das kann nicht im Affekt der emotionalen Auseinandersetzung geschehen, dafür braucht es Distanz. Nur so können andere Gedanken integriert werden. Wie doch drei Wochen Ihre Interpretation verändern konnten!

Heute lachen Sie über ein Problem, das Sie vor zehn Jahren hatten. Was beweist, dass kein Problem und kein Ereignis aus sich heraus unangenehm oder ärgerlich ist. Die Bedeutung erhält es nur durch Ihre subjektive Wahrnehmung und Interpretation. Und deshalb liegt es in Ihrer Verantwortung, wie Sie darauf reagieren.

Was ist, das ist. Es ist eine Frage, wie schnell Sie auf Distanz gehen können und darauf verzichten, anderen die Schuld für die eigene Situation zuzuweisen. Nicht Ihr Chef ist schuld, wenn Sie sich über sein unfreundliches Verhalten ärgern, Ihr Nachbar ist ebenfalls nicht schuld, wenn Sie sich über sein Getratsche aufregen, und auch Ihr Sohn ist nicht verantwortlich dafür, dass seine Kleidung Sie in Rage versetzt. Solange Sie wie ein Hamster im Rad das Problem umkreisen, werden Sie in Ihren negativen Gefühlen gefangen bleiben und keine Lösung finden.

Erst wenn Sie das Rad verlassen und das Problem von außen betrachten, können Sie Ihren Blickwinkel erweitern, zu neuen Interpretationen finden und letztendlich eine Lösung erkennen.

Wieso bereiten uns die Eigenschaften mancher Menschen Probleme? Die Antwort liegt auf der Hand: Unsere Standpunkte und Überzeugungen lassen nur solche Eigenschaften gelten, die mit ihnen übereinstimmen. Deshalb nehmen wir auch manche Eigenschaften an uns selbst nicht wahr oder wollen sie nicht wahrhaben. Und deshalb haben wir Probleme mit diesen Eigenschaften. Logischerweise bedeutet das aber auch, dass wir selbst die Ursache der Probleme sind. Wir sind uns selbst ein Problem.

Sie definieren sich selbst, Ihre Person, Ihren Charakter aus der Sicht, die das kleine Fenster Ihrer Standpunkte, Interpretationen und Überzeugungen zulässt. Darauf bauen Sie ihre Geschichte auf. Es ist eine recht willkürliche Geschichte, eine Traumwelt, die ebenso gut ganz anders sein könnte. Denn Sie sind wesentlich vielseitiger als Sie sich selbst glauben machen – vom Minus bis zum Plus.

Solange Sie jedoch glauben, Sie seien besser, zumindest aber nicht schlechter als die anderen, befinden Sie sich im Wettbewerb mit anderen. Sie vergleichen sich mit anderen, was zwangsläufig beinhaltet, dass Sie Probleme haben werden. Wenn Sie sich jedoch klar machen, dass Sie den anderen Menschen – auch denen, denen Sie sich überlegen fühlen – ähnlicher sind als Ihnen lieb ist, gibt es keine Widersacher und keine Rivalen mehr.

Mit dieser Sicht kreieren Sie für sich eine Welt, in der es sich problemlos miteinander leben lässt. Das eindeutige Ja zu anderen Menschen ist gleichzeitig das Ja zur eigenen Person mit all ihren positiven, aber auch mit all ihren negativen Aspekten.

Wie unkompliziert wäre es, würden wir die Verschiedenheit der Menschen akzeptieren könnten. So manches Problem ließe sich allein schon dadurch lösen, insbesondere wenn es auf der zwischenmenschlichen

Ebene seinen Ursprung hat. Die anderen Probleme, bei denen es tatsächlich um eine zu lösende Aufgabe geht, wären auch nur noch dies: eine zu lösende Aufgabe.

Ob wir uns weiterhin mit Problemen belasten wollen oder aber tatkräftig und entspannt anstehende Aufgaben lösen, das ist eine Frage der Einstellung. Sie ist die Basis unserer Lebensqualität. Die Einstellung kreiert alles und bewertet es, sie lenkt die Wahrnehmung, erzeugt die Gedanken und Gefühle, und sie kann nach Belieben gestaltet werden. Für seine Einstellung ist jeder allein verantwortlich.

Das Prinzip von Ursache und Wirkung

Sie haben einen großen Aktienverlust zu verschmerzen, doch statt dass Sie sich vor Wut ein Monogramm in den Bauch beißen, laden Sie einen Freund ein und feiern.

Sie fahren zu der wichtigsten Verkaufsverhandlung Ihres Lebens. Alles hängt jetzt von Ihnen ab. Dann muss das Flugzeug wegen eines technischen Defekts auf einem entlegenen Flughafen zwischenlanden. Sie können den Termin nicht einhalten. Wohl wissend, dass Ihr Kunde das Geschäft nun mit Ihrem Konkurrenten abschließen wird, verbringen Sie die Stunden bis zum Weiterflug mit einem fürstlichen Mittagessen und einem ausgedehnten Spaziergang.

Gut, dass Sie sich die Laune nicht verderben lassen. Gut, dass Sie nicht eifrig und ereifernd den Schuldigen für die Misere suchen.

Wer ist schuld daran, dass die fünfte Schaufensterpuppe von links umfällt? Die unmittelbar neben ihr stehende Puppe, die sie durch den eigenen Fall mitreißt? Der Windstoß, der die erste Puppe ins Fallen bringt? Vielleicht ist es der Dekorateur, der die Tür nicht geschlossen hat. Oder der Hausmeister, der das offen stehende Flurfenster übersehen hat, weil er dringend zum Chef gerufen wurde, dessen Sekretärin über die Telefonschnur gestolpert ist und dabei gleich die

Kabeldose aus der Wand gerissen hat, die der Techniker offensichtlich nicht ordentlich installiert hat. Wer ist schuld?

Natürlich ist das Fallen der Schaufensterpuppen kein Zufall. Es ist auch kein Zufall, wenn Sie die Treppe herauf stolpern und sich verletzen oder wenn das Flugzeug verspätet startet und Sie dadurch einen wichtigen Termin verpassen. Nichts geschieht rein zufällig. Alles, was geschieht, ist die Auswirkung einer Ursache oder einer ganzen Ursachenkette. Aber wen wollen Sie verantwortlich machen, wenn Ihnen ein unangenehmes, ein ärgerliches, ein missliches Ereignis widerfährt?

Es regnet, und Sie rutschen auf der nassen Straße aus. Ist „es" daran schuld? Oder Sie stolpern während eines gemütlichen Spaziergangs über einen Stein. Wo liegt die Ursache für den Schmerz, wer ist schuld an dem Ereignis? Der Stein, der Ihnen im Weg lag, oder Sie selbst, weil Sie nicht aufmerksam genug auf den Weg geachtet haben?

Sicher hat der sogenannte Zufall auch Ihnen schon einmal einen richtig derben Streich gespielt. Wenn Sie sich an ein solches Ereignis erinnern, das zudem noch mit unangenehmen Konsequenzen verbunden war: Wie haben Sie sich in dieser Situation gefühlt? Wer oder was war schuld daran, dass Sie zornig wurden, sich aufregten, empörten, Einbußen hinnehmen mussten, Schmerzen spürten? Und hat Ihre Reaktion etwas bewirkt? Hat sie Schlimmeres verursacht, zu Besserem geführt? Oder hat sie ganz einfach nur viel Zeit und viel Energie gekostet, die Sie besser hätten nutzen sollen, um sinnvoll und effektiv zu handeln?

Was also nützt es, wenn Sie aufgebracht nach den Verantwortlichen schreien? Einfacher und nützlicher ist es in jedem Fall, selbst in die Verantwortung zu gehen.

Denn Fakt ist: Es gibt keine Situation, die von sich aus problematisch ist. Es gibt nur die Wirkung eines Ereignisses. Und für die Wirkung sind Sie, Ihre Wahrnehmung und Ihre Interpretation des Ereignisses der direkte Auslöser. Sie sind die Wirkung und damit auch verantwortlich für das, was Sie empfinden.

Herbert hält sich für ein verkanntes Genie. Seine Eltern haben ihn nicht richtig gefördert, in der Schule sind seine Leistungen nicht richtig anerkannt, im Unternehmen seine Fähigkeiten nie richtig gewürdigt worden. Denn sonst wäre einiges anders gelaufen. Hätten man seine Begabungen und sein Können richtig bewertet, dann ... Herbert ist unzufrieden, denn das, was er hat, und das, was er will, stimmen einfach nicht überein.

Nun, vielleicht ist Herbert tatsächlich ein Genie. Doch ob sich das jemals herausstellen wird, ist fraglich. Denn statt nach Möglichkeiten für sein Weiterkommen Ausschau zu halten, tut er das, was er schon immer getan hat: Er gibt anderen die Schuld daran, dass es so ist, wie es nicht, und nicht, wie er es gerne hätte.

Herbert geht durchs Leben mit Röhrchen vor den Augen. Das linke Röhrchen ist auf die Vergangenheit gerichtet, das rechte auf die erwünschte Zukunft.

Das können Sie selbst einmal ausprobieren. Nehmen Sie zwei Bogen DIN-A4-Papier. Aus jedem rollen Sie ein Röhrchen, dessen Durchmesser Ihnen erlaubt, mit einem Auge durchzusehen. Halten Sie ein Röhrchen vor jedes Auge und gehen Sie mit den Röhrchen vor den Augen einige Minuten umher. Sie werden feststellen: Was Sie durch das linke Röhrchen sehen, können Sie nicht gleichzeitig durch das rechte sehen. Jedes Auge sieht etwas anderes, und jedes kann nur einen kleinen Teil erfassen.

Stellen Sie sich nun vor, dass Sie durch das Röhrchen vor dem linken Auge in die Vergangenheit blicken, also auf alle Erfahrungen und Prägungen aus der Vergangenheit. Durch das Röhrchen vor dem rechten Auge schauen Sie in die Zukunft mit all ihren Möglichkeiten. Es ist also unmöglich, gleichzeitig in die Vergangenheit und die Zukunft zu blicken.

Sie können mit Ihrer Aufmerksamkeit zwar hin und her springen, aber der Fokus kann nur auf die Wahrnehmung eines Auges gerichtet sein. Entweder dominiert das linke Auge mit der problemorientierten Annahme aus einer Welt, die den Prägungen der Vergangenheit entspricht, oder die Aufmerksamkeit wird von der Sichtweise des rechten Auges beherrscht, das sich auf die Zukunft mit all ihren Möglichkeiten konzentriert. Doch gleichgültig, welches Auge gerade die Führung übernimmt: Das Blickfeld ist ziemlich begrenzt.

Die Röhrchen engen das Sehfeld gewaltig ein. Sie erlauben nicht mehr als einen Tunnelblick auf das Leben und nur sehr eingeschränkte Perspektiven. Sie sehen Ausschnitte des Ganzen, Sie sehen das, worauf Sie sich fokussieren.

Übertragen auf das Leben, entspricht das Sehen durch zwei Röhrchen der Sichtweise, wie sie im gewöhnlichen Leben üblich ist. Links ist der Blick gerichtet auf: Hätte damals ..., dann würde morgen ...; wäre früher ..., dann könnte ...; wenn ..., dann ...

Das Interesse richtet sich auf die Vergangenheit und die Zukunft. Die beiden Sichtweisen scheinen sich auf einer imaginären Linie hin und her zu bewegen, und es ist unmöglich, sie in der Gegenwart zusammenzuführen.

Mit dieser Art des Sehens gibt es immer einen Schuldigen, der dafür verantwortlich ist, dass die Zukunft nicht das bringen wird, was gewünscht und ersehnt wird.

Das ist sehr praktisch, schließlich entbindet das Röhrchen-Sehen Sie von sämtlicher Verantwortung. Es sind halt die Eltern, die Lehrer, die Chefs, die an Ihren miesen Zukunftsaussichten schuld sind. Sie sind nur das arme Opfer. Da können Sie sich beruhigt zurücklehnen und sich selbst ausgiebig bemitleiden.

Das Problem ist nur: Sie sind nicht zufrieden und schon gar nicht glücklich. Denn das, was Sie sich von der Zukunft erhoffen, können

Sie nicht so einfach ad acta legen. Es wurmt Sie, wenn Sie sehen, dass andere etwas haben, was Sie zwar wollen, aber nicht haben können, weil die Eltern, die Lehrer, die Chefs ... – Sie wissen schon.

Fest steht: Mit dieser Betrachtungsweise kommen Sie nicht weiter, werden Sie niemals das erreichen, was Sie wollen. Denn fest steht ebenfalls: Die Vergangenheit ist nicht mehr zu ändern, sie ist tot. Doch solange Sie den Kontext in ihrem aktuellen Leben nicht ändern, wird die Vergangenheit Sie immer wieder einholen. Sie werden heute das Gleiche denken wie gestern: Es ist nicht zu ändern, die Chance ist vertan, die anderen sind schuld. Und Sie werden das Gleiche tun wie immer – nichts.

Das bedeutet: Sie sind nicht das Opfer der Vergangenheit. Im Gegenteil! Von nichts kommt nichts, und weil Sie nichts tun, sind allein Sie dafür verantwortlich. Sie sind verantwortlich für Ihre Gegenwart und für Ihre Zukunft. Sie sind verantwortlich dafür, wie Sie mit Ihrem Leben umgehen und was Sie daraus machen. Sie haben immer die Wahl zwischen Selbstmitleid und Selbstverantwortung. Die Entscheidung liegt bei Ihnen.

Das Problem-Chart

Wahrscheinlich gibt es zurzeit einige Situationen, die für Sie sehr belastend sind, ob gesundheitlich, beruflich oder ganz persönlich. Da gibt es die schweren Belastungen, die Tag für Tag, Stunde um Stunde Ihre Energie rauben. Und es gibt die vielen kleinen Problemchen, die nur dann etwas Energie kosten, wenn Sie hin und wieder daran denken.

Tragen Sie in der nachstehenden Grafik zu jedem der angegebenen Bereiche jeweils drei Situationen ein, die Sie enorm belasten und ein beträchtliches Maß Ihrer Energie kosten. In der Spalte 1 bewerten Sie die Belastung mit einer Zahl zwischen 0 und 100. Wenn Ihnen eine Angelegenheit so viel Energie nimmt, dass für anderes fast keine mehr Kraft bleibt, wird sie mit 100 bewertet. Ist es ein Konflikt am Arbeitsplatz, der Sie im Privatleben aber nicht weiter belastet, könnte die Wertung bei 50 liegen. Und stellen Sie in regelmäßigen Abständen fest, dass Sie endlich abnehmen sollten, weil selbst eine bereits geringe körperliche Tätigkeit Sie immens anstrengt, dann mag die Belastung bei 10 liegen. Die Spalte 2 vergessen Sie bitte vorerst.

Schauen wir uns in dem folgenden Beispiel einmal an, wie das Chart aussehen könnte:

Problem	1	2
Privat		
1. Ich fühle mich von meinem Partner ungeliebt.	90	
2. Mein Sohn ist ein schlechter Schüler.	20	
3. Ich habe keine Freunde.	70	
Beruf		
1. Ich habe keine Aufstiegschancen.	70	
2. Kollege X intrigiert.	20	
3. Die Sekretärin ist unzuverlässig.	35	
Körper		
1. Ich rauche zu viel.	60	
2. Ich habe starkes Übergewicht.	50	
3. Bei der geringsten Aufregung bekomme ich starke Magenschmerzen.	80	

Die wenigsten Menschen können sich wohl ohne Schwierigkeiten damit abfinden, sich von ihrem Partner nicht geliebt zu fühlen. Wenn zudem noch Freunde fehlen, liegt die hohe Bewertung von 70 und 90 auf der Hand. Die schlechten Schulleistungen des Sohnes wecken zwar manchmal Sorgen um seine Zukunft, aber noch ist nicht aller Tage Abend. Die fehlenden Aufstiegschancen im Beruf wiegen da schon schwerer. Sie sind mit 70 bewertet, denn ein beruflicher Aufstieg wäre mit einem höheren Einkommen verbunden und würde die durch einen Hauskauf entstandene finanzielle Belastung erheblich reduzieren. Dass Kollege X intrigiert, ist zwar unangenehm, wird aber nur mit 20 bewertet, da dies innerhalb der Firma bekannt ist und nur in wenigen Situationen zu Konflikten führt. Die Belastung durch die unzuverlässige Sekretärin liegt bei 35, denn es erfordert einen zusätzlichen Arbeitsaufwand, wenn Sie immer wieder kontrollieren müssen, ob wichtige Aufgaben erledigt wurden.

Die Angaben im körperlichen Bereich brauchen hier wohl nicht näher erläutert zu werden.

So, nun sind Sie an der Reihe. Seien Sie bitte ehrlich zu sich selbst. Das, was Sie jetzt ganz schnell wieder vergessen wollten, ist vielleicht genau das, worauf es ankommt.

Jetzt kommt die Spalte 2 ins Spiel. Denken Sie bitte darüber nach, wer für all Ihre Belastungen und Probleme verantwortlich ist. Denken Sie daran, dass es Ihre Wahrnehmungen, Ihre Standpunkte, Ihre Überzeugungen und Gewissheiten sind, die Sie das Leben bewerten lassen. Denken Sie vor allem daran, dass kein Standpunkt, keine Überzeugung und keine Gewissheit unabänderlich ist. Sie haben die Kraft und Macht zur Veränderung. Sie sind der Schöpfer Ihres Lebens.

Tragen Sie nun in die Spalte 2 ein, zu wie viel Prozent Sie für die empfundenen Belastungen verantwortlich sind. 100 bedeutet, dass Sie akzeptieren, als Einziger die Verantwortung für diese Belastung zu haben. Wenn Sie verstanden haben, dass es immer nur einen – nämlich Sie selbst – gibt, der für den Grad der Belastung durch eine Situation verantwortlich ist, dann müssten Sie in die Spalte 2 jedes Mal eine 100 eintragen.

Problem	1	2
Privat		
1. _____		
2. _____		
3. _____		
Beruf		
1. _____		
2. _____		
3. _____		
Körper		
1. _____		
2. _____		
3. _____		

Gefällt es Ihnen in Ihrer Firma nicht, dann denken Sie darüber nach, wer den Vertrag unterschrieben hat. Sie waren es! Also übernehmen Sie auch die Verantwortung für die Konsequenzen. Wenn Sie keine Zeit für Ihr Privatleben haben, übernehmen Sie die Verantwortung dafür, und suchen Sie für diese von Ihnen empfundene Belastung eine gute, kreative Lösung. Wenn Sie die Verantwortung ablehnen, wird Ihr Job zur Belastung, das Privatleben zur Qual. Stress wird Ihr täglicher Begleiter. Und früher oder später wird auch Ihr Körper darauf reagieren.

Sicher, durch die Übernahme der hundertprozentigen Verantwortung werden Sie kein Problem inhaltlich lösen. Darum geht es hier auch nicht. Hier reden wir darüber, Situationen so zu interpretieren, dass sie weder eine Belastung noch ein Problem für Sie darstellen. Probleme und Belastungen entstehen nur im Kopf. Sie sind nichts weiter als Resultate Ihrer ganz persönlichen Wahrnehmungen, Standpunkte und Interpretationen. Als Schöpfer Ihres Lebens wissen Sie das und sind in der Lage, Ihre Innenwelt so zu kreieren, dass Probleme nicht mehr sind als zu lösende Aufgaben.

Lösungen finden statt in Problemen zu verharren

Robert ist ein attraktives rotbraunes Eichhörnchen. Es ist zu Hause in einem Käfig mit vier verschlossenen Türen. Hinter jeder befindet sich ein Tunnel. In Tunnel 3 werden heute schmackhafte Haselnüsse angeboten. Alle Türchen öffnen sich, und nach einer gewissen Zeit der Prüfung von Tunnel 1, 2 und 4 findet Robert in Tunnel 3 die Nüsse. Das geht einige Tage so. Dann verändern die großen Götter im weißen Anzug das Experiment und legen die Nüsse in einen anderen Tunnel. Was wird jetzt passieren?

Wieder öffnen sich die Türen, Robert flitzt der Gewohnheit folgend in Tunnel 3, sucht die Nüsse und findet sie nicht. Er stutzt. Dann rast er aus diesem Tunnel in den nächsten und – jawohl, heute liegen sie hier. Nach einigen Tagen hat Robert sich daran gewöhnt, dass er die Nüsse in Tunnel 4 findet.

Wie reagiert der Mensch auf derartige Veränderungen? Wenn der Mensch die passende Möglichkeit in Tunnel 3 gefunden hat, ist er von Tunnel 3 überzeugt. Eichhörnchen sind von nichts überzeugt. Sie wissen, dass sie dort richtig sind, wo das Futter ist. Menschen interpretieren den gewohnten Tunnel als den einzig richtigen und halten daran fest. Und ist das Futter dort nicht mehr zu finden, sind sie ratlos und überlegen. Aber sie suchen es nicht woanders, sie sind auf Tunnel 3 konditioniert.

Das führt in Firmen-Meetings dazu, dass die anwesenden Herrschaften vor einem Problem stehen: Der Tunnel ist leer, wo könnten die Nüsse sein? Es wird geklagt, es wird klug beraten. Denn schließlich waren sie doch immer dort. Die Konzentration gilt auf jeden Fall dem Tunnel 3. Und weil nicht sein kann, was nicht sein darf, müssten die Nüsse dort doch nach wie vor noch zu finden sein.

Menschen leben nach dem Prinzip, dass sie recht haben. Sie halten dort fest, wo etwas war, auch wenn es nicht mehr dort ist. Sie bekommen es nicht wieder, wenn sie da suchen, wo es gerade noch war. Denn der große Gott im weißen Anzug verlegt die Nüsse, immer wieder. Das ist ein Spiel, das ist der Lebens-Comic.

Allerdings: Wirklich lustig ist dieses Spiel nicht. Unternehmen führt es geradewegs in den Ruin, falls nicht doch ein kluger Mensch auf die Idee kommt, die anderen Tunnel zu inspizieren, und dabei die erwünschten Nüsse findet.

Strategien von anno dazumal sind heute nicht mehr wirksam. Wer Nüsse will, muss innovativ und kreativ sein. Die voneinander abhängenden Entwicklungen von Gesellschaft, Wirtschaft, Technologie und Wissenschaft sind zu komplex, als dass alle Wechselwirkungen vorhersehbar wären. Nichts ist absolut zuverlässig planbar; nichts ist definitiv erkennbar. Es gibt keine Zukunftssicherung mehr.

Trotzdem reagieren viele Unternehmen erst dann, wenn konkrete Umstände eine Korrektur verlangen, weil bereits ein Problem besteht oder weil es in absehbarer Zeit ein Problem geben wird. Dann werden sie aktiv, suchen nach Lösungen. Sicherlich sind sie dabei auch innovativ, aber ihre Innovationen sind problemorientiert, und ihre Kreativität erschöpft sich in einer Lösungssuche, die sich auf bereits bestehende Erfahrungen und Fakten stützt.

Dem einzelnen Menschen ergeht es nicht viel anders. Er glaubt, die Stabilität seines Lebens aus dem Unternehmen ziehen zu können, für das er tätig ist. Er vertraut darauf, dass der Boss jederzeit die Nüsse finden wird, und überträgt ihm die Verantwortung für sein Leben, zumindest auf materieller Ebene. Dass darauf kein Verlass ist, bestätigt sich beinahe täglich.

Weder Unternehmen noch der Einzelne können sich auf Altbewährtes stützen. Die probaten Mittel der Vergangenheit sind heute nicht mehr anwendbar. Doch wir können nicht damit aufhören, die Nüsse ausschließlich in dem Tunnel zu suchen, in dem sie einmal zu finden waren. Und weil sie dort nicht zu finden sind, wird geklagt und gejammert. Natürlich wird auch nach den Verantwortlichen gesucht, und die sind schnell gefunden – unfähige Politiker, profitgierige Manager, die allgemeine Wirtschaftslage, die Globalisierung ... Der Hauptverantwortliche wird dabei übersehen.

Die Verantwortung liegt bei jedem Einzelnen, und das gilt für alles in seinem Leben. Damit soll nicht gesagt sein, dass ausschließlich eigenes Verschulden unangenehme oder unerfreuliche Situationen verursacht. Verantwortung bedeutet die Bereitschaft zur Veränderung, Erweiterung oder auch Erneuerung der eigenen Standpunkte, Überzeugungssysteme und Wahrnehmungen. Verantwortung heißt auch, sich nicht mehr auf das Negative zu konzentrieren, sondern durch einen unbelastenden Umgang mit der Situation die zur Verfügung stehende Kraft und Energie in eine unbelastete und kreative Lösungssuche zu investieren.

Der zweite Grad der Selbstverantwortung

Ihr Job macht Spaß, das Gehalt ist attraktiv und mit Ihrem Chef kommen sie prima klar. Alles ist in bester Ordnung.

Heute ist für neun Uhr eine Präsentation anberaumt. Sie haben sich etwas verspätet und eilen durch die Flure zum Tagungsraum. Aus einem Büro dringt die dröhnende Stimme eines Abteilungsleiters, der soeben einen seiner Mitarbeiter in herrischem Ton nach Strich und Faden herunterputzt. Sie sind ein sehr kooperativer Mensch, verachten autoritäres Gehabe, und deshalb sind Sie über das Verhalten des Abteilungsleiters verärgert. Am liebsten würden Sie sich einmischen.

Doch es ist zwei Minuten vor neun, Sie haben keine Zeit mehr und eilen weiter.

Kurze Zeit später wird das Unternehmen umorganisiert, und Sie bekommen einen neuen Chef. Wie der „Zufall" es will, ist Ihr neuer Vorgesetzter dieser Abteilungsleiter, dieser Despot, dessen autoritären Führungsstil Sie vor einiger Zeit zufällig miterlebt haben. Es ist nur verständlich, dass Sie darüber nicht gerade glücklich sind. In den nächsten Tagen und Wochen versuchen Sie, Ihren neuen Chef zu einem etwas kooperativeren Umgang zu bewegen, ziehen aber jedes Mal den Kürzeren. Und obwohl Sie wissen, dass Ihr neuer Chef höchstwahrscheinlich für die nächsten Jahre Ihr Chef bleiben wird, möchte Sie Ihre Stelle nicht aufgeben.

Drei Monate später. Ihren autoritären Chef lehnen Sie stärker ab als zuvor, und natürlich erledigen Sie Ihre Arbeit nur noch mit großer Unlust. Ein weiterer Monat vergeht. Inzwischen sind Sie sauer auf das gesamte Unternehmen, das einen solchen Menschen überhaupt erst hat Chef werden lassen. Ihr Gemütszustand schwankt zwischen Depressivität und Verärgerung. Immer öfter leiden Sie unter heftigen Magenschmerzen, und auch Ihr Immunsystem scheint etwas angegriffen zu sein. Bei Ihrem Arzt sind Sie inzwischen Stammgast, die Einnahme diverser Tabletten ist unerlässlich geworden. Die Olympiade der Krankheiten ist eröffnet, und nun können wir eine rabenschwarze Linie in die Zukunft ziehen.

In diesem Beispiel sind Sie – ein kooperativer Mensch – das Opfer eines autoritären Führungsstils geworden. Gleichzeitig sind Sie aber auch das Opfer Ihres eigenen kooperativen Verhaltens geworden. Nur deshalb können Sie in eine derart negative Energie versetzt werden, weil Sie den Gegenpol Ihres kooperativen Verhaltens radikal ablehnen. Autoritäres Verhalten ist Ihnen zuwider, Sie können sich damit nicht identifizieren. Und damit wird eine Maschinerie in Gang gesetzt, die schwer zu stoppen ist.

Es ist wohl keine Spekulation, sondern Wahrscheinlichkeit, dass die meisten Krankheiten durch negative Gefühle als Resultat negativer Gedanken entstehen. Sie wissen vermutlich, dass negative Gefühle Ihre Energie so sehr schwächen können, dass Krankheiten Zugang finden. Und je mehr Ihre körperlichen Schwächen durch negative Gefühle beeinflusst werden, umso weniger können Sie schwere Krankheiten abwehren. Gefühle nehmen für sich das Faustrecht in Anspruch: Sie verstärken sich so lange, bis sie einen körperlichen Ausdruck finden.

Alles, was ein Mensch ablehnt, was er nicht wahrhaben und nicht leben will, ist ein nicht gelebter Gegenpol zu seinem eigenen Verhalten. Es ist der Schattenanteil einer Einheit, die er aus seinem Bewusstsein verdrängt hat. Und sobald der richtige Auslöser da ist, wird sich der Schattenanteil auf der Körperebene bemerkbar machen. Der Mensch wird krank. Natürlich geht er zu einem Arzt, der dann eine vernünftig klingende Diagnose stellt: Das Herz, die Leber, die Lunge ist krank. Und er verschreibt Tabletten oder was sonst noch aus der Sichtweise der modernen Medizin gegen diese Krankheit hilft.

Nun stellen Sie sich folgende Situation vor: An Ihrem Kühlschrank leuchtet eine rote Warnlampe auf, was natürlich darauf hindeutet, dass irgendetwas am Kühlschrank nicht mehr funktionstüchtig ist. Der Reparaturdienst kommt und dreht das Lämpchen heraus. Es leuchtet nicht mehr, also wird der Kühlschrank wieder in Ordnung sein. Zufrieden mit seiner Arbeit präsentiert der Mann vom Reparaturdienst Ihnen die Rechnung. Würden Sie die bezahlen? Wohl kaum. Denn der gute Mann hat ja nur das Symptom beseitigt, nicht aber den Kühlschrank repariert. Doch mit dem gleichen Vorgehen geben wir uns zufrieden, wenn wir krank sind: Wir lassen das rote Warnlämpchen, das Symptom, beseitigen. Die Krankheit aber ist geblieben. Ärzte und Medikamente können uns in einem akuten Krankheitsfall zwar helfen und wieder Kraft geben. Aber dann sind wir aufgefordert, nachzuschauen, was in unserem Leben nicht stimmt.

Denn eine kranke Leber, ein krankes Herz oder ständig wiederkehrende Kopfschmerzen sind nur die Symptome, nicht die eigentliche Krankheit.

Symptome haben Signalcharakter und Hinweisfunktionen – eben wie das rote Warnlicht am Kühlschrank. Ein Symptom kann nur Ausdruck eines psychischen Problems sein. Aber wir geben uns damit zufrieden, dass das Symptom verschwindet. Wir bekämpfen es auf körperlicher Ebene, wie wir vorher die Schattenanteile, die sich jetzt über dieses Symptom ausdrücken, auf der psychischen Ebene bekämpft haben.

Vermutlich wollen Sie aber nicht unbedingt darauf warten, dass ein Symptom Sie auf einen Schattenanteil aufmerksam macht. Das brauchen Sie auch nicht, denn es gibt genügend Menschen, die Ihnen sehr gut aufzeigen können, was Ihnen fehlt. Jeder Mensch, dessen Verhalten Sie ablehnen, über den Sie sich aufregen und ärgern, jeder Mensch, dem Sie möglichst aus dem Weg gehen, ist Ihr Spiegelbild. Er konfrontiert Sie mit Ihren Schattenseiten, er zeigt Ihnen, was Sie zwar in sich tragen, jedoch nicht wahrhaben oder nicht wahrhaben wollen.

Bleiben wir bei dem Beispiel: Sie sind ein kooperativer Mensch und lehnen alles Autoritäre ab. Sobald Sie damit konfrontiert werden, regen Sie sich auf, reagieren negativ oder fühlen sich verletzt. Natürlich können Sie sich entscheiden, wie Sie damit umgehen möchten. Sie können entweder mit dem Finger auf den anderen zeigen und ihn verantwortlich machen für Ihre Gefühle. Sie können sich aber auch erwachsen verhalten und überlegen, wie es kommt, dass ein anderer Sie aufregen kann. Welchen Gegenpol in Ihnen zeigt er auf? Was lehnen Sie in sich ab?

Es gibt einen recht einfach Weg, diese Pole zu erkennen und damit umgehen zu lernen. Ein wenig Arbeit ist zwar damit verbunden, aber es wird sich lohnen.

Zuerst machen Sie eine Liste von all den Verhaltensweisen anderer Menschen, die Sie rundherum ablehnen, über die Sie sich aufregen, die Sie in Wut versetzen. Als Nächstes versuchen Sie, in den ungeliebten Verhaltensweisen eine Struktur zu erkennen, die Sie auf die Pole hinweist, die Sie ablehnen. Wenn Sie unterschiedliche Pole finden, arbeiten Sie zuerst mit dem, der Sie am häufigsten ärgert. Damit haben Sie den ersten Schritt getan. Nach einer Woche ziehen Sie ein Resümee und überdenken, worüber Sie sich während dieser Zeit aufgeregt haben. Sie erkennen wieder Ihre Struktur.

In der folgenden Woche überlegen Sie jeden Abend, welche unangenehmen Situationen es tagsüber gab. Welche Bemerkung war es denn, die Sie während des Meetings so aufgeregt hat? Und Sie haben sich schon wieder geärgert, weil der Kollege strahlend zur Arbeit kam, und das, obwohl er eine halbe Stunde zu spät dran war.

Dann verkürzen Sie das Zeitintervall. Sie kommen aus dem Meeting heraus, sind total nervös und aufgebracht. Und Sie wissen genau, mit welchem Verhalten jemand auf den berühmten Tilt-Knopf gedrückt hat. In der Sekunde, in der Sie daran denken, dissoziieren Sie sich, nehmen Abstand, und der Ärger verfliegt. Und dann kommt der Zeitpunkt, wo Ihnen schon während der Situation auffällt, worüber Sie sich ärgern: Aha, genau das ist der Punkt, über den ich mich immer aufrege. Wenn Sie jetzt noch einen Schritt weitergehen, wird kein Verhalten eines anderen Menschen Sie verletzen oder verärgern. Sie akzeptieren es. Und damit akzeptieren Sie ebenfalls, dass genau dieses Verhalten auch Ihnen möglich ist, dass Sie es in sich tragen. Sie haben durch die Hilfe anderer Menschen einen Schatten ans Licht geholt. Am Ende sind Sie in der Lage, leidenschaftlich für einen Standpunkt zu kämpfen, das aber ohne persönliche Verletzungen.

Diese Art der Selbstverantwortung zu übernehmen, gehört wahrscheinlich zu den schwierigsten Aufgaben eines Menschen, und es kommt viel Arbeit auf Sie zu, wenn Sie sich dafür entscheiden. Denn so leicht ist es nicht, den Schatten zu akzeptieren. Sie brauchen viel Selbstehrlichkeit, um zu erkennen, was Ihnen fehlt. Doch was ist Ihnen lieber: Opfer zu sein und zu leiden, oder zu erkennen, dass Sie Opfer und Täter in einer Person sind, und dafür die Verantwortung zu übernehmen?

Sobald Sie sich selbst in die Verantwortung nehmen, werden Sie andere Menschen, sich selbst und das Leben im Allgemeinen mit neuen Augen betrachten. Sie werden auf Ihre eigenen Kräfte und Fähigkeiten vertrauen, Sie werden verborgene Ressourcen entdecken und Sie werden die von anderen vorgegebenen Pfade verlassen, um Ihre eigenen Wege zu entdecken. Sie werden der Schöpfer Ihres Lebens sein.

4. Choice

Im Leben ist es oft so, dass viele Wege möglich sind. Die Ziele der Wege sind unbekannt, und Sie stehen da und überlegen. Die Wahl fällt schwer, weil die Konsequenzen nicht überschaubar sind. Am liebsten würden Sie dort bleiben, wo Sie gerade sind, denn die Richtung ist unklar. Aber nicht in jeder Situation ist die Richtung wichtig. Manchmal ist die Tatsache wichtiger, dass Sie wählen und handeln, als das, was Sie wählen. Aber wenn Sie einen Weg wählen, ist es wichtig, dass Sie ihn mit Überzeugung gehen.

Es kostet Mut, die Verantwortung für sein Leben zu übernehmen. Sie wissen nicht, was Sie erwartet, wenn Sie sich aus der Bequemlichkeit und Sicherheit auf ein neues Gebiet wagen. Sie wissen nicht, was sich ereignen wird, wenn Sie einen neuen Weg gehen. Vielleicht lassen Sie sogar alles hinter sich, was bisher Ihr Leben ausmachte. Doch ist es nicht ein herrliches Gefühl zu spüren, dass Sie der einzige Mensch sind, der Macht über Ihr Leben hat? Weder Zufälle noch Umstände oder andere Menschen bestimmen über Sie, sondern Ihre eigene Entscheidung, Ihre eigene Wahl gibt die Richtung vor.

Sie können jederzeit neu beginnen. Das Einzige, was Sie daran hindert, sind die paranoiden Hochrechnungen des Verstandes über das, was alles passieren könnte, wenn Sie sich verändern. Aber wenn Sie etwas wählen, dann ist es wichtig, das Bewusstsein zu haben, dass Sie dieses Agieren Ihrer eigenen Wahl zu verdanken haben. Zwar ist es eine Tatsache, dass es immer einen Preis zu zahlen gibt. Doch gleichgültig, was Sie tun, es gibt kein Verlieren.

Vergeuden Sie keine Zeit, verschleißen Sie nicht Ihr Selbstwertgefühl, indem Sie lange und zäh über Situationen lamentieren. Krempeln Sie die Ärmel hoch und ändern sie die Situation, ohne darüber zu klagen. Entweder wählen Sie neu oder Sie akzeptieren das, was ist. Sie haben die Freiheit der Wahl und Sie tragen die Verantwortung für Ihre Wahl.

Love it, leave it, change it or oscillate it

Kein Mensch muss müssen – diese Meinung vertrat zumindest Lessings „Nathan, der Weise". Wahrscheinlich sind Sie da anderer Ansicht. Denn was muss man heute nicht alles tun, will man etwas erreichen im Leben, oder? Schreiben Sie doch einmal all die Dinge auf, die Sie in Ihrem Leben mit einem persönlichen Muss verbinden. Hier sind nicht die vitalen Bedürfnisse wie Essen und Trinken gemeint, sondern das, was Sie als Ihre Pflichten ansehen. Wählen Sie aus dem, was Sie glauben zu müssen, sechs Punkte heraus. Das kann sein:

- Steuern zahlen
- 100 fahren, wo 100 steht
- Geld verdienen für die Familie
- pünktlich sein
- für die Kinder aufkommen
- freundlich sein

Schauen wir uns anhand eines Beispiels an, was hinter einem Muss steht: „Ich muss arbeiten, um meinen Lebensunterhalt zu verdienen." Mögen Sie Ihren Job denn? Nein? Dann kündigen Sie doch, tun Sie etwas anderes! Das ist besser, als etliche Stunden des Tages in einer missmutigen Laune zu verbringen. Sie können nicht kündigen, weil Sie die Hypothek für das Haus abzuzahlen haben und außerdem nicht wissen, was Sie anderes machen sollen? Versuchen Sie doch, ihren Job zu verändern. Sie können sich zum Beispiel weiterbilden. Aber dann bleibt Ihnen leider keine Freizeit mehr. Also fragen Sie Ihren Chef, ob es innerhalb der Firma eine andere Tätigkeit für Sie gibt. Die gibt es wohl, aber Sie würden weniger verdienen, und auf das bisherige Gehalt möchten Sie nicht verzichten.

Nun ließe sich natürlich überlegen, womit Sie sonst noch Ihren Lebensunterhalt bestreiten könnten. Ich bin sicher, es gibt noch genügend andere Möglichkeiten. Sie könnten:

- halbtags arbeiten
- Arbeitslosengeld beziehen
- Sozialhilfe bekommen
- reich heiraten
- eine Bank überfallen
- betteln gehen
- Lotto spielen

Vervollständigen Sie die Aufzählung um alles, was Ihnen einfällt, um an die nötigen Finanzmittel zu kommen. Lassen Sie Ihrer Fantasie freien Lauf. Sie haben die Wahl. Aber wie es nun einmal im Leben so ist, alles ist mit einer bestimmten Konsequenz verbunden. Schauen Sie Ihre Auflistung noch einmal an, und fragen Sie nach den Folgen, die sich aus jeder Möglichkeit für Sie ergäben. Das könnte so aussehen:

halbtags arbeiten	Einkommen reicht nicht aus
Arbeitslosengeld beziehen	reicht erst recht nicht
Sozialhilfe bekommen	finde ich beschämend
reich heiraten	bin schon verheiratet
eine Bank überfallen	ist mir zu kriminell
betteln gehen	ist erniedrigend
Lotto spielen	viel zu unsicher

Wahrscheinlich sind auch die von Ihnen selbst gefundenen Möglichkeiten mit Konsequenzen verbunden, die Sie nicht zu tragen bereit sind. Dafür haben Sie ganz sicher auch gute Gründe. Aber wenn dem wirklich so ist, dann können Sie nur noch einen einzigen Schluss ziehen: Aus all den Möglichkeiten, die Sie zur Verfügung haben, haben Sie sich, weil Sie bestimmte Konsequenzen vermeiden wollten, für eine entschlossen.

Wenn das so ist, kann das doch nur bedeuten, dass Sie das „muss" ersatzlos streichen und durch „Wahl" ersetzen. Der Satz: „Ich muss arbeiten gehen ... ", nimmt dann eine völlig andere Gestalt an: „Um meinen Lebensunterhalt zu verdienen, habe ich die Wahl getroffen, arbeiten zu gehen." Also akzeptieren Sie Ihre Wahl, und übernehmen Sie die Verantwortung für Ihre Entscheidung. Oder wollen Sie weiterhin irgendwelche unglücklichen Umstände für Ihr Leben verantwortlich machen?

Fragen Sie nach den jeweiligen Konsequenzen Ihrer Wahl, und werden Sie sich darüber klar, welche der Alternativen wirkliche Möglichkeiten für Sie sind. Es kann gut sein, dass keine der Alternativen voll und ganz zu Ihnen passt oder dass Sie keine der Alternativen wirklich realisieren können, weil bestimmte ungeliebte Konsequenzen damit verbunden sind. Wenn das so ist, verdeutlichen Sie sich, woran das liegt. Ziehen Sie ruhig einmal die Möglichkeit in Betracht, dass es an Ihnen liegt und dass Sie der limitierende Faktor sind, der die Zahl der Alternativen gegen Null gehen lässt – und dass dies vielleicht der einzige Grund ist, weshalb Sie etwas „müssen".

Niemand begrenzt Sie. Es gibt nichts, was Sie müssen. Es gibt nur Konsequenzen, die Sie nicht wollen. Alles, was Sie tun, ist mit einer Konsequenz verbunden, mit einem Preis, den Sie zu zahlen haben.

Es ist ein Riesenunterschied, ob Sie etwas müssen, weil Sie sich dazu verpflichtet fühlen, oder ob Sie es tun in dem Bewusstsein, dass Sie die absolute Wahl haben und das, was Sie tun, selbst gewählt haben. Freiheit bedeutet, Alternativen zu haben. Sie brauchen diese Alternativen nicht einmal umzusetzen. Wichtig ist das Bewusstsein, wählen zu können. Wer keine Alternative hat zu dem, was er tut, ist immer in Panik, hat Angst und leidet unter fehlender Selbstsicherheit.

Wann immer Sie also das Gefühl haben, etwas zu müssen, denken Sie über die Alternativen nach, und begrenzen Sie sich dabei nicht. Denn es gibt realistische Wahlmöglichkeiten zur Genüge. Und das gilt nicht nur, wenn es ums Geldverdienen geht, sondern für alle Lebensbereiche.

Diese Wahlfreiheit wird eine neue Dimension in Ihrem Leben eröffnen. Wenn Ihnen Ihr derzeitiger Job nicht gefällt, haben Sie die Wahl:

Love it

Leave it

Change it

Oscillate it

- „Love it" besagt, Sie sind zufrieden mit der Situation, sagen ein klares Ja dazu, auch wenn hin und wieder etwas problematisch ist.
- „Leave it" heißt, Sie finden Ihre Situation so unerträglich, dass Sie aussteigen. Das kann durchaus eine gute Entscheidung sein.
- „Change it" bedeutet, dass Sie Ihre derzeitige Situation ändern können, wenn sie Ihnen nicht behagt.
- „Oscillate it" bezieht sich auf Situationen, die mal okay, mal nicht okay sind – also fifty-fifty, unentschieden. Das sind die Situationen, in denen Sie einfach mitschwingen mit dem Bewusstsein und der Akzeptanz, dass es mal ein Auf und ein Ab, ein Für und Wider geben wird.

Nehmen wir Ihren Beruf als Beispiel: Wenn Sie das Bewusstsein haben, auch woanders Ihren Mann oder Ihre Frau stehen zu können, werden Sie jederzeit ein anderes Unternehmen finden, bei dem Sie Ihre Fähigkeiten einsetzen und erfolgreich sein können.

Sie müssen dann nicht mehr unter allen Umständen dort bleiben, denn Sie wissen, dass Sie auch woanders eine Chance haben. Sollten Sie das Unternehmen nach 20 Jahren aber nicht verlassen wollen, obwohl das, was Sie stört, nicht zu verändern ist, bleibt ebenfalls nur eines übrig: „Love it" oder – wenn das nicht geht – „Oscillate it".

Steigen Sie ein in das, was ist, und wählen Sie: Lieben Sie es, lassen Sie es, verändern Sie oder schwingen Sie mit dem, was ist. Die Welt ist voll von Wahlmöglichkeiten. Der Einzige, der die Wahlmöglichkeiten begrenzt, sind Sie selbst. Machen Sie sich bewusst, dass Sie jetzt im Moment genau das wollen, was Sie gerade tun. Sie haben gewählt.

Stehen Sie zu Ihrer Situation, stehen Sie zu Ihrer Wahl. Es gibt kein Muss: Wählen Sie, was Sie tun, und tun Sie dann immer das, was Sie gewählt haben. Sonst wären Sie ein Idiot.

Eine Entscheidung zwischen mehreren Alternativen zu treffen, bedeutet, eine Chance zu nutzen. Gleichzeitig heißt es aber auch, gedanklich frei zu sein von dem, wogegen man sich entschieden hat. Denn wenn Sie den Weg gehen, für den Sie sich entschieden haben, und dabei ständig darüber nachdenken, ob es nicht doch besser gewesen wäre, einen anderen Weg zu gehen, werden Sie höchstwahrscheinlich gar nicht wahrnehmen, wie viele gute Gelegenheiten sich Ihnen unterwegs präsentieren.

Die Entscheidung für etwas ist immer auch die Entscheidung gegen etwas anderes. Das Beste wäre, nach einer einmal getroffenen Entscheidung die Brücken zu allen anderen Alternativen abzubrechen. Dann gibt es nur noch diesen einen Weg, und dann sind Sie frei, diesen Weg mit ganzer Aufmerksamkeit zu gehen. Sollte sich trotz aller Konzentration auf diesen Weg dennoch herausstellen, dass er nicht gangbar ist, dann ist es immer noch früh genug, sich davon zu lösen. Denn Sie haben immer die Freiheit, sich neu und anders zu entscheiden.

Chancen kommen und gehen. Sogar wenn wir eigentlich recht zufrieden sind, winken sie uns zu. Wir haben die Freiheit, sie ungenutzt verstreichen zu lassen oder sie zu packen und zu nutzen. Aber wenn wir uns entscheiden, sie zu nutzen, dann sollten wir auch bereit sein, den gewählten Weg zu gehen. Denn Chancen mögen es gar nicht, wenn sie sozusagen nur unter Vorbehalt ergriffen werden. Sie wollen, dass wir uns eindeutig für sie oder gegen sie entscheiden und bereit sind, die Konsequenzen zu tragen.

Nicht nur in greifbaren Korrekturen des Lebenswegs, auch in der Veränderung der Wahrnehmungen und Denkgewohnheiten liegen Chancen. Wer jedoch überzeugt ist, für ihn gäbe es keine Chance, keine Wahlmöglichkeit, der verschließt die Augen vor dem vielfältigen Chancenangebot. Vielleicht hat er Angst vor möglichen Veränderungen oder er scheut die Konsequenzen, will behalten, was er gewohnt ist. Fest steht: Wer sich den Chancen verschließt, verschließt sich der Freiheit und bleibt lebenslänglich in seinem selbst erbauten Gefängnis.

Sie wissen, Sie sind richtig gut in Ihrem Job. Sie wissen auch, dass Sie weiterkommen wollen, und Sie wissen, dass es in dem Unternehmen, für das Sie jetzt tätig sind, kaum Aufstiegschancen gibt. Da ist es wohl das Beste, sich baldmöglichst nach einem attraktiveren Job umzuschauen.

Verständlich, dass Sie vor Freude in die Luft springen, als sich eines Tages ein Researcher bei Ihnen meldet und verkündet, er könne Ihnen vier Top-Jobs anbieten. Und, so stellt sich beim Treffen mit dem Researcher heraus, es sind tatsächlich vier Top-Jobs!

Sie werden den Unternehmen vorgeschlagen, führen Gespräche, und jedes dieser Unternehmen würde Sie gerne einstellen. Sie müssen sich entscheiden, und das fällt Ihnen äußerst schwer. Jede der angebotenen Stellen ist vielversprechend. Das Einkommen ist bei allen beinahe gleich, spielt folglich erst einmal keine entscheidende Rolle.

Sie denken nach, wägen ab, sammeln Informationen über die Unternehmen, schreiben sorgfältig alle Punkte auf, die für oder gegen ein Angebot sprechen – und können sich einfach nicht entscheiden. Was ist, wenn Sie die falsche Entscheidung treffen? Was, wenn doch ein anderer Job besser wäre?

Sie wollen auf Nummer sicher gehen, schließlich geht es um Ihre Zukunft. Da kann eine Fehlentscheidung unter Umständen fatale Folgen haben. Es kann aber ebenso fatal sein, sich nicht zu entscheiden – wie in diesem Fall. Denn eines Tages meldet sich der Researcher und teilt Ihnen freundlich mit, die Ihnen angebotenen Stellen seien inzwischen anderweitig vergeben worden.

Sie haben Ihre Chancen verspielt, und darüber ärgern Sie sich so sehr, dass ein „Love it" für das, was Sie haben, lange Zeit nicht mehr möglich ist.

Es ist nun einmal die Eigenart des Lebens, dass jedem Pro auch ein Kontra gegenübersteht. Jede Entscheidung für das eine ist immer auch eine Entscheidung gegen das andere. Es gibt keine Supersicherheitsstrategie, es gibt keine Gewissheit. Hingegen gib es genügend Möglichkeiten, die Dinge so rational und intensiv zu durchdenken, dass jedem Vorteil auch ein Nachteil gegenübersteht.

Viele Menschen wollen eine Veränderung, weil sie mit den Gegebenheiten nicht mitschwingen können, diese Gegebenheiten lieben, das können sie jedoch schon gar nicht. Sobald sich eine Alternative bietet, greifen sie natürlich gerne zu. Doch stehen mehrere Alternativen zur Wahl, gilt das Interesse nicht mehr der Chance zur Veränderung, vielmehr richtet sich die Aufmerksamkeit darauf, tunlichst keine falsche Entscheidung zu treffen.

Aber ist eine möglicherweise falsche Entscheidung nicht besser als überhaupt keine Entscheidung? Sicher ist jede Entscheidung mit einem Risiko verbunden. Doch ob die Entscheidung richtig oder falsch war, wird sich erst später herausstellen. Und sollten Sie tatsächlich feststellen, dass die Entscheidung nicht richtig war, haben Sie dennoch etwas Positives erreicht. Denn erst jetzt wissen Sie, dass Sie etwas anderes wollen.

Niemand kann im Voraus wissen, was richtig und was falsch ist. Sie können sich das Hirn zermartern, den Kopf zerbrechen – die Konsequenzen einer Entscheidung sind ebenso ungewiss wie die Zukunft.

Dennoch ist jede Entscheidung, jede Wahl der richtige Weg in die Zukunft, auf dem es keine Verlierer gibt. Wer wählt, kann nur gewinnen: Freude an dem, was er gewählt hat, zumindest aber die Erkenntnis, dass etwas anderes für ihn sinnvoller und besser ist.

Oder ein anderes Beispiel: Sie haben sich für einen neuen Job beworben, weil sich Ihnen dort spannendere Aufgaben und ein höheres Einkommen bieten. Aufgrund Ihrer Fähigkeiten und Ihrer Persönlichkeit ist Ihre Bewerbung angenommen worden. Doch bevor Sie den Arbeitsvertrag unterzeichnen, werden Sie zu einem Gespräch mit dem Personalentwickler gebeten. Er beglückwünscht Sie zu Ihrer Entscheidung, für dieses Unternehmen zu arbeiten, denn neben dem sehr guten Einkommen warten spannende Aufgaben und hoch motivierte Kollegen auf Sie. Zudem können Sie an betriebsinternen Fortbildungsmaßnahmen teilnehmen, und das während der Arbeitszeit. Alles klingt verlockend, und mit zustimmendem Kopfnicken hören Sie dem Personalentwickler zu. Dann werden Sie gefragt, ob Sie diesen Job wirklich haben möchten, obwohl oft unvorhergesehene Überstunden gemacht werden müssen, die Kollegen Sie möglicherweise ablehnen oder Sie eventuell feststellen müssen, den neuen Aufgaben nicht gewachsen zu sein. Wollen Sie diesen Job, auch wenn das Unternehmen aus unvorhersehbaren Gründen vielleicht Insolvenz anmelden müsste und Sie arbeitslos würden? Die Entscheidung für einen neuen Job geht immer einher mit Konsequenzen, die anfangs nicht gesehen werden und, wenn sie dann auftreten, Unzufriedenheit und Demotivation zur Folge haben können.

Je intensiver Sie sich vor einer Entscheidung mit den denkbaren Konsequenzen auseinandersetzen, umso besser können Sie mit ihnen umgehen, sollten sie sich ergeben. Natürlich können Sie auch die Flucht vor der Entscheidung wählen, aber sogar das ist mit Konsequenzen verbunden. Selbst wenn eine Wahl anfangs nur Positives verspricht, gibt es fast immer Schattenseiten, die vorher nicht beachtet wurden oder nicht erkennbar waren. Doch sind sie nicht das Salz in der Suppe, die Herausforderung für weiteres Wachstum? Die Freiheit der Wahl beinhaltet immer die Verantwortlichkeit für die Konsequenzen. Jede Konsequenz, auch die negativste, ist Resultat der eigenen Wahl.

Selbstverantwortung bringt Freiheit

Zwischenmenschliche Spannungen sind nicht Ungewöhnliches. Es gibt immer Menschen, durch deren Verhalten die eigene Stimmung beeinträchtigt wird. Da ist zum Beispiel dieser blasierte Kollege, dessen herablassende Art bei Ihnen ständig ein Gefühl der Minderwertigkeit bewirkt. Auch der schludrige Mitarbeiter schafft es stets, Ihre Laune zu vermiesen. Doch auch dem besten Freund, dem geliebten Ehepartner und den Kindern gelingt es immer wieder, dass Sie verstimmt, gereizt, übellaunig werden.

Nehmen Sie zwölf Menschen, die – entweder gelegentlich oder grundsätzlich – Ihre Gemütslage negativ beeinflussen, und schreiben Sie auf, was Sie sich zur Verbesserung des Miteinanders von diesen Menschen wünschen. Auf Ihren Ehepartner bezogen kann das sein: „Wir würden noch glücklicher miteinander sein, würdest du mir mehr Aufmerksamkeit schenken." Dem unordentlichen Mitarbeiter gilt der Satz: „Wir würden besser zusammenarbeiten, wenn Sie gewissenhafter wären."

Das ist der leichte Teil der Aufgabe, denn es findet sich meist vieles, was jemand anderes tun könnte, damit es einem selbst besser geht. Doch nun drehen wir den Spieß um und ändern die an einen anderen gerichtete Kritik in eine auf uns selbst bezogene Frage. Dann heißt es: „Was kann ich tun, um die gewünschte Aufmerksamkeit zu bekommen?", und: „Was kann ich tun, damit die Zusammenarbeit besser wird?"

Das System wird klar: Das, was ich hineingebe, bekomme ich auch zurück. Alles, was mir zustößt, ist ein Echo auf das, was ich bin. Es liegt in meiner Verantwortung, ob die Welt mir das gibt, was ich erwarte. Wer nichts gibt, bekommt nichts zurück.

Der Mensch entwirft Langeweile und Unzufriedenheit auf einer intellektuellen Ebene. Sehen wir uns eine Übung aus der Seminarpraxis an. Einer der Teilnehmer spielt das Opfer, ein anderer den Richter. Der Richter fordert das Opfer auf, eine Situation aus seinem Leben zu beschreiben, in der es wirklich Opfer war, keine Chance hatte und völlig von der Umwelt beherrscht wurde. Also eine harte Geschichte, ein richtiger Reklamationsfall dieses Planeten. Anschließend fällt der Richter sein Urteil. Doch nicht wie erwartet über den Täter, sondern über das Opfer. Es ist ein hartes Urteil, nach dem Motto: Ein bisschen Opfer geht nicht. Und darum soll das arme Opfer nun zusätzlich noch drei heikle Fragen beantworten:

- Was hast du dazu beigetragen, dass es so gekommen ist?
- Was hast du unterschlagen?
- Was müsstest du sagen, um fair zu sein?

Am Ende jeder „Gerichtsverhandlung" ist das Opfer immer auf einem völlig neuen Erkenntnisstand und hat zu einer veränderten Interpretation gefunden.

Sie haben die Wahl: entweder Opfer und Selbstmitleid oder Handelnder und Selbstverantwortung. Sollten Sie jedoch glauben, alles müsse harmonisch verlaufen, alles müsse gut zu verstehen und zu schaffen sein, dann träumen Sie. Die Disharmonie bleibt. Die Frage ist, wie Sie damit umgehen.

Der Übernahme der Selbstverantwortung folgt natürlich nicht automatisch die Lösung eines Problems. Aber das Problem als solches verschwindet; übrig bleibt eine Situation, die eine Lösung braucht. Sie können sich immer wieder einen Menschen vorstellen, der aus der gleichen Situation ein Problem macht – ein anderer schafft sich dieses Problem nicht. Wenn das so ist, können Sie in diesem Moment die Situation entsprechend verändern. Ein Messer ist ein Messer. Man kann damit ein Brot schneiden, man kann damit aber auch jemanden töten. Es kommt auf Ihre Interpretation an. Für die subjektive Realität sind Sie selbst verantwortlich.

Ein Top-Verkäufer steigt zum Abteilungsleiter auf. Nicht nur seine Kollegen, auch er selbst merkt bald, dass er den Anforderungen nicht gewachsen ist. Statt nun das Naheliegende zu tun und sich wieder in den Verkäuferdienst versetzen zu lassen, hält er zum Nachteil aller an der neuen Position fest.

Wie oft passiert es, dass wir ein Ziel erreicht haben oder ein Wunsch Wirklichkeit wurde. Aber im ersten Moment der Verwirklichung wird schon klar: Das ist es nicht, was ich wollte. Doch die Erfüllung des Wunsches hat viel Geld gekostet, das Erreichen des Ziels etliche Zeit gebraucht. Und das soll alles vergebens gewesen sein? Es kann sein, dass Sie in Ihrem Leben eine Menge in ein bestimmtes Ziel investiert haben, und in dem Moment, in dem Sie das Ziel erreichen, merken Sie, dass es innen hohl ist. Viele Leute bleiben nun dabei und machen einfach weiter. Wie der Lastenträger und der Araber sind sie standhaft und ertragen die Konsequenzen. Die Alternative dazu wäre: Die Konsequenzen zu tragen – nicht zu ertragen – und sich neu zu orientieren.

Dennoch: Schönreden hilft wenig. Es ist und bleibt nicht zufriedenstellend. Sie können nun natürlich die Zähne zusammenbeißen und sich selbst einreden, alles sei in bester Ordnung. Sie können aber auch dazu stehen und sich neu orientieren.

Nur weil Sie einmal etwas bekommen haben, was Sie sich gewünscht haben, brauchen Sie es nicht zu behalten. Seien Sie flexibel und trennen Sie sich von allem, was für Sie nicht stimmt. Sie sind selbst verantwortlich, und deshalb können Sie sich jederzeit selbst entscheiden: barfuß oder zu kleine Schuhe, Top-Verkäufer oder unqualifizierter Abteilungsleiter. Selbstverantwortung umfasst die grandiose Freiheit, sich immer wieder neu und anders entscheiden zu können. Denken Sie daran, dass Sie die Freiheit haben, jeden Tag neu zu wählen, neue Dinge zu tun und neue Ziele anzusteuern.

Freiheit ist das Bewusstsein, jederzeit etwas anderes tun zu können als das, was Sie gerade tun. Wenn Sie diese Freiheit wahrnehmen, dann tun Sie alles in Wahlfreiheit.

Sie stehen morgens schlecht gelaunt auf, weder beim Frühstück noch auf dem Weg zur Arbeit hebt sich Ihre Stimmung. Beim Betreten des Firmengebäudes brummelt Ihnen der Pförtner einen mürrischen Gruß entgegen, die Sekretärin hockt griesgrämig am Computer, und der Kollege brütet finster vor sich hin. Die ganze Welt hat einen schlechten Tag. Jeder ist brummig, gereizt, verärgert. Und natürlich geht auch alles schief, was schiefgehen kann. Wie anders dagegen verläuft ein Tag, den Sie mit einem fröhlichen Gesicht begrüßen! Die Menschen sind heiter, alles geht glatt von der Hand, das Leben macht Spaß.

Die Umwelt ist niemals so, wie Sie sie wahrnehmen. Ihre Wahrnehmung entspricht immer nur Ihnen selbst. Sie projizieren Ihre Gedanken, Gefühle und Handlungen in die Umwelt und bekommen es durch andere Menschen und durch die eigenen Interpretationen reflektiert. Die Sekretärin ist gar nicht griesgrämig, sie reagiert nur zurückhaltend auf Ihr miesepetriges Gesicht. Und dass der Kollege vor sich hinbrütet, ist nichts anderes als Ihre Interpretation seines konzentrierten Ausdrucks. Jeder schafft sich seine Umwelt selbst, jeder ist verantwortlich für seine Wahrnehmung und Interpretation, und jeder hat die Konsequenzen zu tragen, die sein „Spiegelbild" ihm präsentiert. Wieder einmal wird klar: Wir können vergnügt und fröhlich in den Spiegel schauen oder sauertöpfisch und übellaunig. Es ist unsere Entscheidung, es ist unsere Wahl.

Jede Entscheidung birgt ein Risiko

Anno 1519. Der spanische Eroberer Hernán Cortés hat das Aztekenreich erkundet. Damit ist sein Auftrag erfüllt. Doch statt nun mit seinen Soldaten nach Kuba zurückzukehren, gründet er die Siedlung Villa Rica de Vera Cruz. So etwas schafft nicht nur Freunde, ganz besonders nicht bei den Soldaten, die gerne nach Kuba zurückgekehrt wären. Doch Cortés weiß damit umzugehen: Deserteure werden kurzerhand gehängt, und um weiteren Desertationen vorzubeugen, lässt er seine gesamte Flotte versenken, nicht ohne vorher alle beweglichen Teile der Schiffe an Land bringen zu lassen. Weder er selbst noch seine Soldaten konnten nun nach Kuba zurück.

Cortés verfolgt damit ein Ziel: Er will direkt der spanischen Krone unterstellt sein, nicht mehr abhängig von Kuba, nicht mehr dem Gouverneur von Kuba für die spanische Krone verpflichtet sein. Dafür nutzt er seine Wahlfreiheit absolut konsequent, und dafür beraubt er mit voller Absicht andere ihrer Wahlfreiheit.

Ist es nicht vielfach ebenso, dass die Wahl eines anderen Ihre Wahl durchkreuzt, wenn auch nicht mit voller Absicht? Schließlich sind Sie nicht der einzige Mensch, der die Freiheit der Wahl für sich in Anspruch nimmt.

Vor kurzem haben Sie sich dazu sehr bewusst dafür entschieden, in Ihrem jetzigen Job zu bleiben, obwohl das Einkommen zu niedrig und die Karrierechancen äußerst gering sind. Aber Sie haben nette Kollegen, einen fähigen und freundlichen Vorgesetzten und die Arbeit selbst macht Ihnen großen Spaß. Sicher, Sie haben sich erst kürzlich bei anderen Unternehmen beworben und ein paar hätten

Sie auch sehr gerne eingestellt. Doch jedes Mal konnten weder das bedeutend höhere Einkommen noch die besseren Karriereaussichten die ebenfalls vorhandenen negativen Aspekte aufwiegen. Ihre Entscheidung steht: Sie bleiben da, wo Sie sind. Kurz danach werden Sie mit der Neuigkeit konfrontiert, dass Ihr jetziger Vorgesetzter in ein anderes Unternehmen wechseln wird. Sein Nachfolger steht bereits fest, und Sie wissen: Mit diesem Mann ist nicht gut Kirschen essen, das Arbeitsklima wird sich merklich verschlechtern.

Da können Welten zusammenbrechen, da kann sich die Wahlfreiheit als Farce darstellen. Doch niemand sagt, dass Ihre Wahl auch stets mit dem gewünschten Resultat einhergeht. Diese Sicherheit gibt es nicht. Jede Wahl ist mit einem Risiko verbunden, jede Wahl kann sich als Flop entpuppen.

Ein Zen-Meister antwortete auf die Frage, was denn das wichtigste Wort im Zen sei: Ja. Auf die Frage nach dem zweitwichtigsten Wort gab er die gleiche Antwort, ebenfalls auf die Frage nach dem drittwichtigsten Wort. Was bedeuten seine Antworten? Nun, dass man zu den Dingen, die sind, Ja sagt und sie einfach so akzeptiert, wie sie sind. Das ist kein theoretisches Ja zu irgendetwas, es ist ein Ja zu all den Dingen, die sind. Seien es gute oder schlechte Ereignisse, angenehme oder unangenehme Situationen, positive oder negative Resultate.

Sagen Sie Ja, wenn Ihre Wahl ein Reinfall war, sagen Sie Ja zu dem, was ist, und dann nutzen Sie Ihre Wahlfreiheit. Schließlich können Sie jederzeit neu wählen.

Übrigens: Als Cortés die Schiffe zerstören ließ, konnte er nicht wissen, dass ihm die Azteken zu einem späteren Zeitpunkt helfen würden, neue Schiffe zu bauen – allerdings nur, um ihn wieder loszuwerden. Auch das ein Beispiel dafür, dass die Wahlfreiheit anderer die eigene Wahlfreiheit durchkreuzen kann.

Stellen Sie sich vor, zwei Wege führen zu Ihrem Ziel. Der eine ist breit und angenehm zu gehen. Zu seinen Seiten erstrecken sich wunderschöne dunkle Wälder und es gibt genügend Bänke, um zwischendurch ein wenig zu rasten. Deshalb sind Sie auf diesem Weg auch von vielen anderen Spaziergängern umgeben. Der andere Weg ist schmal, sehr steinig und es geht steil bergab. Er führt vorbei an satten Wiesen, auf denen seltene Blumen wachsen und die oft von dem im angrenzenden Wald lebenden Rotwildrudel besucht werden. Für welchen Weg entscheiden Sie sich?

Bei einem Bergsteiger-Treffen diskutieren junge Menschen, wie sie es schaffen könnten, zu den besten Bergsteigern der Welt zu werden. Ein alter Mann, bekannt für sein bergsteigerisches Können, setzt sich zu ihnen, zeigt auf einen in der Ferne zu sehenden Berg und sagt: „An diesem Berg führen drei Wege hoch. Einer ist breit und gut angelegt, ideal für amerikanische Rentner. Der zweite ist eher ein schmaler Pfad, der sich steil hochschlängelt, und der dritte Weg führt über Geröll und Überhänge. Welchen würdet ihr gehen?" Einer der Jungen antwortet: „Den, der zum Gipfel führt." Der alte Bergsteiger antwortet: „Woher willst du am Fuße eines unbekannten Berges wissen, welcher zum Gipfel führt? Du musst dich entscheiden: Wählst du einen bequem erscheinenden Weg, kann es sein, dass er auf der Hälfte des Berges endet. Nimmst du jedoch die Herausforderung an und entscheidest dich von vornherein für den Weg über Geröll und Überhänge, ist die Wahrscheinlichkeit am größten, dass du tatsächlich den Gipfel erreichst."

Es gibt Menschen, die wollen zum Gipfel des Berges, wählen aber den Touristenweg. Sie erwarten viel vom Leben und sie wundern sich, dass es ihnen vorenthalten bleibt. Doch eigentlich ist das nicht verwunderlich. Denn oftmals sind es gerade solche Menschen, die immer den bequemsten Weg wählen und sich von allen Herausforderungen fernhalten. Doch zum Gipfel führt kein Lift, wer ihn erklimmen will, muss klettern.

Wer etwas vom Leben erwartet, der sollte das Leben auch an sich heranlassen, und das ist unweigerlich mit Herausforderungen verbunden. Für manche ist es schon Herausforderung genug, nur einen Schritt zu tun und damit die sichere Bequemlichkeit der Alltagsroutine zu verlassen. Danach allerdings geschieht nichts mehr, denn sie glauben, genug getan zu haben. Trotzdem wundern sie sich, dass es nicht mehr weitergeht, und sie suchen den Grund dafür bei anderen Menschen. Sie vergessen, dass sie die Freiheit haben, selbst den nächsten Schritt zu tun. Sie vergessen, dass es ihre Wahl ist, ob sie stehen bleiben oder weitergehen.

Nun entspricht es aber dem menschlichen Denken und Verhalten, Anstrengungen so weit wie möglich zu vermeiden. Doch fragen Sie sich selbst: Was erwarte ich vom Leben und was bin ich bereit dafür zu tun? Wenn Sie die Firmenvertretung in China übernehmen wollen, reichen Ihre kaufmännischen Kenntnisse allein nicht aus. Und wollen Sie den höchsten Berg der Welt erklimmen, kann die nur mentale Beschäftigung damit tödlich sein. Gleich, was Sie erreichen wollen, Sie müssen sich der Herausforderung stellen und die notwendigen Anstrengungen akzeptieren. Wer mit dem Schlitten den Berg herunterfahren will, der muss ihn erst hinaufziehen.

Wer Außergewöhnliches will, der muss eben auch Außergewöhnliches leisten, er muss die Herausforderungen annehmen. Und Herausforderungen sind immer mit Anstrengung und Einsatz verbunden. Natürlich haben wir die Freiheit, Herausforderungen abzulehnen. Aber je weniger wir uns ihnen stellen, umso seltener erleben wir das Gefühl der Freiheit.

Wer die Wahl hat …

Nehmen Sie einen Staublappen zur Hand. Wahrscheinlich gibt es in dem Raum, in dem Sie sich gerade befinden, einen Schrank, ein Regal oder ähnliches Mobiliar. Widmen Sie zehn Minuten Ihrer Zeit dem

Staubwischen dieses Möbelstücks. Hängen Sie keinen anderen Gedanken nach. Denken Sie nicht daran, was gestern war, was Sie gleich oder morgen tun werden. Widmen Sie sich mit ganzer Hingabe dem Staubwischen. Es gibt in diesen zehn Minuten nichts Wichtigeres für Sie zu tun, als Staub zu wischen und mit 100 Prozent Ihrer Aufmerksamkeit nur bei dieser Tätigkeit zu sein.

Das Staubwischen ist eine Metapher für die vielen täglich zu erledigenden Kleinigkeiten, die wir scheinbar wie nebenbei erledigen. Doch wir erledigen sie nicht „wie nebenbei", weil sie uns leicht von der Hand gehen, sondern weil wir sie nur oberflächlich handhaben und sie achtlos verrichten. Schlimmer noch: Sie sind uns oft genug einfach nur lästig.

Unsere Aufmerksamkeit gilt nie der Verrichtung dieser Kleinigkeiten, wir denken währenddessen an etwas ganz anderes: Habe ich bei dem Konzept alles Wichtige berücksichtigt? Ist die Präsentation nicht doch zu langweilig und belehrend? Und ganz nebenbei denken Sie schon daran, was Sie als Nächstes tun werden.

Staubwischen, die Blumen gießen, den Kaffee aufbrühen, eine Mahlzeit zubereiten – wir müssen das alles nicht tun. Den Staub können wir zentimeterdick anwachsen lassen, statt Kaffee können wir Wasser aus dem Hahn trinken, wir können ein Fertigericht in der Mikrowelle warm machen oder uns von Chips ernähren.

Es ist unsere freie Wahl, ob wir etwas tun oder nicht tun. Doch wenn wir gerne eine saubere und hübsche Wohnung haben, wenn wir gerne Kaffee trinken und eine gesunde, schmackhafte Mahlzeit essen möchten, dann sind wir selbst verantwortlich, wenn wir uns den Genuss und die Freude bei der Verrichtung solch scheinbar belangloser Tätigkeiten versagen.

Was spricht dagegen, mit Vergnügen Staub zu wischen, wenn Sie gerne eine saubere Wohnung haben? Was spricht dagegen, diese Tätigkeit mit der gleichen Hingabe zu verrichten, mit der Sie Ihrem

Hobby nachgehen oder ein spannendes Buch lesen? Schließlich ist es keine Verpflichtung, sondern Sie haben sich selbst für eine saubere Wohnung entschieden.

Die Freiheit der Wahl gilt nicht nur für die großen und wichtigen Dinge im Leben. Die alltäglichen Kleinigkeiten bieten genügend Wahlmöglichkeiten, auch hier gibt es nichts, was Sie müssen. Es gibt nur Konsequenzen, die Sie nicht tragen wollen. In diesem Bewusstsein zu leben, schenkt eine enorme Freiheit. Denn Sie fühlen sich nicht mehr verpflichtet, etwas zu tun. Sie tun es, weil Sie sich unter allen Wahlmöglichkeiten dafür entschieden haben.

Bei aller Proklamation der Wahlfreiheit – es gibt Situationen, für die es einfach keine Alternativen gibt. Ein Leben im Rollstuhl, eine unheilbare Krankheit – da gibt es keine Wahlfreiheit. Das sind Fakten, die nicht zu verändern sind.

Wenn Ihnen ein Bein fehlt, wäre „Love it, leave it, change it" ein sehr zynischer Ratschlag. Auch „Oscillate it" käme einer Verspottung näher als einer nützlichen Hilfe. Dennoch können Sie wählen, was Sie aus Ihrem Leben machen. Es steht Ihnen frei, sich deprimiert Ihrem Los zu überlassen, die Umwelt zu tyrannisieren, mit Gott und der Welt zu hadern. Sie können aber auch Ihre Kraft für andere Dinge nutzen.

Dostojewski war Epileptiker, Marcel Proust Asthmatiker, Roosevelt wurde nach seiner Kinderlähmung Präsident der Vereinigten Staaten, Stephen Hawking sitzt im Rollstuhl, kann weder sprechen noch schreiben und ist doch ein weltweit anerkannter Wissenschaftler. Es ist also auch in solchen Situationen durchaus möglich, eine Wahl zu treffen, die dem Leben Sinn und Inhalt gibt.

Immer wieder erfahren wir von Menschen mit einer schweren oder gar unheilbaren Krankheit, die nicht mit ihrem Schicksal hadern, die nicht resignieren. Für sie scheint es durchaus eine Wahlfreiheit zu geben.

Oder denken Sie an das unvorstellbare und erschütternde Dasein der Menschen in den deutschen Konzentrationslagern. Die Alternative zwischen einem menschenunwürdigen Leben und einem grausamen Tod wird sicher niemand als Wahlfreiheit bezeichnen wollen. Dennoch gab es viele, die sich trotz allen Qualen für den Willen und die Kraft zum Überleben entschieden haben.

Offensichtlich ist es die innere Einstellung, die auch in tatsächlich ausweglosen Situationen so etwas wie Wahlmöglichkeiten schafft. Die Akzeptanz der Situation wie auch das Aufbegehren können gleichermaßen Kräfte freisetzen, um nicht zu resignieren, sich nicht selbst aufzugeben, sich nicht in sein Schicksal zu ergeben.

Niemand wird sich in die Situation unheilbar Kranker hineinversetzen können, niemand wird das Leiden der Überlebenden des Holocaust nachempfinden können. Aber von all denen, die nicht kapituliert haben, können wir lernen, dass es letztendlich immer eine Wahl gibt, auch wenn sie „nur" darin besteht, sich gegen Selbstaufgabe, Bitterkeit, Zorn oder sogar Hass zu entscheiden – und damit für das Ja zu dem, was war, ist und sein wird.

5 Resonance

„Das Leben ist wie eine Schachtel Pralinen. Man weiß nie, was man kriegt." Ein kluger Satz, mit dem Forrest Gump, der Held aus dem gleichnamigen Film, die Unwägbarkeiten des Lebens sehr anschaulich beschreibt.

Eine Pralinenschachtel mag verlockend aussehen. Was sich in ihr verbirgt, offenbart sich erst, wenn man sie öffnet. Es gibt Pralinenschachteln mit nur sehr wenig Inhalt, andere sind prall gefüllt. Manche bieten sehr abwechslungsreiche Leckereien, manche ein langweiliges Einerlei. Doch das alles sagt über den Geschmack der Pralinen noch nichts aus. Denn was fade aussieht, kann vorzüglich schmecken, und ein exquisites Äußeres kann eine unappetitliche Überraschung beinhalten.

Ist es im wahren Leben nicht auch so? Was angenehm erscheint, entpuppt sich als höchst unerfreulich; was sich erfolgversprechend präsentiert, wird ein Reinfall; der Misserfolg erweist sich später als Glücksfall und in dem mühelos Erscheinenden verbirgt sich eine harte Nuss.

Die Pralinenschachtel der Marke „Leben" ist voller Überraschungen. Es ist alles enthalten – das Positive wie auch das Negative. Zwischen diesen beiden Polen schwingt das Leben wie ein Pendel hin und her, und wir sind gut beraten, wenn wir uns dieser Schwingung nicht widersetzen. Denn alles im Leben ist Schwingung. Dank Einstein weiß die Physik das schon lange. Auch jenseits der Wissenschaft ist inzwischen wohl jedem von uns klar, dass Leben ohne Schwingung, ohne Bewegung kaum möglich ist. Puls, Herzschlag und Gehirnaktivität werden in Frequenzen – Schwingungen – gemessen. Klänge wären ohne Schwingungen nicht hörbar, Licht nicht wahrnehmbar.

Das alles nehmen wir gelassen hin, ohne uns Gedanken darüber zu machen. Die Schwingungen des Lebens jedoch wollen wir nicht akzeptieren – zumal wenn sich das Pendel zur negativen Seite bewegt. Wir wollen auf der positiven Seite bleiben und vergessen dabei, dass ein Pendel nur in Bewegung bleibt, wenn es von einer Seite zur anderen schwingt.

Das Pendel des Lebens und seine zwei Seiten

Schwingungen können in einem bestimmten Rhythmus wie die Jahreszeiten, wie Tag und Nacht, wie Ebbe und Flut verlaufen. Sie können aber auch – abhängig von einwirkenden Einflüssen – unregelmäßig sein, wie die durch Luftschwingungen erzeugten Geräusche, die wir tagtäglich wahrnehmen. Mit diesen Schwingungen stehen wir in Resonanz. Wir akzeptieren sie, gehen mit ihnen konform, schwingen mit ihnen.

Anders sieht es da schon mit den Schwingungen aus, die den Verlauf des eigenen Lebens betreffen, zumal dann, wenn das Leben in eine Schwingung gerät, die uns nicht gefällt. Wenn wir Armut, Pech, Misserfolg, Traurigkeit, Zurückweisung erfahren, wollen wir die Schwingung nicht billigen. Wir können dem nicht zustimmen, wollen es nicht anerkennen, stehen nicht in Resonanz mit dem Geschehen.

Wir wollen nicht akzeptieren, dass die Chronologie des Lebens äußerst dynamisch ist. Doch das Leben ist nun mal ein Pendel – ob wir das nun wollen oder nicht. Es schwingt von rechts nach links, von links nach rechts und wieder zurück, und solange es im Fluss ist, schwingt es immer wieder zurück. Auf der einen Seite ist alles, was wir begrüßen: Glück, Reichtum, Zufriedenheit, Fröhlichkeit, Anerkennung. Auf der anderen alles das, was uns unangenehm ist, was wir als negativ bewerten, und was wir demzufolge tunlichst zu vermeiden versuchen.

Doch wer das vermeintlich Negative vermeiden will, wird nie über das Mittelmaß hinauskommen. Niemand wird das Höchstmaß des Lebens kennen und schätzen lernen, wenn er nicht auch die andere Seite erfahren hat. Das eine ohne das andere geht nicht.

Glück und Traurigkeit, Frieden und Krieg, Licht und Schatten, Reichtum und Armut: Beide Pole bilden eine Einheit. Das eine kann es nicht ohne das andere geben. Wir können nicht das eine haben wollen, ohne das andere zu kennen. Ja, wir können das eine noch nicht einmal schätzen, nicht wahrnehmen, wenn wir das andere nicht kennengelernt haben. Das Wissen um Negatives, Unerfreuliches und Trauriges ist eine wichtige Voraussetzung, um die positiven und angenehmen Seiten des Lebens wahrzunehmen und zu schätzen.

Das ist das große Auf und Ab, das Hin und Her, die Achterbahn des Lebens, das volle Leben, das Sie genießen können. Wer das vermeiden will, wer in sein Lebenspendel einen Stopper einbaut, erfährt nicht mehr als ein sehr kleines Auf und Ab – und das bewegt sich sehr nahe an der Linie, die Sie auf einer Intensivstation bewundern können.

Nur wer bereit ist, seine Erfahrungen auf der negativen Seite des Pendels zu machen, bekommt Kraft und Schwung für die positive Seite.

Leben ist da, wo die Herausforderung ist! Dort sind die Kraftquellen, dort werden Ressourcen lebendig, dort liegt der Antrieb für neuen Schwung, der wieder hoch zu der anderen Seite führt, wo Leidenschaft, Begeisterung und Glück erlebt werden.

Jede Erfahrung, jedes Ergebnis sollte ein Leuchtturm sein, der uns den Weg weist, kein Liegeplatz, an dem man festmacht. So gesehen gibt es keine Fehler, kein Unglück, keine Misserfolge, sondern nur Etappen des Fortschritts. Es gibt Erfahrungen und Resultate, die uns wachsen lassen und nach vorne bringen. Und ohne sie gäbe es keine Entwicklung. Die Plattform für Lernerfahrungen und Erfolge befindet sich nicht hauptsächlich auf der positiven Seite.

Zu der Zeit, als es in Indien nur sehr wenige Kinos gab, kam ein junger Mann aus einem weit entlegenen Dorf in die Stadt. Von Kinos hatte er zwar schon gehört, konnte sich jedoch nichts Rechtes darunter vorstellen. In dieser Stadt gab es ein Kino. Er nahm also die Gelegenheit wahr, endlich zu erfahren, was Kino denn nun wirklich sei, und kaufte sich eine Eintrittskarte. Fasziniert beobachtete er das Geschehen auf der Leinwand, und es rührte ihn zutiefst, die Liebe zweier Menschen miterleben zu dürfen. Er freute sich mit ihnen, als sie sich kennenlernten und ineinander verliebten, er war ergriffen von der schönen Verlobungsfeier und er litt mit ihnen, als der Mann für lange Zeit weit fort musste. Und das war das wenig glückliche Ende des Films: Der Verlobte stand auf dem Bahnsteig und wartete sehnsüchtig auf seine Liebe, um Abschied von ihr nehmen zu können. Der Zug fuhr ein, sie war noch nicht da. Er bestieg das Abteil, öffnete das Fenster und hielt erwartungsvoll weiter Ausschau. Der Zug fuhr ab, und die Zuschauer konnten miterleben, dass der Mann noch lange aus dem Fenster schaute in der Hoffnung, seine Verlobte doch noch einmal sehen zu können.

Als der Filmvorführer das Kino zusperren wollte, sah er den jungen Inder noch im Vorführraum sitzen. Er ging zu ihm hin und fragte, warum er noch nicht gegangen sei. Der Inder antwortete ihm mit traurigem Gesicht, er warte darauf, dass die Verlobte doch noch käme.

Sollte Sie jetzt leicht amüsiert lächeln und denken, so etwas sei auch nur in banalen Geschichten möglich, dann müssen Sie sich eines Besseren belehren lassen. Denn diese Geschichte bestätigt das altbekannte Sprichwort: „Hoffen und harren hält manchen zum Narren." Und dieses Sprichwort hat auch in unserer hochmodernen Zeit uneingeschränkte Gültigkeit.

Wie der junge Inder hoffen und harren wir darauf, dass sich endlich das Gewünschte ergibt – und bleiben derweil sitzen. Wir wollen nicht wahrhaben, dass sich unsere Erwartungen, Hoffnungen, Träume und Wünsche nicht bestätigen. Wir wollen nicht wahrhaben, dass das

Pendel des Lebens mal nach links und mal nach rechts schwingt, und schon gar nicht wollen wir wahrhaben, dass es nicht so sehr darauf ankommt, auf welche Seite das Pendel schwingt, sondern vielmehr darauf, wie wir damit umgehen. Weil nicht sein kann, was nicht sein darf, wehren wir uns gegen ein Mitschwingen, wenn das Pendel zur sogenannten negativen Seite schwingt.

Schicksalsschläge begleiten uns von Geburt an bis zum Tod. Daran sollten wir uns gewöhnen, das sollten wir akzeptieren. Denn wir können es nicht verhindern. Wenn wir es also nicht verhindern können, auch die Seite des Lebens kennenzulernen, die so lapidar als Fehler, Misserfolg, Pech, Unglück oder wie auch immer bezeichnet wird, dann ist es doch viel intelligenter zu lernen, mit dieser Seite umzugehen. Oder?

Derjenige, der extremen Mut hat, tritt genauso oft wie jeder andere Mensch in seinem Leben daneben. Nur interpretiert er das Danebentreten in einer anderen Art und Weise. Er lernt aus Versagen und Unglück. Und er vertraut auf seine eigene Kraft. Er weiß, dass er alle Möglichkeiten hat, wieder auf die Sonnenseite des Lebens zu kommen.

Erfolgreiche Menschen stehen einmal mehr auf als sie hinfallen, und eine verlorene Schlacht ist kein verlorener Krieg. Jedes Missgeschick, jedes Leid, jeder Verlust birgt eine Saat, eine Lehre, die uns sagt, wie wir beim nächsten Mal besser handeln können. Ein Schicksalsschlag ist die beste Schule, um zu lernen, in Resonanz mit dem Leben zu sein.

Fehler sind Lerngeschenke

Warum nur ist die sogenannte negative Seite eigentlich so ungeliebt? Wie kommt es, dass wir uns so davor fürchten? Nun, es gibt ein Wort, das uns durch seine archaische Einfachheit immer wieder in Angst und Schrecken versetzt. Es ist ein Wort, das in sich vor Inkompetenz strotzt: Fehler! Dieses Wort ist eine Erfindung voll von intellektueller

Bosheit. Es versetzt in Panik und sorgt dafür, dass wir, in welcher Situation auch immer, Fehler machen werden. Es zwingt uns geradezu, Misserfolge und Niederlagen möglichst zu vermeiden.

Stellen Sie sich einmal vor, dass kleine Kinder, die das Laufen lernen, jedes Fallen als Fehler interpretierten und glaubten, sie seien auf der negativen Seite des Lebens. Sie gäben irgendwann auf, und wahrscheinlich könnte kein Mensch heute laufen. Da Kinder aber nicht wissen, das Versagen zu der angeblich negativen Seite gehört, stehen sie immer wieder auf und versuchen es so lange, bis sie strahlend das erste Mal einige Schritte gehen können.

Das Fallen ist die Voraussetzung dafür, jemals gehen zu können. Wie anders wäre es, wenn Menschen erst im Alter von zwanzig Jahren anfingen, das Gehen zu lernen! Jeder Fall würde als Misserfolg empfunden und nach kurzer Zeit gäben wir auf. Denn nach hundert vergeblichen Versuchen wären Sie überzeugt, dass es nicht geht. Das Resultat: Sie würden heute durchs Leben krabbeln. Und vielleicht gäbe es irgendwo einen Zirkus, in dem Sie aufrecht gehende Menschen bestaunen könnten.

Niederlage und Erfolg gehören zusammen, sie bedingen einander. Die Niederlage ist der Auftakt zum nächsten Spiel, die Voraussetzung für den Schwung. Und wenn wir schon spielen, dann auch um zu gewinnen. Also ergreifen Sie die Chance, um etwas zu erfahren, um sich zu entwickeln und nach vorne zu kommen.

Haben Sie keine Angst vor den negativen Seiten des Lebens! Lassen Sie die Niederlage gewähren, lassen Sie die sogenannten Fehler zu. „Fehler" sind Resultate und die einzige Chance, weiter zu wachsen. Denn entscheidend ist nicht das, was Ihnen zustößt, entscheidend ist das, was Sie daraus machen. Sie können aus jedem Fehler, den Sie machen, lernen. Sie können jede Niederlage und jedes Unglück als möglichen Auftakt für den erneuten Schwung zur positiven Seite akzeptieren.

Streichen Sie ab heute das Wort Fehler mitsamt seinen Kumpanen aus Ihrem Wortschatz, und ersetzen Sie es durch das Wort Erfahrung oder Resultat oder – noch besser – Lerngeschenk.

Viele Menschen hoffen, nie die negative Seite des Lebens kennenzulernen. Sie sind nicht bereit, sich auch mit den Schattenseiten auseinanderzusetzen. Ihr Alltagsbewusstsein sagt, dass es die vermeintlich positive Seite ist, auf die es ankommt. Wenn dort all die schönen, glücklichen Dinge des Lebens sind, dann möchten sie gerne dort bleiben und nie mehr auf die negative Seite schwingen.

Diese Menschen glauben, klug zu sein, wenn sie alles tun, damit sie nicht auf die negative Seite kommen. Sie sind so klug, dass sie in ihr Leben einen Stopper einbauen, der verhindert, dass das Pendel auf die andere Seite hinüberschwingt. Sie sind aber nicht klug genug, um zu erkennen, dass sie damit dem Pendel alle Kraft nehmen. Ein Pendel holt sich aus der einen Seite die Kraft, die es braucht, um auf die andere zu gelangen. Ein gestopptes Pendel bleibt in der Mitte, und dort ist nicht mehr möglich als ein gewöhnliches Leben mit wachsender Unzufriedenheit.

Ein Mensch, der aus Angst vor negativen Erlebnissen und Erfahrungen das Pendel seines Lebens stoppt, kann das Leben gar nicht richtig genießen. Er kann weder glücklich noch traurig sein, weder arm noch reich, er kann nicht lachen und nicht weinen. Er bleibt im Mittelmaß – ein Leben ohne Kraft und Schwung. Denn was uns in Schwung hält, sind Schwierigkeiten.

Wenn Sie die negative Seite vermeiden wollen, bleibt Ihnen nichts anderes übrig, als niemals die rote Linie zu überschreiten und im vertrauten, sicheren Kreis der Gewohnheiten zu verharren. Der allerdings kann nur so groß sein, wie die Schwingung des Pendels ihn vorgibt. Um dennoch die Freuden zu haben, die es außerhalb des Kreises, auf der positiven Seite des Pendels gibt, brauchen Sie etwas, was Ihnen trotzdem diese angenehmen Gefühle vermittelt. Sie kennen ja bereits die Vermeidungs- und Kompensationsstrategien: ein bisschen Alkohol, ein paar Drogen, eine bisschen Fernsehen und was es sonst als Belohnung dafür gibt, dass wir jeden Tag die Tretmühle in Bewegung halten.

Wir haben dann zwar das Gefühl, die positive Seite zu erleben, aber es ist nur ein geborgtes Erleben, ein Secondhand-Life. Wir sitzen im sicheren Container und fühlen uns wohl. Dass wir ein Leben aus zweiter Hand führen und unsere Lebensenergie in Kompensationen investieren, in diese Illusionen, die uns dort aus zweiter Hand angeboten werden, das merken wir nicht.

Werden Sie sich darüber klar, dass Sie die Entscheidung für ein Leben mit Höhen und Tiefen oder für ein Leben mit gebremster Energie treffen können. Ein Leben mit Höhen und Tiefen ist gefährlich. Doch die wirklichen Gefahren warten nur auf jene, die sich der Resonanz mit dem Leben verweigern. Für sie besteht die Gefahr, dass die Ausschläge des Pendels immer kleiner werden, die Wellenlinie immer flacher. Und flexibel wie ein Amboss werden sie in endloser Langeweile ein Dasein an der Null-Linie fristen.

Ein Kind bekommt zu Weihnachten Schlittschuhe geschenkt. Auf dem kleinen Teich hinter dem Haus lernt es nun an der Hand der Mutter das Schlittschuhlaufen. Nach den ersten zaghaften Schritten auf dem Eis fällt es hin, lacht, steht auf und übt weiter. Noch einige Male fällt es hin, dann fühlt es sich sicher, und am Wochenende möchte es den Vater damit überraschen, dass es schon alleine laufen kann. Der Vater steht am Ufer des Teiches und beobachtet aufmerksam sein Kind, das natürlich ein wenig nervös ist, denn es möchte nur zu gerne den Erwartungen des Vaters entsprechen. Der bemerkt kurz vor dem Kind plötzlich eine Rille im Eis und ruft: „Dort ist eine Rille! Pass auf, dass du keinen Fehler machst!" Aber zu spät, das Kind fällt hin und erhält von dem besorgt herbeieilenden Vater als Mahnung auch noch einen Klaps auf den Popo.

Und jetzt passiert etwas Seltsames: Das erste Mal in seinem Leben interpretiert das Kind das Hinfallen als Fehler. Der Anker ist gesetzt: Fehler sind zu vermeiden, Fehler werden sogar bestraft!

So lernen wir schon in einem frühen Alter, dass es Fehler gibt. Eltern sehen das, was falsch ist. Lehrer sind darauf bedacht, jeden Fehler zu finden. Wir lernen, dass Fehler, Niederlagen und Misserfolge möglichst vermieden werden sollten.

Bei manchen Menschen hält sich diese Konditionierung so hartnäckig, dass sie auch als Erwachsene versuchen, jedem Fehler aus dem Weg zu gehen. Sie sind noch nicht einmal in der Lage, sich selbst und anderen einen Fehler einzugestehen. Sie versuchen, ihre eigenen Fehler zu vertuschen und schauen kritisch hin, ob jemand anderes einen Fehler macht. Sie sind sogar stolz darauf, dass sie kritisch sind.

Je mehr wir versuchen, Fehler zu vermeiden, umso größer ist die Wahrscheinlichkeit, einen Fehler zu machen und daraus noch nicht einmal einen Lerneffekt ableiten zu können. Dabei zeigt ein Fehler nur, dass etwas fehlt oder verfehlt wurde. Und darin liegt die große Chance. Denn ein Fehler weist darauf hin, dass wir einen anderen Weg versuchen, etwas Neues hinzulernen oder dem, was wir tun, einfach mehr Aufmerksamkeit schenken sollen. Dank der Fehler können wir selektieren, was nicht funktioniert, und können es dann anders und besser machen.

Wir gehen mit Fehlern um, als seien sie unsere ärgsten Feinde. Dabei ist jeder Fehler ein Freund des Menschen. Zwar ist nicht immer sofort ersichtlich, dass sich in einem Fehler eine Chance verbirgt. Manchmal braucht es Jahre, um zu erkennen, dass durch eine Verfehlung der Boden für eine erfreuliche Entwicklung bereitet wurde. Aber eines ist sicher: Ohne Fehler gäbe es kein Vorwärtskommen.

Fehler, Misserfolge und Niederlagen sind natürliche Bestandteile des Lebens. Wer sie ausschließen will, widersetzt sich der Schwingung des Pendels und entscheidet sich damit für Stagnation und Stillstand.

Machen Sie einen Fehler! Machen Sie jetzt und ganz bewusst einen Fehler! Ganz egal, was Sie jetzt tun werden, Sie können bewusst keinen Fehler begehen. Sie können tun, was Sie wollen. Wenn Sie es bewusst tun, ist es niemals ein Fehler.

Wir können nie wissen, ob das, was uns jetzt als Fehler erscheint, sich nachher nicht zu einer großen Chance entwickelt. Jedes Versagen bietet die Gelegenheit, um eine Erfahrung reicher zu werden und von neuem klüger zu beginnen. Jeder hat die Erfahrung gemacht, dass negative Situationen und Erfahrungen den Boden für eine positive Entwicklung bereitet haben. Es kommt immer darauf an, aus welchem zeitlichen Abstand man eine Sache betrachtet und beurteilt. Woher wollen wir wissen, dass das, was jetzt noch negativ aussieht, später nicht das Beste ist, was uns passieren konnte?

Kolumbus entdeckte Amerika, obwohl er eigentlich nach Indien wollte. Das war zwar sehr nützlich, aber ein Irrtum. Es gibt also auch nützliche Irrtümer. Der springende Punkt ist, dass Sie die rechte Seite anders und sinnvoller interpretieren. Die meisten großen Leistungen der Menschheitsgeschichte sind nur vollbracht worden, weil es Menschen gab, die bereit waren, ein Risiko einzugehen. Sie waren bereit, mit dem Pendel des Lebens zu schwingen und, sollte es sich denn zur negativen Seite begeben, um einige Erfahrungen reicher wieder zur positiven Seite zu gelangen.

Den Rhythmus des Lebens bejahen

Wir müssen uns damit abfinden, dass im Leben nicht immer alles nach Plan verläuft. Das gilt für jeden Menschen. Niemand hat das Glück für sich gepachtet, niemand bleibt von Pech, Unglück und Misserfolg verschont. Allerdings erwecken manche Menschen durchaus den Eindruck, als lebten sie stets auf der Sonnenseite des Lebens. Vielleicht liegt das aber nur daran, dass sie die negative Seite des Pendels mit einem anderen Bewusstsein betrachten.

Unser Bewusstsein ist das Fenster, durch das wir die Welt und uns selbst wahrnehmen und bewerten. Erschaffen hat es sich aus allen bisherigen Konditionierungen, Prägungen, Erfahrungen, Erkenntnissen und Überzeugungen, und mit diesen Inhalten bestimmt es, wie wir wahrnehmen, denken und bewerten.

Die Frage, ob ein halb gefülltes Glas halb voll oder halb leer sei, werden Sie aus Ihrem Bewusstsein heraus vielleicht als halb voll wahrnehmen. Sie denken: „Toll, da habe ich ja noch genug zu trinken", und bewerten das natürlich positiv. Ein anderer mag das Glas als halb geleert wahrnehmen, ist missmutig darüber und bewertet es als negativ. Es ist also eine Frage des Bewusstseins, wie Sie über Fakten denken und welche Bewertung damit einhergeht.

Zugegeben, das ist ein recht banales Beispiel. Diffiziler ist da schon der Fakt der Arbeitslosigkeit. Sicher wird niemand widersprechen, dass mit der Arbeitslosigkeit das Pendel auf die negative Seite schwingt. Doch auch in diesem Fall ist entscheidend, wie das Bewusstsein damit umgeht. Arbeitslosigkeit kann bedeuten: Misserfolg, Blamage, Sorgen, Resignation, sozialer Abstieg. Aber sie kann auch Motivator sein, der Antrieb, sich in eine andere Richtung zu orientieren, eine Chance für etwas ganz Neues.

Damit soll nichts schöngeredet werden. Arbeitslos zu sein ist für niemanden ein Glücksfall per se. Doch das Bewusstsein kann sie zum Schreckgespenst werden lassen, das sämtliche Energie an sich bindet und keine Kraft mehr übrig lässt, um den Ausweg zu finden und damit wieder auf die positive Seite des Pendels zu schwingen.

Gleiches gilt für Krankheiten, mögen sie auch noch so ernst sein. Geradezu ein Paradebeispiel sind die Paralympics. Während andere sich der negativen Seite des Pendels dumpf ergeben und ihr Schicksal verfluchen, zeigen die behinderten Athleten mit ihrer Leistungsfähigkeit und Lebensfreude, dass es diese Seite zwar gibt, dass es kraft des Bewusstseins aber durchaus möglich ist, sie anders zu bewerten oder sich sogar mit ihr zu versöhnen. Es mag Ihnen zynisch erscheinen, aber die Überlegung sei dennoch erlaubt: Vielleicht hätte mancher von ihnen seine Power nicht erkannt, wäre sein Lebenspendel nicht zur negativen Seite ausgeschlagen.

Es lässt sich nicht vermeiden, irgendwann im Leben auf diese Seite des Pendels zu kommen. Aber es lässt sich vermeiden, sie als Schrecken, Verhängnis und Unheil zu definieren. Sie ist als die eine Hälfte des Ganzen ebenso unerlässlich wie die andere. Wir sollten ihr nicht mit Angst und Sorge begegnen, wir sollten sie nehmen als das, was sie ist: die Voraussetzung für den Schwung des Pendels zur positiven Seite.

Mit diesem Bewusstsein können wir die beiden Seiten des Pendels als eine Einheit akzeptieren, wir können sie als notwendig zusammengehörend bejahen. Mit diesem Bewusstsein schwingen wir in Resonanz mit dem Leben.

Die taoistische Symbolik des Yin und Yang führt uns das deutlich vor Augen: Zwei Formen, die eine hell, die andere dunkel, fügen sich zu einem Kreis zusammen. In dem Hellen ist ein Teil des Dunklen und in dem Dunklen ein Teil des Hellen. Erst das richtige Zusammenspiel der beiden führt zur Harmonie. Gemeinsam bestimmen sie das Gleichgewicht der Welt. Wer also das eine will, das andere hingegen ablehnt, steuert sein Leben unbewusst auf einen Misserfolg hin, auch wenn er gerade den vermeiden will.

Wenn es also das eine nicht ohne das andere geben kann, wenn alles ein Zusammenwirken, eine Einheit ist, dann ist es doch sehr gut möglich, dass nur unsere Interpretationen und Bewertungen der Grund dafür sind, dass wir die eine Seite schätzen und die andere ablehnen.

Warum ist es peinlich, die Prüfung vermasselt zu haben? Warum ist beschämend, wegen der unerwarteten Schließung des Unternehmens den Job zu verlieren? Warum ist es deprimierend, wenn die Finanzen nur für ein altes Auto, einen Urlaub auf Balkonien und eine kleine Wohnung ausreichen?

Gut, es gibt Schlimmeres und größeres Unglück. Doch schon solche Dinge reichen aus, um sich auf der rechten, der negativen Seite des Pendels zu wähnen. Resigniert fügen wir uns in das vermeintlich böse Schicksal, versinken in Depression, empfinden das Leben als sinnlos, suchen vielleicht Trost beim Alkohol und landen irgendwann auf der Parkbank. Pech? Wenn die Unfähigkeit ein Inkognito braucht, nennt sie sich Pech. Denn es ist durchaus möglich, die Situationen anders zu interpretieren und zu bewerten.

Wer versteht, dass Situationen erst einmal so sind, wie sie sind, gewinnt die Freiheit, inhaltlich handeln zu können. Was ist, das ist. Das ist eine universelle Lebensregel. Das heißt nicht, dass das, was ist, gut ist. Das heißt nur, dass es ist, wie es ist – die eine Seite des Pendels, ein Teil des Lebens, ein Teil der Einheit.

Mit dieser Sicht auf die Polaritäten können Sie die Situation auch als Anreiz sehen, Ihr Leben in eine andere Richtung zu lenken, etwas Neues auszuprobieren, sich weiterzubilden und einen hochinteressanten Job zu bekommen. Wenn Sie auch unangenehmen, negativen, scheinbar völlig auswegslosen Situationen aufmerksam gegenüberstehen, werden Sie wahrscheinlich Möglichkeiten kennenlernen, die Ihnen sonst verschlossen bleiben. Die Chance winkt überall – wenn Sie in Resonanz mit dem Leben stehen und genau hinsehen.

Stellen Sie sich vor, Sie sollten ein sehr langes Gedicht vortragen und dabei tunlichst im Takt bleiben, Ihre Zuhörer würden sich nach kurzer Zeit wohl gelangweilt von Ihnen abwenden. Wenn Sie das Gedicht jedoch so vortragen, dass es einen Rhythmus bekommt, also sprachlich gestaltet wird, dann wird es erfüllt mit Leben. Lange und kurze Silben, betonte und unbetonte Wörter, Sprechpausen – das sind die Mittel, mit denen Sie den gleichmäßigen Takt unterbrechen. Erst der Rhythmus holt Ihren Vortrag aus der Monotonie, macht ihn lebendig. Wenn Sie sich also ein Leben ohne Eintönigkeit und Langeweile wünschen, wenn Sie aus der ewig gleichen Kontinuität herauskommen wollen, dann müssen Sie Ihrem Leben einen Rhythmus geben.

Doch schauen wir uns an, was Rhythmus auch bedeuten kann: eine gleichmäßige Bewegung, ein periodischer Wechsel, die regelmäßige Wiederkehr. Aus der Natur ist uns dieser Rhythmus vertraut. Tag und Nacht, Ebbe und Flut, Saat und Ernte, das eine könnte ohne das andere nicht sein.

Auch dass zum Wachsein das Schlafen und zum Einatmen das Ausatmen gehört, dass Berg und Tal ohne einander nicht wären, dass der Regen ebenso wichtig ist wie der Sonnenschein, akzeptieren wir ohne jegliche Frage. Diese Rhythmen sind für uns vollkommen normal.

Ob gleichmäßiger Rhythmus oder lebendiger Rhythmus wie im Sprachklang, in der Musik, in Bauwerken oder Gemälden – wir können uns ihm nicht entziehen. Er ist es, der dem Leben Farbigkeit und Vitalität verleiht.

Alles, was lebt, schwingt hin und her, vor und zurück, auf und ab in dem ihm eigenen Rhythmus. Wenn es jedoch um das eigene Leben geht, würden wir den Rhythmus am liebsten verhindern. Wir wollen das Vor, das Auf und das Her. Das Zurück, das Ab und das Hin, das wollen wir nicht, da wollen wir uns dem Rhythmus verweigern. Sich dem Rhythmus des Lebens verweigern zu wollen, wäre so, als würden Sie Ihrem Herzen verbieten wollen zu schlagen. Das Ergebnis hieße in beiden Fällen Stillstand.

Was also spricht dagegen, auf die negative Seite des Pendels zu kommen und sich dort den Antrieb für die Bewegung zur positiven Seite zu holen? Der Rhythmus von hin und her, vor und zurück, auf und ab ist ein Naturgesetz, dem wir uns nicht widersetzen können, wollen wir in Resonanz zum Leben sein. Allein unsere Angst vor einem möglichen Fehler, einem Misserfolg, einem Reinfall oder Unglück und unsere Bewertung dessen lässt uns in Widerstand zum Rhythmus gehen. Verhindern können wir die negative Seite des Pendels damit nicht, wir verhindern damit nur das rhythmische Mitschwingen mit dem Leben und infolgedessen auch die Bewegung nach vorne, nach oben und hin zu dem, was wir uns wünschen.

Täglich ist es die gleiche Tretmühle: der Job, die unumgänglichen privaten Erledigungen, ein wenig Freizeit, und dann ist es auch schon spät genug, um schlafen zu gehen. Gut, es gibt die Wochenenden und den Urlaub. Letztendlich sind sie aber nur der Auftakt für den fortwährenden Alltagstrott, der niemals erledigt sein wird. Da ist es gut zu verstehen, dass viele Menschen die ihnen ebenso absurd wie sinnlos erscheinende Lebensroutine als Sisyphosarbeit empfinden.

Ganz sicher kennen Sie Sisyphos, den Helden der griechischen Mythologie. Er zog sich den Zorn der Götter zu und musste zur Strafe einen großen Felsblock einen Berg hinaufwälzen. Doch sobald er den Gipfel des Berges erreichte, rollte der mächtige Gesteinsbrocken wieder hinab. Wieder und immer wieder rollte Sisyphos den Stein den Berg hinauf – er hat es nie geschafft, den Gipfel zu erreichen.

Albert Camus hat sich in dem Buch „Der Mythos des Sisyphos" mit diesem Thema beschäftigt und meint: „Wir müssen uns Sisyphos als einen glücklichen Menschen vorstellen." Denn laut Camus übernimmt Sisyphos die Verantwortung für seine Taten, wegen derer die Götter ihn so grausam bestraften. Er zürnt den Göttern nicht, sondern beschließt, seine Strafe bewusst zu leben. Die Strafe ist für ihn nicht Qual und Leiden, sondern selbst bestimmtes Schicksal. Damit triumphiert er über die Götter, die ihn leiden lassen wollten, und damit ist er frei. So schwierig sein Dasein auch ist, es gehört ihm in jedem Augenblick ganz allein. Er unterliegt keinem Zwang. Nicht weil er dazu verurteilt worden ist, rollt er den Stein den Berg hinauf, sondern weil es seine Entscheidung ist.

Für Camus ist Sisyphos deshalb glücklich, weil er sich einem Schicksal stellt, dem er sich nicht entziehen kann. Er nimmt es an und beweist sich damit seine eigene Stärke.

Im Sinne von Camus' Interpretation des Sisyphos-Mythos bedeutet das: das völlige Bejahen dessen, was ist. Damit ist nicht gemeint, sich fatalistisch in das Gegebene zu fügen, weil es ja doch nicht zu ändern ist. Gemeint ist ein aufrichtiges, ein zustimmendes Ja. Dieses Ja entledigt Sie im Handumdrehen aller Probleme. Nicht, weil sich die Beschwernisse, Schwierigkeiten, Komplikationen oder Ärgernisse in Luft auflösen, sondern weil sie ihre Dimension verlieren. Es ist die Einstellung zu den Situationen, die Energie raubende Probleme in Aufgaben, Fragestellungen oder Herausforderungen transformiert.

Wohl jedem fällt etliches ein, womit die „Götter" ihn bestraft haben und womit er sich tagtäglich abmüht, ohne dass ein nahes Ende absehbar wäre. Das Eine „muss" er, das Zweite kann er leider nicht ändern, ein Drittes haben andere verschuldet und so weiter und so fort. Es ist wirklich jammerschade, dass das Leben hauptsächlich auf der negativen Seite des Pendels stattfindet.

Doch ist es tatsächlich so? Ist es nicht vielmehr so, dass wir einem fröhlichen Zweckpessimusmus frönen, der uns aller Selbstverantwortung enthebt?

Sisyphos hat seine Taten selbst gewählt und damit die Weichen gestellt. Die Götter sind nicht für die Strafe verantwortlich. Denn indem Sisyphos sich selbst für seine Taten entschieden hat, hat er sich auch für die Strafe entschieden.

Wir brauchen das Leben nicht über uns ergehen zu lassen, wir können es selbst in die Hand nehmen. Und wenn wir das tun, sind wir selbst für die Resultate verantwortlich. Allerdings sind wir auch selbst für die Resultate verantwortlich, wenn wir das Leben nicht in die Hand nehmen.

Natürlich gibt es immer wieder Situationen, die sich vorläufig nicht ändern lassen, und es gibt Situationen, die sich nie ändern lassen. Doch macht es Sinn, sich tagein, tagaus davon beeinträchtigen zu lassen? Sie gewinnen nichts, wenn Sie mit dem Schicksal hadern. Sie verbessern nichts, wenn Sie dem Leben verbittert und verdrossen gegenüberstehen. Sie legen sich damit nur selbst die Steine in den Weg, die Ihr Weiterkommen verhindern.

Schwingen Sie mit dem, was ist, sagen Sie Ja dazu und vergeuden Sie keine Energie mehr für eine problemorientierte Lebenshaltung. Ihr Motto sollte sein: Wer froh vergnügt die Glatze föhnt, der hat sich mit der Welt versöhnt.

Wenn Sie auf die sogenannte dunkle Seite des Lebens kommen, ist die wichtigste Voraussetzung, dass Sie auch hier das Positive wahrnehmen. Denken Sie einmal nach: Was ist der größte Vorteil, den wir heute gegenüber gestern haben? Die Antwort ist natürlich: die Erfahrung. Und dann denken Sie über die schlimmsten Misserfolge Ihres Lebens nach. Was haben Sie aus den Fehlern gelernt? Es waren sehr wahrscheinlich Ihre wertvollsten Lektionen.

Im Risiko liegt für jeden Menschen die Chance zu erkennen, was noch in ihm steckt, was er anders und besser machen kann, um erfolgreich zu sein. Hinzu kommt, dass die Bejahung des Risikos eine große Schubkraft beinhaltet, durch die alle verfügbaren Ressourcen freigesetzt werden. Sehr treffend formulierte es Carl Améry: „Risiko ist die Bugwelle des Erfolges."

Um in Bewegung zu bleiben, muss das Pendel kräftig schwingen. Dann haben Sie zwar ein Leben mit Höhen und Tiefen vor sich, aber auch ein Leben voller Power. Keine negative Erfahrung wird Sie im Tal festhalten. Sie haben soviel Schwung, dass Sie immer wieder zum Gipfel des Erfolgs getragen werden.

Experimentierfreude bringt Evolution

Zu keiner Zeit war und wird es möglich sein, den Entwicklungsprozess der Welt vorauszusehen. Kurzfristig betrachtet, ist das in Teilbereichen wohl möglich. Mittel- und langfristige Prognosen können aber nur vage Theorien der Zukunft sein. In jeder Sekunde geschieht Veränderung, und so klein sie auch sein mag, die Evolution kann dadurch in der nahe liegenden Zukunft eine ganz andere Richtung einschlagen.

Evolution ist nicht berechenbar, sie verfolgt keinen konkreten Plan. Es gibt keine eindeutige Orientierung, keine zweckdienlichen Strategien, keine Zielgerichtetheit auf ein feststehendes Ziel. Man könnte sagen: Die Evolution sieht es als ihr wichtigstes Ziel an, die optimale Nutzung ökologischer Situationen zu gewährleisten. Allerdings geht sie nicht planmäßig und durchdacht vor. Sie versucht hier ein wenig, probiert etwas anders, und wenn etwas schiefgeht – was soll's! Die Evolution stellt keinen Anspruch auf Perfektion. Sie ist eher ein Prozess des Zufalls.

Vielleicht ist die Evolution das Lieblingsspiel des Universums. Spezies verschwinden, andere mutieren, bis eine Dürre, eine Eiszeit oder eine Überschwemmung sie aussterben lässt und Raum für neue Arten schafft. Doch immer gab es einige Geschöpfe, die mit der Evolution Schritt hielten. Sie veränderten sich, passten sich der neuen Situation an und konnten weiter bestehen.

Selektion und Mutation sind die Merkmale der Evolution. Leben verkümmert, wenn es sich den bestehenden Bedingungen nicht angleicht, und es erstarkt, wenn es durch stetige Fortentwicklung in Harmonie mit der sich ebenfalls fortentwickelnden Umwelt bleibt. Der Mensch hat das geschafft. Er ist den faszinierenden Weg der Evolution gegangen. Seine Ur-Lebensformen hatten genügend Potenziale und Ressourcen, um sich immer wieder neuen Bedingungen anzupassen.

Da ist es schon erstaunlich, dass wir uns heute trotz eines beträchtlichen Wissens über die evolutionären Entwicklungsprozesse der Menschheitsgeschichte so selten der Evolution der eigenen Person widmen. Wir wollen uns ihr geradezu widersetzen.

Evolution ist „trial and error" – kein lineares Weiterwachsen und schon gar nicht Stagnation. Doch unseren Gewissheiten, Gewohnheiten und Vertrautheiten zuliebe verzichten wir nur allzu gerne darauf, etwas Neues zu probieren, etwas Anderes zu versuchen. Denn das Resultat könnte ein Misserfolg, eine Niederlage, eine Enttäuschung sein; wir könnten auf die negative Seite des Pendels geraten. Weil wir das aber um alles in der Welt vermeiden wollen, ziehen wir es vor, nichts zu tun.

Doch Evolution ist ohne Experimente nicht möglich. Nur so können wir erfahren, ob etwas funktioniert oder nicht. Und sollte ein Experiment tatsächlich misslingen, ist es dennoch ein Erfolg, denn erst jetzt wissen wir, dass es so nicht geht. Zudem kann niemand wissen, ob dieser Misserfolg nicht der erste Schritt zu einem Erfolg ist. Schließlich lehrt uns die Geschichte, dass Misserfolge und Krisen schon oft die Geburtshelfer von Innovationen und Pioniertaten waren.

Ein Misserfolg ist nie eine Schande, wohl aber die Angst vor dem Misserfolg. Selbst die Klügsten, Besten, Erfolgreichsten dieser Welt durchlebten Zeiten des Leids und des Misserfolgs. Aber sie haben verstanden, dass es ohne Unruhe keinen Frieden gibt, ohne Anspannung keine Erholung, kein Lachen ohne Sorgen, kein Sieg ohne Mühen. Alle haben diesen Preis zu zahlen. Niemand bekommt das eine ohne das andere.

Der geniale Erfinder Thomas Alva Edison war zwar nicht der eigentliche Erfinder der Glühlampe. Doch war er es, der sie so weit perfektionierte, dass sie tatsächlich gebrauchsfähig ihren Siegeszug antrat. Edison experimentierte – insgesamt sollen es zirka 4.000 Versuche gewesen sein – mit Platindrähten, Kohle und Bambusfasern. Er konnte das Problem der Evakuierung des Glaskolbens wie auch der luftdichten Durchführung der Zuleitung lösen, und er erfand den Schraubsockel, wie er auch heute noch gebräuchlich ist. Seine Arbeit beschrieb er selbst einmal so: „Ich hatte keinen einzigen Misserfolg. Ich habe nur immer wieder neue Möglichkeiten entdeckt, die elektrische Glühbirne nicht zu erfinden."

Ein weiteres Beispiel ist Abraham Lincoln. Er musste in seinem Leben elf heftige Niederlagen erleben, bis er endlich einmal siegte und Präsident wurde:

- mit 32 verlor er einen Wahlkampf
- mit 34 erlebte er eine Pleite
- mit 35 hatte er den Tod seiner Geliebten zu verwinden
- mit 36 erlitt er einen Nervenzusammenbruch
- mit 38 verlor er eine Wahl
- mit 43 unterlag er im Kongress
- mit 46 unterlag er im Kongress
- mit 48 unterlag er im Kongress
- mit 55 unterlag er im Senat
- mit 56 verfehlte er sein Ziel, Vizepräsident zu werden
- mit 58 unterlag er erneut im Senat
- mit 60 wurde er zum Präsidenten der Vereinigten Staaten gewählt

Derjenige, der einen Fehler oder eine Niederlage nicht als Misserfolg, sondern als Resultat werten kann, der wach genug ist, aus einer gemachten Erfahrung zu lernen, verfügt über eine unendliche Kraftquelle. Selbst die schlimmsten Dinge gehen vorüber, wenn man sich nicht als Opfer des Lebens fühlt, sich nicht den Misserfolgen und negativen Stimmungen unterwirft. Herr der Lage werden Sie nur, wenn Sie akzeptieren, dass das Pendel des Lebens in beide Richtungen schlägt. Also gehen Sie die Situation an, und versuchen Sie, das Beste daraus zu machen. Vor allen Dingen aber: Warten Sie nicht darauf, dass ein Wunder geschieht.

Jedes Handeln beinhaltet die Gefahr, dass das Gewollte nicht gelingt. Jedes Nichthandeln beinhaltet die Gefahr, dass es keine Evolution gibt. So betrachtet, ist es doch besser, zu handeln und sich den Krisen und Turbulenzen der Evolution zu stellen. Sie müssen dafür zwar auf blockierende Sicherheiten verzichten, Sie werden dadurch möglicherweise auf die negative Seite des Pendels geraten, doch zugunsten Ihrer Evolution sollten Sie dieses Risiko eingehen.

Sie haben ein klares Ziel vor Augen, sei es ein berufliches oder ein persönliches. Sie haben den Weg erarbeitet und klare Strategien entwickelt. Sie sind also in einer ähnlichen Situation wie ein Kapitän, der sein Schiff einem konkreten Ziel entgegensteuert.

Sicher wollen Sie Ihr Ziel geradlinig und auf dem schnellsten Weg erreichen, deshalb haben Sie Ihre Vorgehensweise schließlich genau geplant. Auch der Kapitän will sein Schiff natürlich ohne unnötige Umwege zum Ziel fahren. Der Unterschied zwischen Ihnen und dem Kapitän ist, dass er genau weiß, die Fahrt zum Ziel verläuft nicht in einer schnurgeraden Linie. Er muss Umwege einkalkulieren und den Kurs immer wieder neu berechnen und korrigieren. Das ist normal.

Bei unseren Lebenszielen verfallen wir leider auf die absurde Idee, das Ziel geradewegs ansteuern zu können – ein Irrtum, der schon so oft das Erreichen des Ziels vereitelt hat. Denn sobald der eingeschlagene Kurs in eine scheinbar andere Richtung als in die angestrebte führt, interpretieren wir das als Misserfolg oder Niederlage. Wir meinen, einen Fehler gemacht zu haben, stellen das Ziel in Frage und geben auf.

Egal, ob Sie mit dem Auto fahren, durch einen Wald wandern oder ein Schiff lenken, Sie werden niemals eine Strecke in gerader Linie bewerkstelligen können, sondern müssen unentwegt Ihren Kurs korrigieren. Wenn Sie das auf Ihre Lebensziele beziehen, ist es eigentlich normal, ein Ziel nicht wie geplant zu erreichen.

Vielleich spielen Sie Dart. Natürlich werfen Sie die Darts nicht aufs Geratewohl auf die Scheibe. Denn je nachdem, welche Variante Sie spielen, wissen Sie genau, welches Feld Sie treffen wollen. Manchmal gelingt's und manchmal eben nicht. Der Luftwiderstand spielt ebenso eine Rolle wie die Wurftechnik, die Körperbewegung und anderes mehr. Sie können die Flugbahn der Darts nicht hundertprozentig im Voraus berechnen. Doch würden Sie deshalb sagen, das anvisierte Ziel sei nicht das richtige gewesen? Nein, Sie werden trainieren, Ihre Technik verbessern, die Körperhaltung korrigieren und dadurch immer besser werden.

Kurskorrekturen, Umwege oder verfehlte Ziele sind keine Fehler und keine Misserfolge. Erfolgreiche Menschen kennen weder Fehler noch Misserfolge, sie kennen nur Resultate. Sie verwerten das, was sie gelernt haben, suchen neue Möglichkeiten und versuchen es noch einmal. Sie wählen einen neuen Zugang und erhalten neue Ergebnisse.

Was wir im Allgemeinen Fehler oder Misserfolg nennen, sind in Wahrheit Momente großer Macht. Sie setzen in Bewegung und geben die Gelegenheit, neue Resultate zu produzieren. In gewisser Hinsicht sind Fehler und Misserfolge die Straßen zum Erfolg.

Das Leben ist wie eine Wanderschaft von einem Gipfel zum anderen. Schon Nietzsche ließ seinen Zarathustra sagen: „Im Gebirge ist der nächste Weg von Gipfel zu Gipfel: aber dazu musst du lange Beine haben." Wir müssen also von einem Gipfel immer wieder in ein Tal zurückkehren. Dann haben wir den Gipfel eines neuen Berges als konkretes Ziel vor Augen. Um diesen Gipfel zu erreichen, werden Sie niemals nur geradeaus gehen. Sie schlagen einen Bogen nach rechts, weil ein Felsvorsprung im Weg ist, dann wieder nach links, um einer Baumgruppe auszuweichen. Und doch werden Sie ankommen, weil Sie mit den Gegebenheiten des Weges mitschwingen.

Die eigene Spur finden

Wenn Angst, Unsicherheit, Bewunderung oder reine Bequemlichkeit einen Menschen dazu bringen, niemals den eigenen Weg zu gehen, mag das eine recht ungefährliche und risikofreie Art zu sein, im

Schlepptau anderer durchs Leben zu gehen. Im Fazit ist es jedoch eine beträchtliche Sabotage der Lebenslust.

In den ersten Lebensjahren ist es natürlich gut, wenn Eltern und Großeltern hilfreich zur Seite stehen und den Weg vorgeben. Sie und andere Menschen lehren, was machbar ist und was nicht, was sich gehört und was nicht, was geht und was nicht. Auch Sie haben Ihre ersten Wege mit Hilfe anderer getan. Dann standen Sie auf eigenen Füßen und konnten Ihren eigenen Weg gehen, oder besser: Sie hätten ihn gehen können, wären Sie nicht in der Spur derer gegangen, die Ihnen als Kind die Orientierung gaben. Denken Sie darüber nach, welchen Spuren aus der Vergangenheit Sie heute noch folgen. Denken Sie auch darüber nach, ob es heute noch Menschen gibt, deren Spuren Sie folgen, weil es Ihnen vernünftig, nützlich und sinnvoll erscheint.

Bleibt ein Mensch stets in der Spur eines anderen, bleibt er folglich auch beständig hinter ihm. Und das hat enorme Nachteile: Seine Aussicht ist begrenzt, er sieht nicht, was vor ihm liegt, er sieht nur den Rücken des Vorausgehenden; er muss das vorgegebene Tempo einhalten; er schluckt den Staub des Vorderen – und würde der Vordermann an einer riskanten Stelle des Weges in Gefahr geraten, er würde unweigerlich das gleiche Schicksal erleiden.

Ein Mensch, der keine eigenen Spuren hinterlässt, hat keine Originalität, keine Persönlichkeit. Er ist nicht mehr als das Falsifikat eines anderen. Im Grunde genommen existiert er überhaupt nicht. Denn es gibt von ihm nichts Charakteristisches, nichts unverwechselbar Persönliches.

Nun mag es manchmal durchaus angebracht sein, den Spuren eines anderen eine Zeitlang zu folgen. Das ist gewiss sinnvoll, um überhaupt erst einmal auf den Weg und in Schwung zu kommen. Auch zwischendurch mag es für kurze Zeit angebracht sein, wenn eine Neuorientierung oder eine Pause notwendig erscheint. Wir kennen das aus dem Sport: Im Windschatten des Vordermanns lassen sich Kraft und Geschwindigkeit steigern, um dann auszuscheren und an ihm vorbeizuziehen.

Im Leben geht es aber nicht ums Überholen, sondern nur darum, sich aus den Spuren anderer zu lösen und den eigenen Weg zu gehen. Dennoch ist es ein kritischer Moment, ausgetretene Pfade zu verlassen. Denn in diesem Augenblick ist es ziemlich ungewiss, ob das Pendel des Lebens auf die positive oder die negative Seite schwingt. Natürlich ist das nicht ohne Risiko. Doch wie sonst wollen Sie das eigene Talent entdecken und entfalten?

Nur das Ausscheren aus der Spur eines anderen befähigt dazu, den eigenen Lebensweg zu entwickeln und die Leidenschaft dafür in sich zu wecken. Und ist es nicht weitaus beglückender, mit Begeisterung und selbstverantwortlich den eigenen Weg zu gehen, als freudlos und verzagt einem anderen zu folgen und dennoch in Gefahr zu kommen?

Nehmen wir an, Sie haben sich vor einem Jahr auf eine intern ausgeschriebene Stelle beworben. Leider hat sich die Unternehmenszentrale für einen anderen Bewerber entschieden. Seitdem laufen Sie mit ziemlich schlechter Laune durchs Büro und ärgern sich darüber, dass Ihre Qualifikationen im Unternehmen offensichtlich nicht geschätzt werden.

Vielleicht haben Sie die Stelle auch bekommen, aber sehr schnell festgestellt, dass es nicht der Traumjob ist, den sie sich vorgestellt haben. Der Wechsel war schlicht und ergreifend ein großer Fehler. Nun grämen Sie sich tagein, tagaus über Ihre ganz offensichtliche Fehlentscheidung.

Es kann auch sein, dass Sie viel Geld in Aktien investiert und alles verloren haben. Oder Sie plagen sich noch heute mit dem Gedanken, dass Sie sich viel zu wenig um Ihren vor fünf Jahren verstorbenen Vater gekümmert haben.

Ob es berufliche, private oder sehr persönliche Dinge sind – es ist idiotisch, an Fehlern, Misserfolgen oder Unglücksfällen aus der Vergangenheit festzuhalten. Die Zeit lässt sich nicht einmal eine klitzekleine Sekunde zurückdrehen. Sie können auf die Vergangenheit keinen Einfluss nehmen. Was vorbei ist, ist vorbei.

Wenn Sie die Entscheidung treffen, etwas zu tun oder auch nicht tun, dann entscheiden Sie sich anhand der Fakten, die Ihnen zu diesem Zeitpunkt zur Verfügung stehen. Das bedeutet doch, es ist die beste Entscheidung, die Sie treffen können, oder? Allerdings bedeutet das nicht, dass es eine noch bessere Entscheidung hätte geben können. Das allerdings wissen Sie erst im Nachhinein. Denn schließlich würden Sie wissentlich keine falsche Entscheidung treffen.

Streichen Sie sofort alle Sätze wie „Hätte ich früher …", oder „Wäre ich doch damals …" aus Ihrem Sprachgebrauch. Klammern Sie sich nicht an vergangene Misserfolge. Sie selbst setzen sich nur Blockaden, wenn Ihre Gedanken voller negativer Erwartungen sind.

Denn was glauben Sie, wie sich das Festhalten an vergangenen Fehlern und Misserfolg auswirkt? Richtig! Es beeinträchtigt Ihre Erwartungen an Gegenwart und Zukunft. Die Erinnerungen an das Vergangene schüren die Angst, wieder einen Fehler zu machen, noch einen Misserfolg zu erleben. Sie erwarten genau das, was den Erfahrungen aus der Vergangenheit entspricht.

Lassen Sie das Vergangene ruhen und schenken Sie Ihre Aufmerksamkeit der Gegenwart. Nur hier liegt die Chance, neue Wege zu entdecken. Leben Sie Ihr Leben jetzt und bauen Sie in sich die Sicherheit auf, dass Sie viele Fähigkeiten haben. Denn es ist gar nicht so wichtig, seine Grenzen zu kennen. Viel wichtiger ist es, sie zu erweitern. Und dabei hilft Ihnen ein ganz einfaches Mittel: Erwarten Sie von sich und für sich einfach nur das Beste.

Tolerieren Sie das Negative, so schlimm es auch sein mag, als eine Schattierung des Lebens, aber halten sich Sie nicht daran fest. In

Resonanz mit dem Leben zu sein, bedeutet nicht, in Resonanz mit Unglück, Leid und Misserfolg zu bleiben. Damit bleiben Sie lediglich ein fortwährendes Echo der negativen Seite des Pendels.

Altlasten ablegen und das Unbekannte zelebrieren

In einem weit entfernten Land, vielleicht in Tibet, vielleicht auch anderswo, gibt es einen Mönchsorden, dessen Mitglieder sich mit einem Gelübde strikten Regeln unterworfen haben. Auch der Umgang mit dem weiblichen Geschlecht ist streng und unmissverständlich reglementiert: Schaue keine Frau an, fasse keine Frau an, denke an keine Frau und rede mit keiner Frau.

Eines Tages begeben sich zwei Mönche dieses Ordens auf Wanderschaft. Sie kommen an einen reißenden Fluss, an dessen Ufer eine Frau mit ihrem Kind im Arm steht und besorgt auf die brausenden Fluten blickt. Den Mönchen wäre es ein Leichtes, Frau und Kind beim Überqueren des Flusses zu helfen, wären nicht die strengen Ordensregeln. Dennoch: Einer der Mönche nimmt die Frau samt Kind auf seine Arme und trägt sie über den Fluss. Der andere Mönch folgt ihm mit missbilligender Miene. Nachdem die Vier den Fluss unbeschadet überquert haben und die Frau sich dankbar verabschiedet hat, wird der hilfsbereite Mönch von seinem Ordensbruder harsch zurechtgewiesen: Er habe sich den Regeln widersetzt, sein Gelübde gebrochen, und das müsse auf jeden Fall dem Abt berichtet werden. Der so Gemaßregelte antwortete ruhig: „Ich habe sie am Fluss abgesetzt, du aber trägst sie immer noch."

Energie folgt der Aufmerksamkeit. Und worauf sich Ihre Energie richtet, damit stehen Sie in Resonanz. Der hilfsbereite Mönch tat, was getan werden musste, und damit war die Sache für ihn erledigt. Er hatte sie nicht mehr im Kopf, er schenkte ihr keine Aufmerksamkeit mehr. Der andere hingegen trug sie im Kopf, beschäftigte sich damit, und es ist anzunehmen, dass er sie auch dann nicht zu den Akten legen konnte, nachdem er den Abt über die Angelegenheit informiert hatte.

„Hätte ich doch vor fünf Jahren den Super-Job angenommen, dann ginge es mir jetzt bestimmt besser." „Hätte ich meinen besten Freund damals nicht belogen, dann müsste ihm jetzt nicht aus dem Weg gehen."

Auch die Zukunft bietet reichlich Raum für Energie bindende Gedanken. „Hoffentlich tritt dieses nicht ein, wenn doch nur jenes endlich geschehen würde ..." Das bohrt, das nagt, das lässt Sie nicht in Ruhe. Sie denken natürlich nicht fortwährend daran, doch es braucht nur einen kleinen Anstoß, und schon kreisen die Gedanken erneut um dieses Thema.

Ein guter Teil des Tages gehört den belastenden und misslichen Gedanken an die Vergangenheit, an die Zukunft und an andere Menschen. Doch hat Sie das jemals weitergeführt, hat Ihnen das jemals weitergeholfen? Keiner dieser Gedanken ist zu irgendetwas nutze. Was war, das ist vorbei, und wenn es jetzt noch geklärt werden kann, dann sollten Sie es schleunigst tun. Dann ist es erledigt und die Gedanken daran sind aus Ihrem Kopf. Was die zukunftsorientierten Gedanken angeht: Sie sind überflüssig, es sei denn, sie spornen an zu Kreativität und nutzbringendem Handeln.

Wohlgemerkt, wir sprechen hier von all den sorgenden, ängstigenden, belastenden, aber auch den neidvollen, missgünstigen und eifersüchtigen Gedanken, die Sie nicht loslassen können. Schöne, aufbauende Gedanken – seien sie in die Vergangenheit, die Zukunft oder auf andere Menschen gerichtet – bringen Sie in eine positive Schwingung. Alle anderen Gedanken bringen Sie in Resonanz mit dem Negativen.

Energie folgt der Aufmerksamkeit, das heißt: Sie ziehen das an, worauf Sie sich konzentrieren. Fokussieren Sie sich also so oft wie möglich auf das Positive, bleiben Sie in Resonanz mit dieser Seite des Pendels. Natürlich sollten Sie darüber nicht vergessen, dass es auch die negative Seite gibt. Schenken Sie ihr die gebührende Akzeptanz, nicht aber ein Übermaß an Aufmerksamkeit.

Wer kennt sie nicht, diese Situationen, die mit Begriffen wie Krise, Notlage, Tiefpunkt oder Ausweglosigkeit beschrieben werden. Der Verlust des Arbeitsplatzes, der Tod eines geliebten Menschen, die Scheidung, ein finanzielles Dilemma – solche und ähnliche Vorkommnisse sind tiefe Einschnitte im Leben eines Menschen, die gemeinhin als Katastrophe bezeichnet werden. Das Leben wendet sich und gerät auf die rechte Seite des Pendels.

Katastrophen setzen eine Zäsur, sie markieren die Übergänge von einem Lebensabschnitt zum nächsten. Übergänge, die auf der positiven Seite des Pendels stattfinden, feiern wir gebührlich, zum Beispiel die religiösen Übergänge wie die Taufe, die Kommunion oder Konfirmation. Wir feiern den Schul- und Berufsabschluss, den 18. Geburtstag, mit dem wir als erwachsen gelten, die Hochzeit und ihre Jahrestage.

Mit den Übergängen zur negativen Seite des Pendels tun wir uns hingegen äußerst schwer. Da gibt es keine festliche Tafel, keine Musik, keine Kerzen, keinen Tanz. Dabei sind es auch diese Übergänge wert, gefeiert zu werden. Schließlich sind es wichtige Momente des Aufbruchs, wenn die eigene Welt aus den Angeln gehoben wird. Und ist es nicht so, dass manche Menschen erst nach einer Lebenskrise, einem Schockerlebnis oder einer Katastrophe den richtigen Weg zur Meisterung ihres Lebens gefunden haben?

Natürlich gibt es in uns einen großen Teil, der das Bequeme und Vertraute sehr schätzt. Doch es gibt auch einen Teil, der Veränderung wünscht, sich weiterentwickeln und aus seinem Leben etwas machen will. Diesen Teil lassen wir jedoch nur ungern die Oberhand gewinnen. Eine Krise, eine Katastrophe ist eine wertvolle Chance, diesem

Teil die ihm zustehende Aufmerksamkeit zu gewähren und dadurch uns selbst näher zu kommen.

Zweifellos bringt uns das erst einmal in einen Konflikt, eben weil wir an dem Bequemen und Vertrauten hängen und keine Veränderung wollen. Doch es ist wichtig, diesen Konflikt zu lösen, um das Neue – auch das vermeintlich negative Neue – annehmen zu können und selbstverantwortlich zu werden.

Wir sollten auch die Übergänge zur negativen Seite des Pendels zelebrieren und uns am Beispiel alter, teilweise noch heute gültiger Initiationsriten mancher Völker orientieren. Diese Übergangsriten, die „Rites de Passage", markieren den Beginn eines neuen Lebensabschnitts. Der junge Mensch wird aus dem Gleichmaß seines gewohnten Umfeldes genommen. Prüfungen warten auf ihn, er muss Rituale vollziehen, manchmal auch Schmerzen erleiden. Aber erst dadurch wird es ihm möglich, Abschied von der Kindheit zu nehmen und die Welt der Erwachsenen zu betreten.

Vergleichbar ist das den aus den Mythologien bekannten „Heldenreisen". Der Held erfährt einen Mangel oder er wird überraschend mit einer ungewöhnlichen Aufgabe konfrontiert. Er verweigert sich, denn er ist nicht gewillt, seine sichere Vertrautheit aufzugeben. Dadurch kommt er in einen Konflikt, und nach etlichem Zögern entschließt er sich zum Aufbruch. Er wird Prüfungen unterworfen, muss sich Herausforderungen und Problemen stellen. Er trifft Verbündete, Feinde und Gegner. Am Ende seiner Reisen kehrt der Held gereift und mit neu gefundenem Wissen heim. Die Moral aller Heldenreisen: Die positive und die negative Seite des Pendels sind miteinander versöhnt. Es sind keine Gegensätze mehr, sondern zwei Pole, die als Einheit miteinander verschmolzen sind.

Jetzt ist der „Held" in Resonanz mit dem Leben. Er schwingt mit ihm, ist sein Widerhall, und er hat genügend Kraft und Selbstvertrauen, das Leben mit all seinen Facetten anzunehmen.

Ob Ihnen Glück oder Unglück beschert wird, ist kein Schicksal, kein Zufall, kein Karma. Es hat sich einfach so ergeben, weil die Möglichkeiten gerade so waren, dass es sich ergeben konnte. Es ist utopisch zu glauben, alles exakt vorherbestimmen und kontrollieren zu können. Selbst wenn etwas einige Mal auf eine bestimmte Art und Weise funktioniert hat, kann es beim nächsten Mal zu einem vollkommen unerwarteten Ergebnis führen.

Schließlich sind Sie nicht allein auf der Welt, Sie agieren immer in Koexistenz mit anderen. Wenn Sie Ihren Vorgesetzten auf einen Fehler aufmerksam machen, er Sie daraufhin vor versammelter Mannschaft herunterputzt, Sie sich temperamentvoll dagegen zur Wehr setzen, deshalb eine Abmahnung bekommen, gegen die Sie gerichtlich vorgehen, was Ihr Vorgesetzter Ihnen ziemlich verübelt, weshalb er keine Chance ungenutzt lässt, Sie zu schikanieren, und Sie schlussendlich keinen anderen Ausweg mehr sehen als zu kündigen und – weil es derzeit keine adäquaten Stellen für Sie gibt – mit einem bescheideneren Job vorlieb nehmen müssen, Sie sich aus Unzufriedenheit dem Alkohol ergeben, Ihre Frau sich scheiden lässt ... Was ist die Ursache dafür, dass Sie auf der negativen Seite des Pendels gelandet sind? Nein, Sie waren es nicht, Sie haben Ihre Pflicht getan. Ihr Vorgesetzter? Nein, auch er ist es nicht. Es ist seine Tochter, die schwer verletzt im Krankenhaus lag, weil ein angetrunkener Autofahrer sie auf dem Zebrastreifen übersehen hat. Getrunken hatte er, weil ... Und nun könnten wir bis Adam und Eva zurückgehen.

Die Handlung eines Menschen, von dessen Existenz Sie vielleicht noch nicht einmal etwas ahnen, kann sich auf Ihr Lebenspendel in die eine wie auch in die andere Richtung auswirken. Mit jeder Entscheidung, jeder Handlung und jedem Gedanken begeben wir uns in die Fülle der Möglichkeiten, ohne sicher sein zu können, dass das gewünschte Ergebnis eintritt. Wir werden niemals wissen, wer oder was Geschehnisse in Gang setzt, die sich auf unsere aktuelle Situation oder sogar auf unser ganzes Leben auswirken.

Es bleibt letztendlich nur das Eine: die Angst vor der negativen Seite über Bord werfen, tun, was wir für richtig halten, und mit dem, was sich ereignet, mitschwingen.

6 Commitment

Das Leben ist ein gigantisches Spiel auf ständig wechselnden Spielfeldern: vom Job zum Sportzentrum, dann zur Familie und abends zu Freunden. Und jedes neue Spielfeld bedeutet eine andere Umgebung, andere Menschen, andere Rollen, Verhaltensmuster und Handlungsweisen. Immer wieder befinden Sie sich in einem neuen Spiel. Und wie das so ist bei Spielen, gibt es auch bestimmte Regeln, die einzuhalten sind, wollen Sie an dem Spiel teilnehmen.

Ob Job, Familie oder Freundschaft – das alles sind Spielfelder, für die Sie sich entschieden haben. Mit dieser Entscheidung sind Sie eine Bindung eingegangen, haben eine Verpflichtung übernommen. Gleichzeitig bedeutet Ihre Entscheidung aber auch, dass Sie sich auf die geltenden Spielregeln einlassen und Ihr Wort darauf geben, sie einzuhalten. Neudeutsch ausgedrückt: Sie committen sich.

Commitment ist also nichts Abstraktes, sondern etwas vollkommen Normales, das bewusst oder unbewusst, formell oder informal jede Interaktion bestimmt. Commitment ist die innere Einstellung zu einer Person, einer Gruppe oder einer Organisation. Je größer die Identifikation, umso größer auch das Commitment und das Engagement.

Ohne dieses Commitment gäbe es kein Handeln, könnte kein einziges Ziel erreicht werden. Denn da Sie nicht allein auf dieser Welt sind, ist sogar der allmorgendliche Kauf der Tageszeitung eine Interaktion, für die bestimmte Regeln gelten – und sei es nur, dass Sie für die Zeitung bezahlen. Das Ausmaß des Commitments dem Zeitungsverkäufer gegenüber ist natürlich wesentlich geringer als das Commitment Ihrem Lebenspartner gegenüber. Doch unabhängig von der Intensität des Commitments werden Sie überall Spielregeln finden, die das direkte und indirekte Miteinander bestimmen.

Es reicht also nicht, einfach nur mitspielen zu wollen. Ohne die Einsicht, dass die Einhaltung der dazugehörenden Gesetze und Regeln ein Spiel erst möglich macht, werden Sie bestimmt bald gezwungen sein, das Spielfeld zu verlassen.

Regeln geben Spielraum

Im niederbergischen Land, etwa zehn Kilometer östlich von Düsseldorf, liegt das Neandertal. Niemand hätte dieser tiefen, engen Schlucht mit ursprünglicher Natur besondere Aufmerksamkeit geschenkt, wären nicht im Jahr 1856 einige Knochenfragmente gefunden worden, die sich als fossile Überreste eines Urzeitmenschen erwiesen haben. Warum kein Interesse an weiteren Grabungen bestand, ist heute nicht mehr nachvollziehbar. Erst zum Ende des 20. Jahrhunderts erwachte das Interesse neu, und tatsächlich konnten weitere eindrucksvolle Funde freigelegt werden.

Im Zuge der Ausweitung des rheinischen Braunkohlereviers gab es vor kurzem aber die wohl spektakulärste Entdeckung: Der Fahrer des riesigen Schaufelradbaggers bemerkt beim Abräumen des Erdreichs eine auffällige Anordnung verkohlter, etwa zwei Meter hoher Holzstämme. Sofort ruft er das Rheinische Landesmuseum auf den Plan, welches unverzüglich die Ausgrabungsarbeiten in die Wege leitet. Freigelegt wird ein viereckiger Platz, dessen Größe der eines Tennisplatzes entspricht. Insgesamt werden 16 verkohlte Holzstämme gefunden, exakt zwei Meter hoch und ebenso exakt einen Meter tief in den Boden eingelassen. Zuerst vermuten einige Archäologen, es handele sich dabei um die Frühphase des kanadischen Holzhausbaus. Sie argumentieren mit einem noch unbekannten Kontinentaldrift, können jedoch schnell durch kanadische Archäologen widerlegt werden. Einem der Kanadier, ein leidenschaftlicher Tennisspieler, fällt allerdings auf, dass die Anordnung der 16 Holzstämme mit den 19 Kreuzungspunkten der Linien unserer heutigen Tennisplätze ungefähr übereinstimmt. Nur die drei inneren Kreuzungspunkte auf der Netzlinie werden nicht durch Holzstämme markiert.

Dieser Gedanke wird weiterverfolgt, und dank der intensiven Mitarbeit international renommierter Wissenschaftler sämtlicher Disziplinen wissen wir jetzt: Schon zu Urzeiten wurde im Neandertal Tennis gespielt. Natürlich gab es damals die heute gebräuchlichen Bälle und Schläger noch nicht. Die Neandertaler spielten mit Holzknüppeln und kleinen runden Steinchen. Gespielt wurde unserer heutigen Zeitrechnung nach an jedem Samstag von 18 Uhr 30 bis 20 Uhr 30. Frauen waren bei dem Spiel nicht geduldet, auch nicht als Zuschauerinnen.

Es war ein hartes und schnelles Spiel. In ihrem Eifer, das Steinchen mit dem Knüppel zu treffen, prallten die Männer während des Spiels viele Male gegen einen Holzstamm. Und nicht selten passierte es, dass ein Spieler das Steinchen nicht traf, hingegen aber von ihm getroffen wurde. Erschwerend kam hinzu, dass mindestens sechs Spieler gleichzeitig Tennis spielten. Verständlich, dass die Männer nach einem Spiel schwer verletzt in ihre Höhlen heimkehrten.

Ein in der Nähe wohnender Stamm kannte die samstägliche Gewohnheit der Neandertaler und deren Auswirkungen. Diesem Stamm mangelte es an weiblichen Mitgliedern, und das führte – je nach Bedarf – zum Raub der Neandertalerinnen. Ein leichtes Spiel, wenn lädierte und damit kampfunfähige Neandertaler in ihren Höhlen leiden. Für manchen seiner Ehefrau überdrüssigen Neandertaler war das zwar recht praktisch, doch der stetige Rückgang weiblicher Stammesmitglieder veranlasste den Ältestenrat der Neandertaler zu der Entschluss, dass es so nicht weitergehen könne. Es wurde entschieden, die Regeln des Tennisspiels zu ändern. Erstens: Die Holzstämme mussten weg. Zweitens: Es durfte nicht mehr mit Steinchen gespielt werden. Die rebellischen Jung-Neandertaler forderten jedoch: Wenn schon, denn schon – wir wollen gar keine Regeln mehr! Leider konnten sie sich gegen den Ältestenrat durchsetzen, und das war der Anfang vom Ende des Tennisspiels im schönen Neandertal. Denn schon nach kurzer Zeit stellten die Neandertaler fest: Ein Spiel ohne Regeln macht keinen Spaß. Fortan sah niemand mehr einen Neandertaler Tennis spielen.

Das Wort Commitment und seine Bedeutung waren den Neandertalern natürlich völlig unbekannt. Ihre Reaktion auf ein Spiel ohne Regeln war dennoch folgerichtig: keine Regeln – kein Spiel. Das galt vor 40.000 Jahren und das gilt noch heute. Regeln begrenzen ein Spiel, das ist richtig. Doch gleichzeitig schenken Regeln auch eine ungeheure Freiheit. Denn nur, wer die Regeln kennt, kann frei entscheiden, ob er mitspielen möchte oder nicht. Nur in Kenntnis der Regeln kann er ihnen emotional und rational zustimmen und sich für das Spiel engagieren.

Was macht es eigentlich aus, dass Spiele funktionieren? Nehmen wir an, Sie spielen mit Ihren Freunden Skat oder Rommé. Jeder kennt die geltenden Regeln und spielt ihnen entsprechend. Dann verändern Sie die Regeln, ohne es Ihren Freunden mitzuteilen. Nach einiger Verwirrung werden die Freunde vielleicht herzhaft lachen. Aber wenn Sie dann nicht zu den geltenden Regeln zurückkehren, wird das Spiel zu Ende sein.

Statt zu den Regeln zurückzukehren, können Sie Ihren Freunden auch Folgendes vorschlagen: Jeder darf ein neues Spiel entwickeln, ohne sich mit den anderen abzustimmen. Ich bin sicher, keiner wird diesen Vorschlag annehmen. Denn es wird keinen Spaß machen. Es ist unsinnig und langweilig, weil keiner weiß, was der andere will. Es fehlen die Spielregeln, die eine Brücke für die Kommunikation bilden.

Womöglich könnte das Spiel sogar mit Ihren Regeln oder den Regeln Ihrer Freunde funktionieren. Doch da keiner die Regeln des anderen kennt, werden Sie das nicht erfahren. Ohne Spielregeln funktioniert das Spiel nicht, ohne Spielregeln funktioniert kein Spiel. Übertragen Sie das auf die Spielfelder Ihres Lebens.

Spielregeln sind das Fundament jeder Beziehung, ob privat oder beruflich. Regeln zu beachten, heißt für viele, sich unterzuordnen, nicht frei zu sein. Doch das Gegenteil ist der Fall. So paradox es erscheinen mag, erst Spielregeln ermöglichen Freiheit. Sie sind die Gehilfen der Entscheidung für oder gegen eine Sache. Freiheit wird zwar oft so verstanden, dass keine Regeln zu beachten sind, doch Spielregeln zeigen eine unendliche Freiheit auf: Wenn ein Spiel uns keinen Spaß mehr macht, wenn die Spielregeln uns zu eng erscheinen, haben wir die Wahl: Love it, leave it, change it or oscillate it. Sie erinnern sich?

Sie bekommen einen tollen Job angeboten. Im Gespräch mit dem Personalchef werden die Regeln schnell klar. Eine davon ist die Bereitschaft zu unbezahlten Überstunden, wann immer es nötig ist. Und, so hören Sie, es ist oft nötig. Vergütet werden die Überstunden in Freizeit, aber nur, wenn es aus betrieblicher Sicht möglich ist. Auch wenn alles andere perfekt scheint, diese Regel missfällt Ihnen zutiefst. Sie haben die Wahl, Sie sind frei in Ihrer Entscheidung. Doch wenn Sie sich für diesen Job entscheiden, geben Sie gleichzeitig Ihr Wort, diese Regel einzuhalten. Also murren Sie nicht, wenn die Überstunden öfter nötig sind, als Ihnen lieb ist.

Wir können Regeln zustimmen und mitspielen. Wir können sie aber auch ablehnen und ein anderes Spielfeld suchen. Die Kenntnis der Regeln ist die Grundlage für eine freie Entscheidung. Und haben wir ihnen zugestimmt, besteht die Verpflichtung, ihnen zu entsprechen, bis wir das Spielfeld verlassen.

Verlassen können wir es jederzeit. Aber wir haben die Pflicht, es den anderen Mitwirkenden mitzuteilen. Die „innere Kündigung" der Ehe, der Freundschaft, der Arbeit ist nicht ausreichend. Die anderen sollten schon darüber informiert werden, wenn Sie das Spielfeld verlassen. Sonst ist der Unmut auf beiden Seiten vorprogrammiert.

Doch bevor Sie sich geltenden Regeln entziehen und ein neues Spielfeld suchen, überprüfen Sie zuerst sich selbst und die Regeln, die Sie im Kopf haben. Denn manchmal passiert es, dass Sie auf dem neuen Spielfeld mit den gleichen Schwierigkeiten konfrontiert werden, ebenso beim nächsten und bei jedem weiteren. Entscheiden Sie sich erst dann für die Freiheit zu gehen, wenn Ihnen tatsächlich klar ist, dass es trotz „Love it, change it, oscillate it" keine andere Lösung gibt, die Sie mit den geltenden Regeln versöhnt.

Wer mitspielt, muss sich an die Regeln halten

Auch wenn Regeln oft den Charakter eines Hindernisses haben, sie ermöglichen Ihnen das Zusammensein mit anderen Menschen. Wenn Sie Wasser trinken wollen, so brauchen Sie ein Glas, das Ihnen als „Hindernis" erst das Trinken ermöglicht.

In meinen Seminaren vereinbare ich mit den Teilnehmern zu Beginn verschiedene Spielregeln, die schriftlich festgelegt werden und deren Einhaltung alle unterschreiben. Die meisten der Regeln sind für den Ablauf des Seminars einleuchtend:

- pünktlich sein
- andere ausreden lassen
- aktiv das Seminar mitgestalten
- Humor und Lockerheit einbringen
- sportliche Aktivitäten unterstützen
- zu jeder Pause seinen Platz wechseln, um verschiedene Perspektiven zu erhalten
- offen und ehrlich miteinander umgehen

Einige Regeln erscheinen im Kontext des Seminars dagegen ziemlich sinnlos, aber ich bitte die Teilnehmer um Vertrauen und verspreche, dass auch diese einen Sinn haben. Hierzu gehören zum Beispiel: kein Alkohol, keine Zigaretten, kein Fernsehen, nicht lesen.

Es ist spannend, wie Menschen mit Regeln umgehen, denen sie zugestimmt haben. Da wird doch auf die Uhr geschaut, und wenn man im Hotelzimmer allein ist, sieht es ja auch niemand, wenn man ein Bier trinkt, fernsieht oder liest. Und wenn wir vereinbart haben, dass während der gesamten Seminartage niemand raucht, habe ich schon Vorstandsmitglieder beobachtet, die sich mit der brennenden Zigarette wie kleine Kinder heimlich hinter den Bäumen versteckt haben. Dabei geht es gar nicht darum, dass es keiner bemerkt, wenn man eine Regel bricht. Der Sinn ist vielmehr zu erkennen, wie man mit den Regeln umgeht, denen man zugestimmt hat.

Jeder hat tausend Gründe, warum er sich nicht an die Spielregeln hält. Meistens haben die Menschen den Bruch schon eingeplant, als sie unterschrieben. Was bedeutet es schon, mit der Unterschrift sein Wort zu geben – es ist doch nur ein Seminar! Aber wer dem Seminar und den vereinbarten Regeln zugestimmt hat, der sollte auch dafür einstehen. Die Gruppe ist wie ein Unternehmen, wie eine Seilmannschaft auf einer Bergtour. Jedes Detail ist wichtig. Nur dann kann eine Mannschaft zusammenhalten. Selbst die kleinste Spielregelübertretung – und erscheint sie noch so lächerlich – kann ins Verderben führen.

Natürlich haben Sie das Recht, jederzeit eine für Sie nicht verständliche Regel zu hinterfragen. Sprechen Sie mit denen, die die Regeln aufgestellt haben, oder sprechen Sie mit denen, die offensichtlich einen Sinn in den Regeln sehen. Möglicherweise gewinnen Sie dadurch eine neue Erkenntnis oder Sie entwickeln die Bereitschaft, die Regel zu akzeptieren. Es kann aber auch sein, dass Ihnen der Sinn der Regel nach wie vor nicht einleuchtend ist. In diesem Fall haben Sie gleich mehrere Alternativen: Sie üben sich in Gelassenheit und Toleranz oder Sie versuchen, die Regel zu verändern oder – sollte die Regel Ihnen gänzlich zuwider sein – Sie verlassen das Spielfeld.

Niemand braucht als masochistischer Märtyrer auf einem Spielfeld auszuharren. Wir haben jederzeit die Freiheit, ein Spielfeld zu verlassen, und wir haben die Freiheit, die Spielregeln zu wählen, die uns das versprechen, was wir haben wollen. Entscheidend ist, dass Sie die Spielfelder finden, auf denen Sie hinter den Regeln stehen.

Eines sollte Ihnen jedoch immer klar sein: Wenn Sie sich entschieden haben, in einem Spiel mitzuwirken, dann halten Sie sich gefälligst an die Spielregeln. Wer sich nicht an Spielregeln hält, isoliert sich vom funktionierenden Leben. Regeln werden nicht gemacht, damit man sie bricht. Warum ist es so wichtig, sich an Spielregeln zu halten? Warum ist Commitment überhaupt so wichtig?

Schauen wir uns zuerst die Bedeutung von Commitment an. Commitment bedeutet so etwas wie Bindung, Engagement, Verpflichtung, Verbindlichkeit, Hingabe und Einsatz. Solch gehaltvolle Wörter setzen natürlich voraus, dass man sich mit dem identifizieren kann, dem das Commitment gilt – das können einzelne Personen, Gruppen oder auch ganze Organisationen sein.

Daraus erschließt sich der Sinn und die Wichtigkeit von Spielregeln. Denn sobald Sie sich committen, legen Sie sich auf ein bestimmtes Verhalten fest, das innerhalb der Gemeinschaft gilt. Und das sind die Spielregeln.

Die Bedeutung von Spielregeln wird Ihnen klar, wenn Sie diese Fragen beantworten: Welches Gefühl haben Sie, wenn Sie bemerken, dass Sie mit Menschen zusammen sind, die sich nicht an die Spielregeln halten, obwohl Sie die Regeln gemeinsam – und die Betonung liegt hier auf gemeinsam – vereinbart haben? Und wie fühlen Sie sich, wenn Sie dem Wort eines Menschen vertraut haben und dann feststellen mussten, dass er es nicht eingehalten hat?

Sie können die Sache auch andersherum betrachten: Sie haben eine Spielregel verletzt, Ihr Wort nicht gehalten. Wahrscheinlich konnten Sie sich nicht unbekümmert darüber hinwegsetzen, es hat Sie noch einige Zeit beschäftigt. Ein Wortbruch hinterlässt in den meisten Fällen negative Gefühle, sowohl bei dem, der sein Wort gebrochen hat, und erst recht bei dem, dem das Wort gegeben wurde.

Keine Beziehung könnte ohne Commitment und Spielregeln funktionieren. Kein Verein könnte ohne Commitment und Spielregeln funktionieren. Kein Unternehmen könnte Erfolg haben, kein Staat könnte existieren, gäbe es nicht Spielregeln und Commitment.

Vielleicht sagen Sie jetzt: „Stopp! In meiner Ehe und in meinem Verein bin ich mit den Spielregeln fast hundertprozentig einverstanden. Aber was meinen Job und erst recht was den Staat betrifft, kann ich den Spielregeln nicht zustimmen. Warum sollte ich mich verpflichtet fühlen und mich sogar engagieren?"

Sollen Sie nicht und müssen Sie auch nicht. Sie können jederzeit das Spielfeld wechseln, wenn Sie das Spiel und seine Regeln nicht lieben. Sie können nach Timbuktu auswandern und als Viehtreiber arbeiten. Sie können nach Grönland auswandern und Hundeschlittenfahrten für Touristen organisieren. Aber seien Sie sicher: Wo auch immer Sie sind und was auch immer Sie tun, Spielregeln werden Ihnen überall begegnen. Und wollen Sie nicht als Eremit fernab von allen Menschen leben, wird Ihr Commitment für irgendetwas unerlässlich sein.

Es liegt nie an der Qualität der Spielregeln, ob Sie sie gutheißen oder nicht. Spielregeln sind weder gut noch schlecht, die Eigenschaft von Spielregeln ist generell neutral. Allein Ihre Wahrnehmung und Ihre Interpretation bewirken eine Bewertung der Spielregeln als gut oder schlecht.

Doch wenn Sie sich entscheiden, auf einem Spielfeld mitwirken zu wollen, dann sollten Sie auch bereit sein, sich an die gültigen Regeln zu halten. Denn sobald Sie sich ins Spiel begeben, haben Sie sich und Ihren Mitspielern das Wort gegeben, diese Regeln zu akzeptieren.

Nichts ist hundertprozentig perfekt

Der Virtuose des Spiels, das da Leben heißt, beherrscht die Kunst, auch mit den Spielregeln umzugehen, die ihm nicht gefallen. Allerdings sollten die angenehmen Regeln immer überwiegen.

Wenn Sie jetzt einmal überlegen, auf welchen Spielfeldern Sie sich bewegen und welche Regeln dort einzuhalten sind, werden Sie wahrscheinlich feststellen, dass es überall Regeln gibt, die Ihnen nicht zusagen, die Sie aber nicht ändern können. Nichts im Leben ist hundertprozentig, hundertprozentige Spielregeln zu Ihren Gunsten sind reine Träumerei. Aber auch kaum etwas ist ausgeglichen fünfzigprozentig, halbe-halbe. Im Mittelpunkt unseres Lebens und all seiner Spiele scheint das 79/21-Gesetz zu stehen: 79 Prozent einer Situation empfinden wir als positiv und 21 Prozent als negativ. Entscheidend ist, dass wir die 21 Prozent vermeintliche Negativität akzeptieren und gut damit umgehen können.

Mit Unterzeichnung des Arbeitsvertrags haben Sie Ihr Wort gegeben, sich an die bestehenden Regeln des Unternehmens zu halten. Wie sich herausstellt, bejahen Sie das meiste, doch einiges missfällt Ihnen. Sagen wir, das Spielfeld Job empfinden Sie zu 79 Prozent als stimmig, die restlichen 21 Prozent passen Ihnen nicht. Diese 21 Prozent sind der Teil, den Sie nicht wollen, den Sie aber als gegeben akzeptieren sollten. Denn auch darauf haben Sie Ihr Wort gegeben.

Nun gibt es Menschen, die wollen als Gegenleistung für ihr Wort zu 100 Prozent ein angenehmes Leben. Sie akzeptieren nicht, dass das Leben nicht nur ein Zuckerschlecken ist. Sie konzentrieren sich unablässig auf die 21 Prozent, und verdrießlich, wie sie sind, können sie die 79 Prozent nie genießen. Ein „Love it" des Spiels kommt für sie nicht in Betracht.

Diese ewig Unzufriedenen versuchen zu verändern, wo es nichts zu verändern gibt. Sie verlassen das Spielfeld und geraten prompt wieder auf ein Spielfeld, auf dem es die leidigen 21 Prozent gibt. Sie können tun, was sie wollen, immer wieder begegnen sie den 21 Prozent, eben weil sie sich darauf konzentrieren und weil sie die nicht akzeptieren.

Natürlich gibt es in jedem Unternehmen ein paar schwachsinnige Spielregeln – aber womöglich fallen sie unter das 79/21-Gesetz. Hat nicht jeder irgendwo eine widersinnige Spielregel aufgestellt, an die er sich eisern hält? Zum Beispiel der Mensch, der jeden Samstagnachmittag sein Auto wäscht, und das sogar bei herrlichstem Sonnenschein. Frau und Kinder maulen, sie würden lieber das Auto für eine Spazierfahrt nutzen, für ihn ist diese Regel jedoch unumstößlich.

Das Leben ist eben niemals zu 100 Prozent perfekt, und offensichtlich sind diese unsinnigen Regeln einfach ein unveränderbarer Teil des 79/21-Gesetzes. Wieso sollte dieses Gesetz nicht auch für Commitment gelten? Wenn 79 Prozent des Commitments für Sie perfekt sind, dann akzeptieren Sie die restlichen 21 Prozent als Würze des Lebens.

Sie haben Ihr Wort gegeben, und es fällt Ihnen schwer, es zu halten. Sie haben bestimmten Regeln zugestimmt, und es bereitet Ihnen Mühe, ihnen zu entsprechen. Doch Sie stehen zu Ihrem Wort und Sie befolgen die geltenden Regeln, denn Sie wollen weiterhin auf dem Spielfeld bleiben.

Können Sie gelassen damit umgehen? Denken Sie darüber gar nicht mehr nach, weil das, was Ihnen angenehm ist, überwiegt? Oder müssen Sie sich anstrengen, müssen Sie sich disziplinieren und kontrollieren, um Ihr Wort halten zu können?

Jede Form der Disziplinierung und Kontrolle erzeugt Widerstand. Das heißt, wenn Sie sich disziplinieren und kontrollieren, legen Sie sich selbst in Ketten, und irgendwann wird daraus Widerstand erwachsen. Dann ist es Ihnen nicht mehr möglich, Ihrem Commitment treu zu bleiben.

Sicher kennen Sie die Anweisung: „Denken Sie jetzt nicht an einen blauen Elefanten." Natürlich geht es nicht anders, als eben daran zu denken, woran nicht gedacht werden soll. Das gleiche Prinzip wirkt, wenn Sie mit Disziplin Dinge bewältigen wollen, die Ihnen nicht angenehm sind. Sie denken unentwegt daran, und es bedarf einer wachsenden Disziplin und Kontrolle, um damit umgehen zu können.

Wohl jeder weiß, dass es keinen Sinn hat, gegen den Strom zu schwimmen und zu versuchen, aus 21 Prozent 100 Prozent zu machen, wenn woanders die Chance besteht, aus 79 Prozent 100 Prozent zu machen. Das hört sich einfach an und ist auch einleuchtend – umso seltsamer mutet es dann an, wenn sich immer wieder Leute auf der 21-Prozent-Seite plagen. Zu 79 Prozent sind sie mit vollem Herzen in ihrem Job. Das Produkt, die Karriereaussichten, die Mitarbeiter, Gehalt und Status – alles passt. Sie sind zwar nicht jeden Tag happy, aber das, was sie tun, ist Ausdruck ihrer Bestimmung. Die 21 Prozent repräsentieren den Teil, der ihnen im Beruf nicht gefällt, den sie eliminieren wollen, weil er ihnen täglich ein gehöriges Maß an Energie raubt. Diese 21 Prozent können sie nicht als unvermeidbaren Teil des Ganzen sehen, nein, sie beherrschen sich, disziplinieren und zwingen sich, um diese 21 Prozent bewältigen zu können. Das hat zur Folge, dass sie die Arbeit als bedrückend und belastend empfinden, sich den größten Teil der Zeit quälen und malträtieren und mit dieser negativen Energie nicht einmal die Freizeit genießen können. Die Konzentration auf die 21 Prozent lässt die Intensität des Commitments ebenfalls auf 21 Prozent sinken.

Je länger und stärker Sie sich disziplinieren, umso heftiger wird irgendwann Ihr Widerstand sein, vorausgesetzt, Sie sind zwischenzeitlich nicht zu einem verbitterten, entmutigten Menschen geworden. Aber wie können Sie mit den Dingen umgehen, von denen Sie glauben, sie nur mit Disziplin bewältigen zu können?

Im Grunde ist es simpel: Schenken Sie ihnen keine Aufmerksamkeit mehr. Sie sind, was sie sind: ein Teil Ihres Commitments. Zwingen Sie sich nicht, es zu ertragen, verzichten Sie darauf, es zu bewerten, zu zensieren, abzulehnen. Akzeptieren Sie es so, wie es ist, ohne ihren Verstand damit zu quälen.

Erst wenn Sie allen Zwang losgelassen haben, gelassen damit umgehen und nicht mehr darüber nachdenken, kann es passieren, dass Sie ein Verständnis entwickeln, das jeglicher Disziplin und Kontrolle den Boden entzieht.

Es ist ein Irrtum zu glauben, Commitment beschere hundertprozentiges Wohlgefühl. Commitment ist keine rosarote Wolke. Wenn Sie sich für etwas entschieden haben, gibt es fast immer auch Konsequenzen zu akzeptieren und es gibt ungeliebte Komponenten, die als Teile des Ganzen anzuerkennen sind.

Ganz sicher stimmen Sie zu, dass es ziemlich dämlich ist, den eingeschlagenen Kurs stur beizubehalten, obwohl längst klar ist, dass er in die falsche Richtung führt. Dennoch gibt es Menschen, die entschlossen den einmal eingeschlagenen Weg weiterverfolgen, auch wenn er aussichtsloser nicht sein kann.

Als Beispiel sei hier der Student genannt, der keine Prüfung besteht, sein Studium aber unbeirrbar weiterführt. Ein weiteres Beispiel ist die Frau, die unerschütterlich zu ihrem Ehepartner steht, obwohl er sie schamlos belügt und betrügt. Auch in Unternehmen ist solches Verhalten nicht selten: Ein Projekt wird weitergeführt trotz großer finanzieller Verluste.

Wie kommt es, dass Menschen an ihren Zielen festhalten, wenngleich sie nicht mehr zu verwirklichen sind? Warum gestehen sie sich nicht ein, dass es zwecklos ist, dem Weg weiter zu folgen? Wieso verstärkt sich das Commitment, statt – was logisch wäre – sich zu abzuschwächen?

Hier geht es nicht mehr um die leidigen und fast immer unvermeidlichen 21 Prozent. Hier geht es darum, dass offenkundig alles gegen eine Weiterführung des Commitments spricht. Was also führt Menschen dazu, sich weiterhin zu committen?

Niemand gibt gerne einen Fehler oder ein Versagen zu, niemand gesteht sich gerne ein Misslingen ein. Fehler und Misserfolge bedrohen das Selbstbild und bedeuten im sozialen Umfeld einen Gesichtsverlust. Eine Reihe von Begründungen, Ausreden oder Vorwänden muss also herhalten, um sich vor anderen und ganz besonders vor sich selbst zu rechtfertigen. Vielfach ist die Verstärkung des Commitments dann der einfachste Weg, der Bedrohung des Selbstbilds zu entkommen.

Gibt der Student deshalb sein Studium nicht auf? Hält die Frau deshalb weiterhin zu ihrem frevelhaften Ehemann? Und bricht das Unternehmen deshalb das Projekt nicht ab? Das kann zwar so sein, möglicherweise steht aber auch eine ganz einfache Kosten-Nutzen-Rechnung hinter diesem Verhalten: Der Student lebt dank staatlicher Unterstützung, etlicher Studentenvergünstigungen und den Zuwendungen seiner Eltern ein bequemes Leben; die Ehefrau zieht es, von dem stattlichen Einkommen des Gatten zu profitieren; das Unternehmen investiert trotz der bisherigen Verluste weiterhin in das Projekt, weil dessen Realisierung nach wie vor Ziel ist.

Eskalierendes Commitment als solches zu erkennen, ist nicht immer einfach. In jedem Fall liegt es aber vor, wenn die Bindung an den einmal eingeschlagenen Kurs mit einem gewissen Wirklichkeitsverlust einhergeht, wie mit einer verfälschten Wahrnehmung einer Situation oder der Entfremdung von den eigenen Bedürfnissen.

Es kann ein schleichender Prozess sein, der von Commitment zu eskalierendem Commitment führt. Deshalb überprüfen Sie von Zeit zu Zeit Ihre Commitments. Fragen Sie sich, ob die Commitments Ihrem Lebensstil, Ihren Vorstellungen, Einstellungen, Wünschen und Zielen entsprechen. Prüfen Sie, ob Sie sich den Commitments tatsächlich verpflichtet fühlen oder ob Sie sich nur daran gewöhnt haben – vielleicht so sehr, dass Sie sich jeder besseren Einsicht verschließen.

Commitment ist Bindung, Engagement, Verpflichtung, und das, woran Sie sich binden, wofür Sie sich engagieren, wozu Sie sich verpflichten, sollten Ihnen wichtig und wertvoll sein.

Commitment erfordert Vertrauen

In jeder Beziehung – privat oder beruflich – gibt es Spielregeln, und sobald Sie sich auf ein Spielfeld begeben, gehen Sie die Verpflichtung ein, sich an die Spielregeln zu halten. Manchmal werden sie vorher vertraglich festgelegt, zum Beispiel wenn es sich um das Spielfeld „Job" handelt. Die Regeln für manche anderen Spielfelder sind nicht vertraglich geregelt. Hier zählen Tradition, Konvention und Moral. Jeder, der hier mitspielen will, muss sich ihnen verpflichtet fühlen. Für einige Spielfelder gibt es keine offiziellen Abkommen, gelten keine allgemeinen Bräuche und Gewohnheiten. Das Miteinander funktioniert hier ausschließlich auf der Basis eines tiefen Vertrauens.

Vertrauen kann eine diffizile Angelegenheit sein. Denn woher wollen Sie wissen, ob Sie einem Menschen vertrauen können? Woran können Sie im Vorfeld die Qualität seines Commitments und seine Bereitschaft erkennen, sich an Regeln und Vereinbarungen zu halten? Nun, Sie können es weder wissen noch erkennen. Der Beweis aufgrund des ersten Anscheins muss Ihnen genügen. Doch damit tun sich viele Menschen schwer, sie üben sich lieber in Skepsis und Misstrauen.

Es ist schon verblüffend, wie wenig Vertrauen wir anderen Menschen entgegenbringen, wenn wir direkten Kontakt zu ihnen haben. Sonst scheint uns das gar nicht schwer zu fallen. Wenn Sie über eine zweispurige Straße fahren, von der Gegenfahrbahn nur durch eine weiße Linie getrennt, fühlen Sie sich natürlich verpflichtet, auf Ihrer Spur zu bleiben. Aber welche Garantie haben Sie, dass sich die Autofahrer auf der Gegenspur dazu ebenso verpflichtet fühlen? Sie haben keine. Dennoch fahren Sie, ohne darüber nachzudenken, wie weit Sie den Menschen in den entgegenkommenden Autos vertrauen können. Und diese Menschen haben Sie noch nicht einmal kennengelernt. Sie vertrauen ihnen einfach, obwohl Sie wissen, dass häufig genug Unfälle geschehen, oft sogar mit tödlichem Ausgang. Macht es da noch Sinn für Sie, einem Menschen, den Sie persönlich treffen, kein Vertrauen zu schenken?

Niemand erwartet von Ihnen blindes Vertrauen in alles und jeden. Doch die Menschen, mit denen Sie in einer sogenannten Vertrauensbeziehung stehen, haben fraglos das Recht, Ihr Vertrauen genießen zu dürfen. Bedauerlicherweise sind Eifersucht, Argwohn und Missgunst häufiger Gast in Beziehungen, die sich nach außen den Anschein von Freundschaft, Zuneigung und Liebe geben.

Fragen Sie sich doch einmal selbst, wie groß Ihre Bereitschaft ist, sich zu committen, wenn ein Freund Ihren Lebensstil missgünstig beäugt, Ihre Ehehälfte Sie mit eifersüchtigen Fragen bedrängt oder Ihr bester Clubkamerad unverhohlen argwöhnt, Ihre berufliche Karriere sei ohne Protektion nicht möglich gewesen. Das Verhalten dieser drei Menschen – vorausgesetzt, es entbehrt jeglicher Grundlage – wird Ihr emotionales Commitment wahrscheinlich ziemlich beeinträchtigen.

Das Maß des Vertrauens bestimmt das Niveau des Commitments, und je enger eine Beziehung ist, umso wesentlicher ist es, sie mit Vertrauen zu füllen. Verletzte Spielregeln, auch wenn sie noch so klein erscheinen, sind oft der Grund, dass Vertrauen entzogen wird, Beziehungen beeinträchtigt werden oder gar zerbrechen.

Auch wenn alle Menschen eine Spielregel als gut und sinnvoll bewerten, Sie können die Ausnahme sein, die damit nicht umgehen kann oder will. Deshalb prüfen Sie, ob Sie Ihr Wort wirklich einhalten können.

Definieren Sie zuerst einmal die großen und kleinen Spielfelder Ihres derzeitigen Lebens und starten Sie den Test mit einem Spielfeld Ihrer Wahl. Nehmen Sie ein Paket Karteikarten und schreiben jeweils eine für dieses Spielfeld geltende Regel – angenehm oder unangenehm – auf eine Karte. Vergessen Sie dabei nicht die informellen Regeln, denn auch die sind wichtig für Ihr Wohlbefinden auf dem Spielfeld. Wenn Sie glauben, alle geltenden Regeln aufgeschrieben zu haben, denken Sie noch einmal an das Thema „Love it, leave it, change it, oscillate it". Nehmen Sie nun wahllos eine der Karten und schreiben Sie zu der darauf stehenden Regel, ob für sie „love it", „leave it", „change it" oder „oscillate it" gilt. Anschließend ordnen Sie die Karten entsprechend der darauf notierten Regelbewertung.

Den „Love it"-Stapel können Sie zur Seite legen, denn mit den positiven Aspekten der Spielregeln können Sie bestimmt bestens umgehen. Auch die „Oscillate it"-Karten sind von weniger Bedeutung, diese Regeln empfinden Sie weder als positiv noch als negativ. Wesentlich sind die Karten, auf die Sie „leave it" oder „change it" notiert haben. Schauen Sie sich zuerst die Regeln an, die Sie mit „change it" gekennzeichnet haben, und denken Sie darüber nach, ob Sie eine Veränderung bewirken können, und wenn ja, wie. Kommen Sie zu dem Entschluss, dass eine Veränderung nicht möglich ist, dann entscheiden Sie sich, ob Sie für diese Regel ab jetzt „love it", „leave it" oder „oscillate it" gelten lassen, und legen Sie die Karte auf den entsprechenden Stapel. Am Ende schauen Sie sich an, wie viele Karten Sie wie bewertet haben. Wenn Sie die meisten Regeln mit „leave it" bewertet haben, ist klar, was Sie zu tun haben.

Wenn Sie feststellen, dass Ihnen die Mehrzahl der Regeln missfällt, haben Sie jederzeit die Freiheit, das Spielfeld zu verlassen. Sie haben immer die Freiheit, Spielfelder zu wählen, für die Regeln gelten, die Ihren Wünschen entsprechen. Doch solange Sie auf einem Spielfeld sind, haben Sie sich an die Regeln zu halten, das gilt auch für die 21 Prozent. Und damit sind wir beim zweiten Test.

Im Umgang mit den 21 Prozent können grob betrachtet fünf Typen unterschieden werden:

Typ 1 fokussiert sich auf die 79 Prozent. Ihm fällt es leicht, auch die ungeliebten Regeln zu akzeptieren und einzuhalten. Er bleibt aktiv im Spiel und weiß, dass er zu jeder Zeit wählen kann: love it, leave it, change it or oscillate it!

Typ 2 hält die ungeliebten Spielregeln zwar ein. Aber er definiert sie als nicht zu seinem Spiel gehörend, er sieht sich als nicht verantwortlich dafür. Verantwortlich sind die anderen. Da er aber nicht weiß, was er stattdessen tun soll, oder glaubt, keine andere Wahl zu haben, verhält er sich passiv.

Typ 3 mag die 21 Prozent nicht und er hält die Regeln nicht ein. Er meint, nichts damit zu tun zu haben. Statt etwas zu verändern, verhält er sich passiv und umgeht die Regeln, wann immer er kann. Fällt er dabei auf, sind Schuldzuweisungen und Rechtfertigungen schnell zur Hand.

Typ 4 sagt ganz offen, dass er die Regeln nicht einhalten wird. Leider ist er dabei völlig undiszipliniert und geht rigoros gegen alles vor. Dadurch entzieht er sich jeder Erfahrung und jedem Lernprozess, und wahrscheinlich wird er auch bald von den anderen des Spielfelds verwiesen.

Typ 5 mag die 21 Prozent zwar auch nicht. Doch bevor er sein Wort bricht, handelt er höchst innovative, neue Regeln aus und ist begeistert dabei, das Neue zu probieren.

Zu welchem Typ gehören Sie? Zählen Sie sich zu Typ 1 oder zu Typ 5, gehören Sie zu den Menschen, auf deren Wort die anderen vertrauen dürfen. Typ 2 ist hinreichend vertrauenswürdig; da er sich aber nur notgedrungen an die Regeln hält, ist er ein eher unsicherer Vertrauenskandidat.

Als Typ 3 oder 4 sollten Sie die Spielfelder und Ihre Commitments noch einmal einer ernsthaften Prüfung unterziehen. Denn es ist offensichtlich, dass Sie und Ihre „Spielkameraden" nicht glücklich miteinander werden. Erwarten Sie aber bitte nicht, dass sich andere Ihnen zuliebe verändern, überlegen Sie stattdessen, ob Sie sich verändern können oder gar sollten. Denn auch für die Regeln, die Sie im Kopf haben, gilt: „Love it, leave it, change it or oscillate it."

7 Mission

Dass James Bond am Ende eines jeden Films seine Mission erfolgreich erfüllt hat, steht außer Frage. Auch Luke Skywalker, Indiana Jones und viele andere Abenteuerhelden führen ihre Missionen zu einem glücklichen Ende.

Im wahren Leben bewundern wir die Missionen großer Geistes- und Naturwissenschaftler, Sozialreformer und Künstler, und wir verachten die unmenschlichen Missionen der Diktatoren und Despoten.

Merkwürdig, dass wir den Begriff Mission zumeist in Zusammenhang mit positiv oder negativ herausragenden Zielen benutzen. Mission bedeutet: Auftrag, Sendung, Berufung, Bestimmung, Aufgabe. In diesem Sinne hat jeder Mensch eine Mission, eine ganz besondere Berufung, Bestimmung und Aufgabe, aus der er seinen Lebensauftrag, seinen Lebenssinn ableiten kann. Wobei hier nicht deutlich genug gesagt werden kann: Keine Mission hat aus sich heraus einen Sinn, sie hat ihn erst dann, wenn ihr durch Wünsche, Ziele und Handlungen ein Sinn gegeben wird.

Dennoch: Wer seine Mission kennt, um seine Berufung weiß, für den ist es nicht wichtig, ob er Konzernchef ist oder Pförtner. Gesellschaftliche Reputationen spielen für ihn keine Rolle. Er hat einen Platz im Leben gefunden, der seiner Persönlichkeit ganz entspricht, den niemand besser einnehmen kann als er.

Menschen mit einer Mission haben konkrete Ziele, auf die sie ihr Handeln ausrichten und aus denen sie Ideen ableiten, und sie wissen, wo ihr Platz im Leben ist. Das Wissen um die Mission und den richtigen Platz schenkt ein kraftvolles, energiereiches Leben.

Ohne Mission führt der Weg durchs Nirgendwo ins Irgendwo. Es gibt keine Erfolg versprechende Perspektive, keine aussichtsreiche Erwartung, keine Lebensbejahung. Da ist es doch besser und aller Mühen wert, seine Mission ans Licht zu bringen und seinen Platz im Leben zu entdecken.

Wer also bisher geglaubt hat, er habe nun einmal keine besondere Begabung, dem sei jetzt und hier gesagt: Jeder Mensch hat einen einzigartigen Platz im Leben und eine ganz persönliche Mission, eine individuelle Aufgabe, Berufung und Bestimmung – er muss sie nur entdecken.

Was will ich wirklich?

Nehmen Sie einen Bleistift und einen möglichst großen Bogen Papier. Zeichnen Sie einen Kreis in die Mitte des Papiers und schreiben Sie hinein: „Was will ich wirklich?"

Gönnen Sie sich nun mindestens eine halbe Stunde Zeit, um darüber nachzudenken, was Sie wirklich wollen. Es ist völlig unerheblich, wann Sie es erreichen wollen und ob es mit Ihrer derzeitigen Lebenssituation kompatibel ist. Schreiben Sie auf, was Ihnen einfällt, und lassen Sie Ihr Herz, nicht Ihren Kopf entscheiden, ob Sie das, was Ihnen einfällt, wirklich wollen. Finden Sie nun die Oberbegriffe, denen sich das, was Sie wirklich wollen, zuordnen lässt. Für jeden Oberbegriff ziehen Sie dann eine vom Kreis abgehende Linie, die Sie mit einem dieser Begriff benennen. Von dieser Linie zweigen kleinere Linien ab, an die Sie das schreiben, was sich dem jeweiligen Oberbegriff zuordnen lässt. Ist beispielsweise „Karriere" etwas, was Sie wirklich wollen, ist der Oberbegriff an der ersten vom Kreis abgehenden Linie „Job". Von der Linie „Job" zweigt die Linie „Karriere" ab und von dieser für jeden Bereich, der dem Ziel „Karriere" dient, eine weitere Linie. Da gibt es vielleicht die Linie „Fortbildung", davon abzweigend eine Linie „Personalführung" und eine „Betriebswirtschaft". Und auch diese Linien lassen sich in weitere Bereiche aufteilen. Fragen Sie sich bei jeder Linie, was die Voraussetzung dafür ist, was Sie dafür tun wollen oder sollten. Für alles, was Ihnen dazu einfällt, lassen Sie wiederum eine Nebenlinie abzweigen.

Wenn Sie alles, was Sie wirklich wollen, auf diese Weise aufgeschlüsselt haben, wird Ihnen deutlich, wie viele kleine und kleinste Zwischenziele Sie zu dem führen, was Sie wirklich wollen.

Neben der Erstellung Ihres sogenannten „Mind Maps" dürfen Sie sich auch kreativ betätigen. Sie brauchen eine Schere, Klebstoff und einen großen Karton- oder Papierbogen, mindestens DIN-A2. Dann nehmen Sie Zeitungen, Illustrierte und Prospekte, lassen Sie Ihre Lieblingsmusik laufen – und schon kann's losgehen. Suchen Sie aus den Heften alle Bilder heraus, die etwas mit Ihren im Mind Map dargestellten Zielen zu tun haben und komponieren Sie damit nach Herzenslust eine Collage, die möglichst auch die wichtigsten dazugehörenden Nebenzweige beinhalten sollte.

Hängen Sie Mind Map und Collage an einen Ehrenplatz in Ihrer Wohnung. Nicht nur, weil beide Ihre visuellen Wegweiser sind, sondern auch, um sie zu verfeinern und zu korrigieren, wann immer Sie eine neue Erkenntnis gewonnen haben, wie Sie dem, was Sie wirklich wollen, näherkommen können. Und sollten Sie feststellen, dass das, was Sie einmal wirklich wollten, nur eine „Image-Pflege", keineswegs aber ein Herzenswunsch gewesen ist, können Mind Map und Collage jederzeit entsprechend überarbeitet oder sogar ganz neu erstellt werden.

Unternehmen wir nun einen kleinen Spaziergang in der Natur, das befreit den Kopf und belebt die Sinne. Zudem gibt er Ihnen die Gelegenheit, Ihre eigene Natur besser kennen zu lernen.

Ausgestattet mit einem Schreibblock und einem Stift gehen Sie zu einem Ort, an dem Sie sich wohl fühlen. Das kann ein Park sein, ein Wald, eine Wiese oder ein See. Wichtig ist, dass Sie alleine sind, um zu vermeiden, dass durch die Unterhaltung mit einem anderen Menschen fremde Gedanken einfließen.

Spazieren Sie gemächlich umher und schauen Sie sich in aller Ruhe um. Wählen Sie dann etwas aus, was Ihnen sympathisch ist. Nun nehmen Sie sich konsequent eine halbe Stunde Zeit, um das Objekt Ihrer Wahl zu beobachten und sich vorzustellen, Sie selbst seien dieses Objekt: Sie sind jetzt der starke Baum im Wald, die zarte Blume auf der Wiese oder der am Ufer des Sees liegende verwitterte Kahn.

In der nächsten halben Stunde schreiben Sie auf, wie sich das gewählte Objekt fühlt, wie es seine Umwelt wahrnimmt, was es denkt, um was es sich sorgt, worüber es sich freut, was es in der Vergangenheit erlebt hat, was es sich für die Zukunft erhofft.

Schreiben Sie in der Ich-Form und achten Sie darauf, dass Sie das Objekt nicht aus Ihrer Sicht beschreiben. Denn der auf Sie so eindrucksvoll wirkende starke Baum fühlt sich möglicherweise alt und schwach. Und der Kahn, von dem Sie annehmen, er fühle sich hässlich und wertlos, dümpelt fröhlich auf dem Wasser und ist zu jedem Schabernack bereit. Also nochmals: Es geht nicht darum, wie Sie das Objekt wahrnehmen. Es geht darum, wie das Objekt sich selbst wahrnimmt, wie es fühlt und denkt.

Doch wahrscheinlich ahnen Sie es schon: Im Endeffekt geht es gar nicht um das Objekt, es geht um Sie, es geht um Ihre ganz persönliche innere Welt. Denn so sehr Sie sich auch in das Objekt hineinversetzen – es ist immer Ihr eigenes Denken, Empfinden, Erleben.

Schon die Auswahl des Objekts ist bezeichnend: Haben Sie die kleine, zarte Blume gewählt, weil Sie sich dem, was Sie der Blume zuschreiben, ähnlich fühlen? Oder hat sie Ihren Beschützerinstinkt geweckt? Vielleicht ist sie das Symbol für eine tiefe Sehnsucht oder sie repräsentiert einen Teil Ihrer Persönlichkeit, den zu leben Sie sich nicht gestatten. Möglich ist auch, dass das Blümchen die Erinnerung an ein Erlebnis aus der Vergangenheit geweckt hat.

Die Wahl des Objekts ist nie rein zufällig. Es hat immer etwas mit Ihnen zu tun, wenn Sie sich aus der Vielzahl der zur Verfügung stehenden Objekte ausgerechnet für dieses eine entschieden haben. Von großer Bedeutung ist aber auch, wie Sie sich und Ihre Umwelt in der Identifikation mit dem Objekt beschrieben haben.

Haben Sie sich beispielsweise in einen alten Baum hineinversetzt, dann haben Sie womöglich geschrieben, Sie seien stolz darauf, schon seit Jahrzehnten an der gleichen Stelle zu stehen und dank Ihrer stabilen Wurzeln seien Sie sicher, noch viele weitere Jahrzehnte dort zu stehen. Ebenso gut hätten Sie doch auch schreiben können, dass Sie sich unwohl fühlen, weil einer Ihrer Äste beim letzten Sturm abgeknickt wurde, und außerdem seien Sie neidisch auf die zarte Birke, die in einiger Entfernung steht.

Wie auch immer Sie sich in der Rolle des Objekts Ihrer Wahl beschrieben haben – es ist die Beschreibung Ihrer eigenen Innenwelt. Es sind Ihre Gewissheiten, Ihre Gedanken, Ihre Wünsche, Ihre Erinnerungen, Ihre Realitäten. Und darum macht es Sinn, die Beschreibung des Objekts nun auf die eigene Person bezogen neu zu formulieren und dabei Punkt für Punkt zu begründen.

Beginnen Sie mit: „Ich bin wie ...", oder: „Ich wäre gerne wie ...", oder aber: „... erinnert mich an." Dann nehmen Sie all die positiven, negativen oder auch neutralen Aussagen in Ihrer Beschreibung und hinterfragen Sie den jeweiligen Zusammenhang mit Ihrer Person und Ihrem Leben. Denken Sie daran, dass alles, was Sie in der Rolle des Objekts aufgeschrieben haben, Ihre Innenwelt widerspiegelt. Es gibt also nichts, was nichts mit Ihnen – und letztlich mit Ihrer tatsächlichen Mission – zu tun hat.

Bestimmt schenken sie einem zerknitterten Blatt Papier normalerweise recht wenig Aufmerksamkeit. Es kann jedoch äußerst spannend sein, sich näher damit zu beschäftigen.

Nehmen Sie ein großes Blatt Papier, am besten im Format DIN-A0. Zerknüllen, zerknittern, zerknautschen Sie es nach Herzenslust. Nun stellen Sie sich vor, dieses zerknitterte Papier sei ein Kunstobjekt, und Sie seien ein Kritiker, der die Aufgabe hat, es zu rezensieren.

Als Kunstkritiker werden Sie das Objekt zuerst einmal lange und sorgfältig in Augenschein nehmen. Dann werden Sie hinterfragen, was der Künstler damit ausdrücken will, und schließlich werden Sie Ihre Bewertung zu Papier bringen. Und genau das werden Sie jetzt ebenfalls tun. Lassen Sie sich ausreichend Zeit, um den Gesamteindruck und natürlich auch die vielen Details ausgiebig zu betrachten. Auf mindestens drei Seiten beschreiben und bewerten Sie dann das Objekt. Selbstverständlich gehen Sie dabei auch auf die Details ein und ebenso selbstverständlich begründen Sie Ihre Bewertung.

Nachdem Sie nun als Künstler das papierene Werk geschaffen und es als Kritiker begutachtet haben, übernehmen Sie auch noch die Arbeit des Redakteurs und bearbeiten die Rezension des Kritikers. Da der Verlag generell keine negativen Aussagen in der Zeitschrift duldet, ist es Ihre erste Aufgabe, alle negativen Bemerkungen mit einem roten Stift zu unterstreichen. Anschließend werden die positiven Äußerungen mit Grün unterstrichen und die neutralen mit Blau.

Es wird Sie kaum verwundern, jetzt zu erfahren, dass diese ganze Geschichte ausschließlich mit Ihnen zu tun hat: In der Funktion des Kritikers haben Sie den Papierknubbel beschrieben, und damit haben Sie sich selbst beschrieben. Alles, was Sie über das zerknitterte Papier geschrieben haben, ist eine Beschreibung Ihrer eigenen Person und Ihrer eigenen Innenwelt. Sie können daraus ableiten, wie Sie denken und fühlen, wie Sie die Welt und das Leben wahrnehmen.

Ob diese Wahrnehmungen eher positiv, negativ oder neutral sind, konnten Sie als Redakteur bei der Bearbeitung der Beschreibung herausfinden.

Nicht umsonst heißt es: Du bist, was du denkst. Warum also bewerten Sie den kleinen Zipfel, der seitlich herauslugt, als das Gesamtbild störend? Jemand anderes hätte ihn gar nicht wahrgenommen oder ihn als lustige Komponente empfunden. Die Knitterfalten beurteilen Sie als hässlich, ein anderer würde in ihnen die Wirrungen des Lebens erkennen oder sie als Sinnbild für die Schönheit des Alters definieren. Die Beschreibungen des zerknüllten Papiers könnten also sehr unterschiedlich sein.

Welche Gedanken haben Sie tatsächlich in das Papier hineininterpretiert? Schauen Sie sich die farblichen Markierungen in Ihrer Beschreibung an. Herrschen bei Ihnen positive, negative oder neutrale vor oder halten sie sich ungefähr die Waage?

Sollten es überwiegend negative sein, dann ist es angebracht, dass Sie sich so oft wie möglich die Zeit nehmen, die Gedanken zu hinterfragen, die Ihnen im Laufe des Tages durch den Kopf gehen. Denn niemand wird seinen Lebensweg mit Freude gehen, wenn er schon den kleinsten Regentropfen dafür verantwortlich macht, dass der Tag vermiest ist. Und wenn die negativen Gedanken Ihrer eigenen Person gelten, dann sollten Sie sich ernsthaft damit auseinandersetzen, ob und wie sehr Ihr bisheriger Lebensweg mit Ihrer tatsächlichen Mission vereinbar ist.

Gedanken kreieren Ergebnisse

Stellen Sie sich vor einen großen Spiegel. Schließen Sie die Augen und denken Sie an etwas Vergangenes oder Kommendes, das Ihnen sehr unangenehm ist. Stellen Sie sich es sich bis in die kleinste Einzelheit vor. Nun öffnen Sie die Augen. Betrachten Sie die Körperhaltung und den Gesichtsausdruck. Wiederholen Sie das mit der Erinnerung an ein schönes Erlebnis oder der Vorfreude auf Künftiges. Wenn Sie jetzt die Augen öffnen, werden Körperhaltung und Gesichtsausdruck anders sein. Welche Unterschiede stellen Sie fest?

Gedanken, Vorstellungen und Erwartungen können Kraft rauben oder Kraft schenken. Das hat wohl jeder schon erfahren, der sich als Folge der eigenen Gedanken und Vorstellungen in der realen Situation dann tatsächlich unsicher, erfolglos oder entmutigt fühlte. Nicht nur der Geist, auch der Körper reagierte mit Kraftlosigkeit.

Die Kinesiologie arbeitet mit dem Deltamuskeltest. Mit diesem Test kann mit der Hilfe eines vertrauenswürdigen Menschen auf leichte Art getestet werden, ob eine Situation oder ein anderer Mensch entkräftend ist oder ob die volle Kraft zur Verfügung steht. Dieser Test funktioniert auch bei Lebensmitteln; Sie können sogar testen, ob Ihnen der Krimi gestern Abend Kraft genommen oder gegeben hat.

Das Vorgehen ist einfach: Sie stehen aufrecht, die Füße fest auf dem Boden, und sammeln sich. Dann strecken Sie den rechten Arm ohne Muskelanspannung seitwärts. Ihr Helfer drückt nun in Höhe des Ellbogens ohne Kraftanstrengung Ihren Arm nach unten. Am Widerstand erkennt er Ihren aktuellen Zustand.

Nehmen Sie wieder die Ausgangsposition ein. Jetzt denken Sie an ein absolut unangenehmes Erlebnis, stellen Sie es sich genau vor. Ist die Erinnerung ganz präsent, strecken Sie den rechten Arm zu Seite und Ihr Helfer drückt ihn nach unten. Sie werden den Unterschied merken! Das Ganze wiederholen Sie nun mit positiven Gedanken und Vorstellungen. Sie werden erstaunt sein.

Wenn selbst die Muskeln auf die Gedanken und Vorstellungsbilder reagieren, können wir uns leicht vorstellen, dass auch das Immunsystem und die Organe davon beeinflusst werden. Es ist also nicht nur unserem Erfolg, sondern auch unserer Gesundheit abträglich, wenn wir mit negativen Gedanken und Vorstellungen durchs Leben gehen. Dabei ist es gar nicht so schwer, den Geist positiv zu nähren. Wir brauchen nur einen anderen Film vor dem geistigen Auge abzuspulen. Jeder hat schon erfolgreiche und erfreuliche Situationen erlebt, auf die er sich konzentrieren und die er auf Künftiges projizieren kann.

Was auf der inneren Leinwand läuft, überträgt sich auf die Realität. Und deshalb sollten wir den Fokus nicht auf das Negative, sondern auf das Bestmögliche richten.

Selbstverständlich fällt es umso leichter, den richtigen Film vor dem geistigen Auge ablaufen zu lassen, je mehr sich unser Leben und unsere Mission entsprechen. Wenn beides zu sehr auseinanderklafft und keine neuen positiv wirkenden „Filme" im Gedächtnis gespeichert werden, wird es mit der Zeit ziemlich langweilig, den ewig gleichen Film abzuspulen. Die Folgen: innere Leere, Unzufriedenheit und Gleichgültigkeit. Die daraus resultierenden Vermeidungs- und Kompensationsstrategien wurden bereits thematisiert.

In der Schöpfungsgeschichte der Bibel heißt es: „Am Anfang war das Wort." Gemeint ist natürlich: Am Anfang war der Gedanke. Aus dem Gedanken wurde das Wort, dann das Verhalten, dann die Handlung. Am Ende dieser Kette steht das Resultat. Das heißt, der Gedanke am Anfang kreiert das Resultat am Ende.

Unsere Gedanken sind die Wurzel der Erwartungen. Erwartungen steuern weitgehend den Wahrnehmungs- und Verarbeitungsprozess und führen zu entsprechenden Resultaten:

- Derjenige, der sagt: „Ich schaffe es nicht!" Sicher wird er sich aus all den Wahlmöglichkeiten des Tages die Dinge heraussuchen, die ihn scheitern lassen. Menschen, die morgens mit den Worten aufstehen: „Das ist nicht mein Tag." Sie werden dafür sorgen, dass dieser Tag wirklich nicht ihr Tag ist.
- Der Junggeselle, der fest daran glaubt, dass er bei Frauen nicht ankommt: Er versucht sein Glück immer wieder, aber er kommt tatsächlich nicht an. Seine Gedanken spiegeln sich in seinem Verhalten. Tatsächlich: Pessimisten küsst man nicht.

▌ Der Mann, der zu einer Party eingeladen wird und keine Lust hat, hinzugehen, denn er glaubt, dort nur Chaoten zu treffen. Geht er dann doch hin, wird er unter den zweihundert Gästen genau auf die sechs treffen, die chaotisch sind.

Wie anders dagegen ein Mensch, der ganz einfach davon ausgeht, sein Ziel zu erreichen. Er vertraut seinen Fähigkeiten. Er setzt seine ganze Kraft ein und nimmt begierig alles auf, was er für sich nutzen kann. Seine Gedanken gehen eher in die Richtung: „Ich werde mein Ziel erreichen, und ich gebe mein Bestes." In jedem kleinen Schritt auf seinem Weg sieht er einen Erfolg, über den er sich freuen kann. Und gleichzeitig erkennt er, dass mehr in ihm steckt, als er jemals vermutet hat. Dieser Mensch nutzt seine Ressourcen und er erreicht sein Ziel. Seine positiven Gedanken und die daraus resultierenden positiven Erwartungen geben ihm genügend Kraft für eine fruchtbare Entwicklung.

Es ist eine logische Konsequenz, dass die Resultate so sind, wie Sie denken, dass sie sind. Sie können es sich selbst beweisen, wenn Sie durch die Stadt gehen und keinen anderen Gedanken zulassen als: „Alle Menschen, die mir begegnen, sind böswillig." Sie können sicher sein, dass Ihnen kaum jemand freundlich entgegenblickt. Denn erstens richten Sie dadurch Ihre Aufmerksamkeit auf alles, was diesen Gedanken bestätigt, und zweitens spiegeln sich Ihre Gedanken und Erwartungen in Ihrem Gesichtsausdruck, Ihrer Körperhaltung und bei jedem Augenkontakt wider. (Andersherum funktioniert es übrigens ebenso.)

Nun gibt es aber auch Gedanken, die wir sozusagen schon mit der Muttermilch aufgesogen haben und die uns unbewusst durchs Leben begleiten. Dazu gehören beispielsweise: „Geld ist die Wurzel allen Übels", „Das Leben ist kein Zuckerschlecken", „Ohne Fleiß kein Preis" oder auch, „Bescheidenheit ist eine Zier". Das Schlimme ist, dass sie uns auch heute noch beeinflussen und blockieren.

Gedanken und die damit verbundenen Erwartungen wirken sich keineswegs nur auf die eigene Person auf. Auch Ihre Gedanken über einen anderen Menschen sind verbunden mit bestimmten Erwartungen. Ob positiv oder negativ, was Sie von einem anderen Menschen denken und erwarten – es wird eintreten. Eine Mutter sagt ihrer zehnjährigen Tochter immer wieder: „Du brauchst dich gar nicht anzustrengen, Mädchen verstehen nichts von Mathematik." Nach einer gewissen Zeit übernimmt das Kind diesen Glaubenssatz, wenn auch unbewusst. Die Schulnoten sind entsprechend.

Was Sie von sich und von anderen erwarten, wird eintreffen. Wollen Sie Ihre Ziele erreichen, erfolgreich sein, Freude erleben, ist es unumgänglich, Ihre Gedanken einer strengen Kontrolle zu unterziehen. Durchforsten Sie die in der Kindheit erlernten Lebensweisheiten, prüfen Sie Ihre Gedanken über andere Menschen, und vor allem: Untersuchen Sie Ihre Gedanken über sich selbst, über Ihre Fähigkeiten und Ziele. Vertreiben Sie jeden negativen Gedanken. Das geht natürlich nicht von heute auf morgen, doch es geht umso schneller, je stärker Sie Ihre Aufmerksamkeit auf das Positive richten. Sie können das Drehbuch Ihres Lebens jederzeit umschreiben, wenn Sie Ihre Gedanken verändern. Denken Sie an Ihre Mission und erwarten Sie von sich und für sich nur das Beste!

Ko-Be-Pro – ein Wegweiser zu Ihrer Mission

Erwarten Sie von sich und für sich nur das Beste! – Das klingt einfach. Wieso nur bleibt der Erfolg aus, obwohl das Denken und die Aufmerksamkeit uneingeschränkt dem Positiven gelten?

Schauen Sie sich Ihr Mind Map und die Collage noch einmal an. Kann es sein, dass Sie sich bei der Frage „Was will ich wirklich?" zu sehr auf einen Bereich – zum Beispiel den Job – konzentriert haben? Haben Sie vielleicht vergessen, dass es noch weitere Lebensbereiche gibt, die sich gegenseitig durchdringen und sich beeinflussen? Dann wird es jetzt Zeit für Ko-Be-Pro.

Ko-Be-Pro klingt wie eine mysteriöse Zauberformel, ist jedoch alles andere als das. Es ist ein höchst effektiver Strategie-Plan, dessen Ziel es ist, so viel Energie wie möglich zu gewinnen, um voller Vitalität die Mission erfüllen zu können.

Ko-Be-Pro beinhaltet die drei wichtigsten Bereiche Ihres Lebens: Körper, Beziehungen und Profession. Ohne diese Drei und ohne eine Ausgewogenheit in diesen drei Bereichen ist es nur schwer möglich, seiner Mission zu folgen, seine Aufgaben zu erledigen, seinen Verpflichtungen nachzukommen.

Körper, Beziehungen und Profession werden jeweils von zwei Grundbegriffen getragen, mit denen die Inhalte des Ko-Be-Pro konkreter definiert werden:

Ko, der Körper, beinhaltet Gesundheit und Bewusstsein.

Be, die Beziehungen, vereinen Liebe und Harmonie.

Pro, die Profession, zielt auf das Materielle, den geschäftlichen Erfolg und den Profit in Vermögensdingen.

In eine tabellarische Übersicht gebracht, sieht das Ganze so aus:

Ko – Be – Pro					
Körper		Beziehungen		Profession	
Gesundheit	Bewusstsein	Liebe	Harmonie	Erfolg	Profit

Gesundheit umfasst alles, was den physischen Körper betrifft: bewusste Ernährung, sportliche Aktivitäten, aber auch die Weiterentwicklung und Belebung der Sinne.

Bewusstsein enthält das, was über das materielle Leben hinausgeht. Dazu gehören Gespräche mit Freunden, Diskussionen, die

Auseinandersetzung mit spirituellen Lehren, die Beschäftigung mit den eigenen Denkmustern und Wertesystemen.

Liebe umfasst alle die Menschen, die Ihnen am nächsten sind und denen Sie nur das Beste wünschen. Zumeist sind es die Menschen, die Sie auch in den Arm nehmen würden – also Ihre Kinder und Ihren Lebenspartner. Liebe beinhaltet aber auch Ihre eigene Person, die Selbstannahme. Schließlich ist die Eigenliebe elementare Voraussetzung, um andere lieben zu können.

Harmonie bezieht sich auf alle Menschen, mit denen Sie zu tun haben, seien es Freunde, Kollegen oder Geschäftspartner.

Erfolg ist alles das, was mit Job und Karriere, aber auch mit außerberuflichen Erfolgen wie zum Beispiel dem Erreichen sportlicher Ziele, zusammenhängt.

Profit benennt Ihr privates Reichtumsspiel. Hier findet alles Platz, worauf Sie im materiell orientiert sind: Geldanlagen, Häuser, Autos.

Über Erfolg und den daraus resultierenden Profit ist bereits gesprochen worden. Auf Gesundheit, Bewusstsein, Liebe und Harmonie wird im Folgenden näher eingegangen werden. Doch zuerst erstellen Sie Ihr ganz persönliches Ko-Be-Pro. Bitte achten Sie darauf, dass Sie sich dabei nicht am Status quo orientieren, sondern an Ihrem Mind Map und der Collage, daran, was Sie wirklich wollen. Der gegenwärtige Zustand ist für Ihr Ko-Be-Pro nur dann wesentlich, wenn er dem entspricht, was Ihnen wichtig und willkommen ist.

Selbstverständlich ist das hier vorgestellte Ko-Be-Pro kein Dogma. Wenn Sie sich gerade eine neue Zigarette angezündet und das fünfte Glas Wein eingeschenkt haben, steht die Gesundheit für Sie wahrscheinlich nicht so sehr im Vordergrund. Prüfen Sie, welche Bereiche für Sie von Bedeutung sind und zu welchen Oberbegriffen sie zusammengefasst werden können. Vielleicht ergibt sich daraus ein ganz anderes Kürzel als Ko-Be-Pro. Letztendlich spielt die Bezeichnung überhaupt keine Rolle; wichtig ist nur, dass Sie sich darüber klar werden, was für Sie an erster Stelle steht, und dass Sie das benennen, was für Sie stimmig ist.

Dem Ko mit den beiden Bereichen Gesundheit und Bewusstsein gebührt in dem hier vorgestellten Ko-Be-Pro ein hoher Stellenwert. Denn alle anderen Bereiche nützen Ihnen nicht sehr viel, wenn das Ko nicht stimmt. Wie wollen Sie sich an Ihrem Erfolg und dem Profit erfreuen, wie wollen Sie Liebe und Harmonie genießen, wenn Psyche oder Physis leiden? Erst das Heilsein im Ko-Bereich schenkt Ihnen ausreichend Aktivität, Vitalität und Wohlbefinden, um die Strategiepunkte im Be- und im Pro-Bereich umzusetzen. Da ist es doch klug, alles zu tun, um gesund zu bleiben, oder?

Dass eine ausgewogene Ernährung und ausreichend Bewegung dazu gehören, weiß inzwischen fast jedes Kind. Beides sollte ein Leben lang von Bedeutung sein, und deshalb sollten sie in der Rubrik „Gesundheit" auf jeden Fall enthalten sein. Denn obwohl wir um deren Bedeutsamkeit wissen, werden sie nicht selten sträflich vernachlässigt. Es macht also schon Sinn, sich immer wieder mit den Komponenten für die Gesunderhaltung des Körpers zu beschäftigen.

Doch das Wissen allein schenkt Ihrem Körper keine Energie. Wie sieht es also mit der Umsetzung der Theorie aus? Was ist Ihre Strategie, wenn es im Bereich der Gesundheit um die Ernährung geht? Was nützt die beste Ernährung, wenn der Körper erschlafft, wenn Herz und Kreislauf unterfordert sind. Sie brauchen regelmäßiges Training, um nicht schon bei der geringsten Anstrengung in Alarmbereitschaft versetzt zu werden. Auch Muskeln, Sehnen und Gelenke wollen gefordert werden, damit sie nicht erschlaffen, sondern den Körper tragen und stützen können. Und die Wirkung körperlicher Bewegung auf die Funktionen des Körpers und seiner Organe ist Ihnen wohl auch bestens bekannt.

Nicht unerwähnt bleiben soll im Hinblick auf die Gesundheit ein weiterer wichtiger Aspekt, der viel zu selten als dazugehörend wahrgenommen wird: die Atmung. Wir atmen mechanisch ein und aus, ein Vorgang, der ganz einfach passiert. Dabei ist der Atem Lebensenergie pur, wir sollten ihm deshalb unsere besondere Aufmerksamkeit schenken. Erinnern Sie sich, wann Sie sich Ihres Atems ganz bewusst waren? Wissen Sie, ob Sie in die Brust oder in den Bauch, ob Sie oder flach atmen? Merken Sie, dass sich Ihre Atmung in angespannten Situationen verändert? Und haben Sie schon einmal versucht, mit einer bewussten Veränderung der Atmung aus der Anspannung herauszukommen? Die richtige Atmung entspannt nicht nur den Körper, sondern löst auch Geist und Seele – in der Tat also ein wichtiger Faktor für die Gesundheit.

Sicher gibt es noch etliche weitere Punkte, die der Gesundheit dienlich sind, das mag auch je nach persönlicher Sichtweise unterschiedlich sein. Deutlich geworden ist mit den hier aufgeführten Beispielen jedoch sicher, dass wir der Gesundheit gar nicht genug Bedeutung beimessen können, um mit voller Leistungsfähigkeit unsere Mission zu verwirklichen.

Die zweite Rubrik des Ko ist das Bewusstsein, und das kommt nicht von ungefähr. Schauen Sie sich einen körperlich und geistig gesunden Menschen an. Er sprüht vor Energie. Mit strahlenden Augen, einer geraden Körperhaltung, voller Tatendrang und Freude geht er durchs Leben. Der körperlichen Gesundheit allein ist das nicht zu verdanken, auch wenn ihr weit mehr Bedeutung beigemessen wird als dem Bewusstsein.

Bewusstsein ist geistige Gesundheit, die ebenso gepflegt werden muss wie die körperliche. Gepflegte Gespräche, die Lektüre kluger Literatur, Seminare zur Wissenserweiterung, tiefgründige Diskussionen – dass alles ist ganz sicher wertvoll für das Wohlbefinden des Bewusstseins.

Doch haben Sie sich jemals Fragen wie diese gestellt: „Was macht mein Leben lebenswert?", „Wann fühle ich mich authentisch?", „Wie viel Verantwortung übernehme ich für mein Leben?" oder „Was ist der Sinn des Lebens?"?

Es ist wichtig, dass ein Mensch sich seiner Werte bewusst wird. An ihnen richtet er sein Leben aus, sie sind die Leitlinien seines Handelns. Es spielt keine Rolle, ob es Werte wie Gerechtigkeit und Frieden, Ehrlichkeit und Genügsamkeit, Erfolg, Harmonie, Gesundheit, Toleranz oder Bildung sind. Wichtig ist, dass ein Mensch die Werte kennt, die ihn durchs Leben tragen, und dass er sein Handeln an diesen Werten ausrichtet. Wie sonst kann er mit gutem Gewissen und voller Überzeugung hinter dem stehen, was er tut? Wenn Sie Ihrer Mission folgen, sollten Sie wissen, ob Ihre Werte damit in Einklang stehen.

Ein guter Hinweis auf Ihre Werte sind Situationen, in denen Sie sich authentisch fühlen. Ganz sicher haben Sie schon viele Situationen erlebt, in denen Sie sich vollkommen eins fühlten. Ebenso sicher haben Sie aber auch solche erlebt, in denen Sie sich wie fremd in Ihrem eigenen Körper fühlten. Wissen Sie, wann und warum Sie sich authentisch fühlen, und woran es liegt, wenn das nicht der Fall ist? Achten Sie doch künftig einmal verstärkt darauf, was Ihnen das Gefühl der Authentizität gibt. Das gibt Ihnen Aufschluss über die Strategiepunkte, mit denen Sie Ihrem Bewusstsein etwas Gutes tun können.

„Was ist der Sinn des Lebens?" Es spielt letztendlich keine Rolle, welche Antwort Sie für sich finden. Wichtig ist nur, dass diese Antwort Ihr Bewusstsein – das mentale wie auch das spirituelle – nährt und ein wohltuender Wegbegleiter bei Ihrer Mission ist. Finden Sie heraus, was für Ihr Ko-Be-Pro von Bedeutung ist und welchen Stellenwert es einnimmt. Finden Sie heraus, was Ihnen entspricht und Ihrer Mission dienlich ist.

„Es ist nicht gut, dass der Mensch allein sei." Ein biblischer Ausdruck, dem aber die Mehrzahl der Menschen ganz bestimmt zustimmen wird. Deshalb steht das Be, also die Beziehungen, in dem Ko-Be-Pro an zweiter Stelle.

Wer nicht alleine sein möchte, oder anders gesagt, wer mit anderen glücklich sein möchte, der muss etwas dafür tun. Die Liebe kommt zwar oft wie aus heiterem Himmel, doch Bestand hat sie nur, wenn sie gehegt und gepflegt wird.

Liebe hängt zunächst einmal zusammen mit den Menschen, die Ihnen sehr nahestehen. Das sind der Ehepartner und die Kinder, oder auch die Eltern oder Geschwister. Was ist Ihnen wichtig, wenn es um die Menschen geht, die Sie lieben? Vielleicht wollen Sie den Hobbys Ihrer Kinder mehr Interesse schenken? Konkret kann sich das darin ausdrücken, dass Sie bei den Fußballturnieren Ihres Sohnes regelmäßig dabei sind oder Ihre Tochter zum Reitunterricht begleiten. Die gemeinsamen Stunden mit Ihrem Ehepartner wollen Sie intensiver gestalten, mindestens zweimal in der Woche mit den Eltern telefonieren und alle drei Monate ein Geschwistertreffen arrangieren.

Liebe bezieht sich aber selbstverständlich auch auf Sie selbst. Nehmen Sie sich so an, wie Sie sind? Streben Sie eine größere Akzeptanz Ihres Handelns oder gar Ihres Körpers an? Was besonders möchten Sie an sich selbst weiterentwickeln? Wenn Sie sich selber lieben – und damit ist keine Ich-Bezogenheit gemeint –, dann haben Sie zum einen eine angenehme Ausstrahlung, die sich auf andere überträgt. Zum anderen können Sie auch nur dann Liebe wirklich weitergeben.

Wenden wir uns nun der Rubrik Harmonie zu. Ob Sie Harmonie nun auffassen als Eintracht, Frieden, Zufriedenheit, Freundschaft oder Übereinstimmung – jegliches gute Einvernehmen mit anderen Menschen fällt in diesen Bereich. Hierzu zählen nicht nur Ihre Freunde, die Sie gerne und regelmäßig treffen, auch die Verwandten, die Kollegen und Geschäftspartner sind gemeint. Was sind Ihre Strategiepunkte für den Umgang mit anderen Menschen? Das kann damit anfangen, dass Sie Ihren Freunden offener, Ihren Kollegen freundlicher und Ihren Geschäftspartnern ehrlicher gegenübertreten wollen. Und das kann damit enden, dass Sie auch den Menschen, die Sie bisher abgelehnt haben, mehr ernst gemeintes Entgegenkommen und Verständnis zeigen. Es kann aber auch sein, dass Sie die Beziehungen zu anderen Menschen endlich einmal gründlich entrümpeln wollen.

Beziehungen können Energie geben oder nehmen, Kraft aufbauen oder den letzten Nerv rauben, Freude bereiten oder wütend machen. Sie können ein Lebenselixier sein, aber auch erschöpfen und aufreiben. Es ist sinnvoll, den Umgang mit anderen Menschen so zu gestalten, dass eine gegenseitige Bereicherung möglich ist.

Neben Ihrer engsten Familie kennen Sie sicher viele Menschen: Freunde, Nachbarn, Kollegen, Geschäftspartner, Verwandte usw. Mit manchen davon sind Sie sehr gerne zusammen, mit anderen ist es so lala, andere lehnen Sie ab. Die gesamte Skala Ihrer Gefühle ist über all diese Menschen verteilt.

Häufig halten wir Beziehungen aufrecht, weil wir zu bequem oder auch zu feige sind, uns von ihnen zu lösen. Manchmal erkennen wir auch gar nicht, dass eine Freundschaft an Inhalt verloren hat. Wir halten aus Gewohnheit daran fest und ergründen die Ursache unseres Unwohlseins nicht.

Beziehungen verlangen ein großes Maß an Ehrlichkeit – sich selbst und den anderen gegenüber. Überprüfen Sie Ihre Beziehungen, vielleicht werden Sie anschließend Freunde und Feinde, angenehme und unangenehme Bekannte in einem völlig anderen Licht sehen.

Erstellen Sie drei Listen, eine für familiäre Beziehungen, die zweite für geschäftliche Beziehungen und die dritte für Freunde, Bekannte, Nachbarn usw. Tragen Sie die Namen der entsprechenden Personen fortlaufend nummeriert in die jeweilige Liste ein. Dann erstellen Sie eine Tabelle:

	+ Freundschaft	+ Bekanntschaft	- Bekanntschaft	- Feindschaft
selten				
oft				
häufig				

Tragen Sie die den Personen zugeordneten Nummern in diese Tabelle ein. Franz steht beispielsweise mit der Nummer 1 in der Liste der Freunde, Bekannten, Nachbarn usw. Die Beziehung zu ihm bezeichnen Sie als Freundschaft, aber Sie sehen ihn selten. Die 1 für Franz steht also in der Zelle selten/+Freundschaft. Die Nummer 2 ist Gudrun, sie ist eine angenehme, eine +Bekanntschaft. Da Sie Gudrun oft sehen, steht folgerichtig in der Zelle oft/+Bekanntschaft. Friedrich, die Nummer 3, ist zwar eine unangenehme, eine -Bekanntschaft, da Sie ihn aber häufig sehen, tragen Sie die 3 in die entsprechende Zelle ein.

Dass da etwas nicht stimmt, wird Ihnen jetzt klar. Wieso sehen Sie Friedrich, die -Bekanntschaft, häufiger als Franz, die +Freundschaft, oder Gudrun, die +Bekanntschaft? Kann es sein, dass Franz zwar eine Gewohnheits-Freundschaft ist, bei jedem Treffen mit ihm jedoch ein großes Maß Energie verloren geht? Und warum sehen Sie Friedrich häufig, obwohl Sie ihn Ihren -Bekanntschaften zuordnen?

Dann gibt es auch noch Karl. Ihn haben Sie in die Zelle oft/-Feindschaft eingetragen. Ist Karl tatsächlich ein Feind, oder machen Sie ihn vielleicht nur deshalb zum Feind, weil er etwas erreicht hat, was Sie ihm neiden? Bleibt er jedoch auch nach vollkommen ehrlichen Überlegungen ein Feind, gebührt ihm künftig höchstens ein – in dieser Tabelle nicht vorhandenes – „fast nie".

Der Sinn dieser Übung ist, Freundschaften, Bekanntschaften und Feindschaften so zu hinterfragen, dass Sie am Ende möglichst viele Menschen im Plus-Bereich in der Spalte „häufig" wiederfinden und nur noch wenige im Minus-Bereich, und zwar in der Spalte „selten".

Und als Nebeneffekt werden Sie vielleicht noch eine Menge über sich selbst lernen – auch das kommt Ihrer Mission zugute.

Vielleicht haben Sie zwischenzeitlich Ihr eigenes Ko-Be-Pro erstellt und müssen erschreckt feststellen, dass es in jedem Bereich eine Vielzahl von Strategiepunkten enthält. Und vielleicht ist Ihnen die grandiose Idee gekommen: Eins nach dem anderen!

Sie werden also erst einmal alles tun, um eine tolle Ehe zu führen, gleichzeitig harren Sie in Ihrem langweiligen Job aus und warten auf die Rente. Oder: Sie entwickeln sich zum King im Job, dafür sehen Sie die Familie aber nur einmal in der Woche. Oder: Sie konzentrieren sich so sehr auf den Bereich Körper, dass Sie darüber Familie und Job vernachlässigen.

Das ausgefeilteste Ko-Be-Pro nützt nichts, wenn es nicht im Gleichgewicht ist. Denn sobald Sie in einem der drei Bereiche – Ko, Be oder Pro – unzufrieden sind, hat dies zwangsläufig negative und destruktive Auswirkungen auf die beiden anderen Bereiche. Einseitige Lebensorientierungen sind Gift für einen Menschen, der mit beiden Beinen im Leben stehen will. Ein faszinierendes, Energie spendendes Leben ist nur möglich, wenn alle Lebensbereiche in einem gesunden Gleichgewicht sind.

Schauen Sie sich noch einmal die Gewichtung von Körper, Beziehung und Profession an. Der Körper steht an erster Stelle. Das ist im Grunde ziemlich einleuchtend. Denn nur, wenn Sie körperlich und seelisch gesund sind, können Sie innerlich ausgeglichen und in sich selbst ruhend in Beziehung zu Ihren Mitmenschen und auch zu sich selbst treten. Konsequenterweise hat das dann auch Auswirkungen auf Ihre Berufssphäre. Erfolg und Profit fallen Ihnen dann zu, wenn Gesundheit und Beziehungen dabei nicht auf der Strecke bleiben.

Priorität hat also in jedem Fall das Ko, wobei weder das Be noch das Pro unbeachtet bleiben dürfen. Nur: Was tun, wenn die definierten Ziele überhandnehmen?

Schauen Sie sich das Beispiel eines Menschen an, der sicherlich keine besonders großen Ziele hatte, aber schon innerhalb weniger Wochen so gestresst war, dass er sie nicht mehr konsequent leben konnte.

Gesundheit: Ich achte auf meinen Körper. Dafür schlafe ich regelmäßig acht Stunden und besuche zweimal in der Woche ein Fitness-Studio.

Bewusstsein: Jeden Sonntagnachmittag treffe ich mich mit interessanten Menschen zu einem regen Gedankenaustausch über geistiges Wachstum.

Liebe: Die erste Stunde des Feierabends gehört nur mir. Dann lasse ich mich von nichts und niemandem stören. Der restliche Abend gehört meiner Familie.

Harmonie: Zweimal im Monat lade ich gute Freunde zu mir ein.

Erfolg: Ich nehme an firmeninternen Weiterbildungsseminaren teil und besuche jeden Mittwochabend einen Englischkurs für Fortgeschrittene.

Profit: Ich mache jeden Tag zwei Überstunden, um für eine Eigentumswohnung zu sparen.

Dieser Mensch hat sich unverkennbar zu viel vorgenommen. Für ihn wäre es wichtig, seine Strategiepunkt inhaltlich und zeitlich zu überprüfen. Inhaltlich ist anzumerken, dass es kaum möglich ist, täglich zwei Überstunden zu machen, abends eine ungestörte Stunde zu verbringen und sich dann auch noch um die Familie zu kümmern. Von dem Englischkurs und dem Fitness-Studio ganz zu schweigen!

Keiner der Punkte ist unrealistisch, doch es ist unmöglich, sie parallel zu verwirklichen. Wenn es mit Ihrem Ko-Be-Pro ähnlich ist, dann gliedern Sie jedes Ziel so weit wie möglich in kleine Zwischenziele und prüfen Sie immer wieder die zeitliche Machbarkeit. Ordnen Sie die Zwischenziele in ein Zeitschema: Was soll in einem Monat erreicht werden, in einem Jahr, in drei Jahren, fünf Jahren ...

Berücksichtigen Sie dabei bitte immer, dass weder Ko noch Be oder Pro zu kurz kommen.

Denken Sie daran: Rom wurde auch nicht an einem Tag erbaut. Wenn Sie Ihr Ko-Be-Pro erstellen, sollte Ihnen klar sein, dass nicht alles, was darin enthalten ist, sofort realisiert werden kann. Die Strategie der kleinen Schritte ist oft mehr wert als „Tabula rasa". Hauptsache ist, dass jeder Bereich berücksichtigt wird, in welchem Maß, das hängt von Ihren Zielen, den Zwischenzielen und der zeitlichen Machbarkeit ab.

Jedes Ziel in einem Bereich des Ko-Be-Pro ist eng verbunden mit denen in allen anderen Bereichen. Und jedes Ziel ist ein weiterer Schritt zur Erfüllung Ihrer Mission. Doch leider können sich die anvisierten Ziele nicht nur aus Zeitgründen gehörig widersprechen.

Da mag sich jemand noch so sehr bemühen, die für den Job definierten Ziele auch tatsächlich umzusetzen, es gelingt ihm einfach nicht. Ihm macht es viel mehr Freude, den Feierabend mit der Familie zu genießen. Natürlich möchte er Karriere machen, natürlich möchte er auch etwas dafür tun, doch die Familie hat für ihn einen sehr hohen Stellenwert, alle anderen Bereiche sind dagegen zweit- oder gar drittrangig.

Damit sind wir bei dem ersten Punkt, der die Balance zunichtemacht. Jeder Mensch hat unterschiedliche Lebenswerte, und da steht eine Menge zur Auswahl: Erfolg, Besitz, Nächstenliebe, Gerechtigkeit, Freiheit, Ehrlichkeit, Bescheidenheit, Zufriedenheit, Gesundheit, um nur einige zu nennen. Zudem kann jeder Wert sehr unterschiedlich definiert werden. Bedeutet Erfolg für den einen ein dickes Bankkonto, ist es für den anderen die Anerkennung für sein Tun.

Natürlich hat jeder Mensch viele verschiedene Werte. Einige stehen an der Spitze seiner Werteskala, andere bewegen sich im Mittelfeld und wieder andere sind im unteren Bereich angesiedelt. Steht nun der Wert Familie an der Spitze und der Wert Karriere im unteren

Bereich, versteht es sich von selbst, dass die auf den Job bezogenen Strategiepunkt das Nachsehen haben. Eine wirkliche Balance von Familie und Job würde diesen Menschen nicht glücklich machen.

So gesehen, ist es unmöglich, die in einem Ko-Be-Pro definierten Strategiepunkt in Balance zu halten. Letztendlich bestimmen die Werte eines Menschen, worauf das meiste Gewicht gelegt wird.

Ein weiterer Punkt, der das Bemühen um Balance durchkreuzt, ist das 79/21-Gesetz. Wie überall im Leben hat es auch hier seine Gültigkeit. Sie wollen Ihrer Figur zuliebe auf Süßigkeiten verzichten und stattdessen Obst essen? Und dann halten Sie statt eines Apfels doch die Tüte Bonbons in den Händen. Sie wollen einmal im Monat Ihre Freunde zu einem gemütlichen Beisammensein einladen? Zu dumm, dass bereits seit drei Monaten immer etwas dazwischen gekommen ist. Ach ja, den immer mittwochs stattfindenden IT-Kurs haben Sie auch noch nicht belegt, weil die Reitstunden der Tochter nun nicht mehr dienstags, sondern ausgerechnet mittwochs stattfinden.

Das 79/21-Gesetz kann jeden einzelnen Strategiepunkt, aber auch Ihr Ko-Be-Pro in seiner Gesamtheit betreffen. Doch was soll's! Wenn 79 Prozent eines einzelnen Punktes oder des Ganzen stimmen, dann ist doch alles in Ordnung. Das Ko-Be-Pro ist nicht nur ein Strategie-, sondern auch ein Trainingsplan. Was heißen soll: Wäre es bereits so, wie es sein soll, wäre das Ko-Be-Pro überflüssig.

Als dritter Punkt kommt nun noch das unvermeidliche Pendel des Lebens ins Spiel. Bedenken Sie, dass Ihre Strategiepunkte oder Ziele voraussetzen, dass Sie etwas tun müssen, um sie zu realisieren. Da jedes Tun aber auch mit einem Risiko verbunden ist, kann es gut sein, dass eine oder mehrere Strategien Sie unversehens auf die negative Seite des Pendels bringen. Es kann auch sein, dass Ihre Strategie perfekt ist, die äußeren Umstände aber leider eine neue Wendung nehmen. Und wieder schlägt Ihr Pendel des Lebens zu dieser Seite aus.

Wie kann da Balance gehalten werden, wenn es doch so viel Unwägbarkeiten gibt? Nun, wer Balance als Gleichmaß und ewige Harmonie versteht, hat das Leben nicht verstanden. Um in Balance zu kommen, braucht es immer zwei gegensätzliche Kräfte. Ohne sie wäre Balance gar nicht machbar. Das bedeutet, ohne die positive und die negative Seite des Pendels könnte es keine Balance geben. Also begrüßen Sie die negative Seite als unverzichtbar für die Balance und akzeptieren Sie, dass beide Seiten gleich wichtig sind.

Und das unvermeidliche 79/21-Gesetz? Ein 50/50-Gesetz wäre zwar ausbalanciert – aber wer will das schon?

Für Sie, für Ihre Mission, ist es wichtig zu erkennen, dass es eine als Harmonie und Gleichmaß interpretierte Balance nicht geben kann. Wenn Sie das bejahen, wenn Sie der Nicht-Balance zustimmen, erst dann sind Sie wirklich in Balance.

Leben Sie Ihr Ko-Be-Pro!

Wenn Sie bisher tausend Gedanken und tausend Ziele hatten, die sich möglicherweise inhaltlich widersprachen oder zeitliche Konflikte in sich bargen, dann haben Sie nun mit dem Ko-Be-Pro eine Zielorientierung gefunden – eine klare Ausrichtung für Ihr Leben. Das Ko-Be-Pro ist wie ein Laserstrahl, der Ihr Wollen, Ihren ganzen Willen auf den Punkt bringt.

Doch ist mit der Erarbeitung des Ko-Be-Pro noch lange nicht gesichert, dass die Strategiepunkte verfolgt und die gesteckten Ziele erreicht werden. Es hilft nur wenig, wenn Sie zwischen Abendessen und Tagesschau Ihr Ko-Be-Pro betrachten und es dann wieder zur Seite legen mit der Zuversicht, es ließe sich schon meistern, da es schließlich Ihren Wünschen und Ihrem Wollen entspricht. Das ist so, als wollten Sie durch bloßes Lesen der Vokabeln eine neue Sprache lernen. Das hat keinen Wert.

Die Arbeit mit dem Ko-Be-Pro muss intensiviert werden. Sie müssen sich eingehend und ernsthaft immer wieder damit beschäftigen, Sie müssen es immer wieder überprüfen. Nur so bekommt es nach und nach den Charakter eines fest installierten, kontinuierlich arbeitenden Programms, das sich mit der Zeit zudem selbst organisiert.

Damit Ihr Ko-Be-Pro zu einem „Selbstläufer" wird, gibt es nur einen Weg: Machen Sie es zu Ihrem Mantra! Ein Mantra, ein „Gesang zur Befreiung" oder ein „Instrument des Denkens" – so die Bedeutung des Sanskrit-Worts –, besteht aus Buchstaben oder unvollständigen Sätzen, die dabei helfen, das Bewusstsein zu läutern und zu erheben.

Ein Mantra ist einer bestimmten Geisteshaltung oder Energie zugeordnet, und seine Rezitation dient deren Freisetzung. Die Wirkung eines Mantras ist von der Kraft des Meditierenden abhängig. In diesem Zusammenhang sollte auch das Wort Meditation erklärt werden. Es bedeutet „Nachdenken über" und „zur Mitte ausrichten" – genau das ist Sinn und Zweck des Ko-Be-Pro.

Wenn Ihr Ko-Be-Pro Ihr Mantra ist, wenn Sie über dieses Mantra meditieren, dann befreien Sie sich von Ihren alten Programmen, von überholten Gedankenmustern und von hemmender Mutlosigkeit, dann klären Sie Ihr Bewusstsein, Ihre Konzentrationskraft und Ihren Willen, dann fokussieren Sie sich auf Ihr Wollen, Ihre Wünsche und Ziele.

Versuchen Sie das einmal ganz praktisch. Nehmen Sie sich einige Minuten Zeit, sorgen Sie dafür, dass Sie ungestört sind, und schließen Sie die Augen. Murmeln Sie leise „Ko-Be-Pro" vor sich hin und stellen Sie sich dabei das Bild Ihres Ko-Be-Pro vor. Sie werden feststellen: Mit dem Bild vor Ihrem inneren Auge und dem gleichzeitig leise gesprochenen Wort laufen unwillkürlich, wie ein Film, die Inhalte Ihres Ko-Be-Pro vor dem geistigen Hintergrund ab.

Das Bewusstsein wird geformt und gefestigt werden, wenn Sie die Beschäftigung mit dem Ko-Be-Pro intensivieren und immer wieder, in konsequenter Wiederholung, daran arbeiten. Die stetige Wiederholung sorgt dafür, dass sich das Bewusstsein dem Ko-Be-Pro nicht nur hin und wieder öffnet, sondern permanent dafür geöffnet ist.

Dabei dürfen Sie natürlich nicht vergessen, dass Leben Veränderung ist. Alles, was lebendig ist, wächst und verändert sich ständig. Das bedeutet, dass Sie trotz aller Klarheit vor allem für Ihre Unterziele immer wieder Kurskorrekturen und Neuformulierungen vornehmen müssen. Wenn sich die Situation, in der Sie stehen, verändert, werden sich auch die Ziele, die Sie aus dieser Situation heraus formuliert haben, verändern. Das ist das eine.

Das andere ist: Es ist extrem wichtig, dass Sie sich Ihre Ziele – vor allem Ihre Oberziele – immer wieder neu einprägen und sich für diese Ziele immer wieder neu einsetzen. Können Sie sich einen Sportler vorstellen, der, nachdem er einmal eine bestimmte Leistung gebracht hat, nie mehr trainiert? Können Sie sich vorstellen, dass er sagt: Ich habe diese Leistung einmal gebracht und das reicht mir. Wenn Sie einmal ein Ziel formuliert haben, dann schenken Sie ihm gebührend Aufmerksamkeit und lassen Sie nicht eher locker, bis es Ihnen unumstößlich zu eigen ist. Ihr Ko-Be-Pro möchte Ihnen dabei helfen, das, was Sie anstreben, auch tatsächlich umzusetzen. Es ist der Wegweiser für Ihre Mission.

Bei allen positiven Aspekten und Effekten des Ko-Be-Pro – es ist keine Hexerei. Kein Abrakadabra, kein Simsalabim verändert Ihr Leben von jetzt auf gleich so, dass Sie problemlos Ihren Strategiepunkten folgen und Ihre Ziele realisieren können.

Unsere alten Programme sind stark und beeinflussen das Leben jedes Einzelnen. Wir können uns nicht von ihnen befreien, nur weil wir es wollen. All die Konditionierungen, Konzepte und Identifikationen lassen sind nicht einfach so austauschen, all das Erlernte, Erfahrene und Erinnerte lässt sich nicht mit Leichtigkeit ersetzen. Ob es um die Gesundheit geht oder um das Bewusstsein, die Liebe, die Harmonie, den Job oder den Profit – immer wieder lassen wir uns von den alten Programmen und Konditionierungen ins Bockshorn jagen.

Es ist einfach nicht möglich, die Vergangenheit auszulöschen, und das muss auch nicht sein. Denn das Neue, was Sie mit dem Ko-Be-Pro dem Verstand hinzufügen wollen, ist nicht das Gegenteil vom Alten und es will das Alte nicht kurzerhand aussortieren. Es ist einfach nur etwas Neues, was sich durch das Alte, bereits Vorhandene nicht definieren lässt.

Natürlich ist es widersinnig, eine friedliche Koexistenz von Altem und Neuem anzustreben. Es käme nur zu immerwährenden argen Konflikten zwischen den beiden, und die gibt es schon zur Genüge, sobald das Neue in Erscheinung tritt. Der klügste Weg ist, die alten Programme und Konditionierungen als das zu akzeptieren, was sie sind: mehr oder weniger sinnvolle Begleiter des bisherigen Lebens, die sich nicht auslöschen, wohl aber überlagern lassen.

Erinnern Sie sich an den roten Tintenfleck? Er wird niemals verschwinden, aber er wird von schwarzer Tinte überlagert, sobald Sie diese darauf tropfen. Je mehr schwarze Tinte Sie auf den Fleck geben und je öfter Sie es tun, umso stärker wird die rote Tinte überlagert, aber sie wird niemals verschwinden.

Das Ko-Be-Pro installiert ein neues Programm. Es ist die schwarze Tinte, die bisherige Programme – die rote Tinte – überlagert. Je öfter Sie das neue Programm durch Ihr Handeln bekräftigen, je stärker Sie es durch das Umsetzen der Strategiepunkte bejahen, umso erfolgreicher werden die alten Programme überlagert, bis sie eines Tages bedeutungslos werden.

Bis es so weit ist, ist es absolut okay, wenn einmal das alte und einmal das neue Programm die Oberhand gewinnt. Zudem wird es immer Programme geben, die sich nicht gänzlich überlagern lassen. Sie tauchen hin und wieder auf und übernehmen für eine gewisse Zeit das Ruder. Auch das ist in Ordnung, solange sie nicht wieder auf Dauer das Sagen haben.

Also lassen Sie sich nicht entmutigen, wenn die alten Programme und Konditionierungen hartnäckig sind. Akzeptieren Sie das, was ist, und konzentrieren Sie sich auf das, was sein soll. Jeder auch noch so kleine Schritt ist ein Erfolg, weil er die Überlagerung verstärkt und in die Richtung führt, die mit Ihrer Mission übereinstimmt.

Die eigenen Talente anerkennen

Ihr Ziel ist es, in spätestens drei Jahren zum Projektmanager befördert zu werden und gemeinsam mit fähigen Mitarbeitern spannende Projekte zu realisieren. In Ihrer jetzigen Position stellen Sie Ihre exzellenten Branchenkenntnisse, Ihr hervorragendes betriebswirtschaftliches Wissen wie auch Ihre Begabung für effiziente Problemlösungen täglich unter Beweis. Um auch in den Bereichen Recht, Finanzierung und Controlling mit fundiertem Wissen aufwarten zu können, nehmen Sie in Ihrer Freizeit an entsprechenden Fortbildungen teil. Zudem sind Sie bei Vorgesetzten und Kollegen gleichermaßen beliebt. Es scheint also nichts dagegen zu sprechen, tatsächlich zum Projektmanager befördert zu werden.

Die Jahre vergehen. Sie bekommen regelmäßig hohe Gratifikationen und außertarifliche Zulagen wegen besonderer Leistungen. Nur: Die Position eines Projektmanagers wird Ihnen nicht angeboten. Eines Tages fassen Sie sich ein Herz und sprechen Ihren Chef darauf an. Sie schätzen ihn als klugen und gerechten Vorgesetzten, und tatsächlich ist er das auch. Denn er macht Ihnen unmissverständlich klar, Sie seien in Ihrer jetzigen Position jede Gratifikation und jede Zulage wert, für die Position eines Projektmanagers fehlten Ihnen jedoch entscheidende Talente, zum Beispiel in der Mitarbeiterführung. Sie schlucken, Sie sind entgeistert, nein, Sie sind empört! Doch am

Abend, nachdem Sie die Argumente Ihres Chefs eingehend überdacht haben, wird Ihnen klar: Der Mann hat recht. Sie sind eine Spitzenkraft, wenn es um die Projektplanung und -steuerung geht, doch Führung, Mitarbeitermotivation und ähnliche Soft Skills sind einfach nicht Ihr Ding. Aus der Traum, mission impossible. Doch dank Ihres Chefs haben Sie erkannt, dass diese Mission nicht Ihren Talenten entspricht.

Sie haben den Fokus allein auf Karriere und Image gerichtet; über Ihre wahren Talente haben Sie sich keine Gedanken gemacht. So geht es vielen Menschen. Sie verstricken sich in den Wunsch nach mehr Prestige und gesellschaftlicher Anerkennung. Sie nehmen es hin, dass Stress, Hektik und ein wachsendes Unbehagen ihr Leben beherrschen. Sie unterwerfen sich einer Lebenslüge, die nach außen Ansehen und Erfolg demonstriert, im Inneren jedoch Unzufriedenheit, Niedergeschlagenheit und eine unerklärliche Sehnsucht verursacht.

In dem Buch „Das Peter-Prinzip oder die Hierarchie der Unfähigen" von Lawrence J. Peter und Raymond Hill wird das so formuliert: „In einer Hierarchie neigt jeder Beschäftigte dazu, bis zu seiner Stufe der Unfähigkeit aufzusteigen." Ein besonders guter Pädagoge wird zum Schulrat befördert, eben weil er ein besonders guter Pädagoge ist. Ein Sachbearbeiter wird zum Abteilungsleiter befördert, weil er sachlich und fachlich ein exzellenter Mitarbeiter ist. Beide versagen. Der Pädagoge hat nicht das Talent zum Verwaltungsmenschen, der Sachbearbeiter keine Begabung, Menschen zu führen.

„Schuster, bleib bei deinen Leisten" ist nicht nur ein hübsches Sprichwort. Es sagt auch aus, das wir bei dem bleiben sollen, was wir können, was uns entspricht, was unser Talent ist.

Talent ist die Summe der Befähigungen, Neigungen und Qualifikationen, die zwar bei jedem Menschen verschieden, aber auf jeden Fall vorhanden sind. Das Erkennen des Talents ist der Grundstein für die

Definition der Mission, und die Entfaltung des Talents ist die Basis für das Gelingen der Mission. Es ist ein intensives Leben, wenn wir unser Talent entdeckt und entfaltet haben und an dem Platz stehen, wo wir es leben können.

Doch nicht allein gelebtes Talent, sondern schon die Lenkung des Lebens in Richtung des Talents motiviert und schenkt neue, bisher nicht gekannte Energien. Jeder Lebensweg wird umso eher zur Mission, je mehr er dem Talent entspricht. Die Angst vor einer möglicherweise notwendigen Veränderung verhindert jedoch ein Innehalten und damit eine Bewusstwerdung der Lebenslüge. Dabei erfordert die Überwindung der Lebenslüge noch nicht einmal eine abrupte Veränderung. Es reicht schon aus, sich jeden Tag ein kleines Stück von dem Gewohnten zu entfernen. Wer jeden Tag seinen Lebenskurs anwachsend in Richtung seines Talents lenkt, bewirkt für die Zukunft eine gewaltige Veränderung.

Wer einen Berg hinaufsteigt, braucht nicht zum höchsten Gipfel zu klettern, um den Himmel zu erreichen. Denn der Himmel ist überall. Es ist sogar in höchstem Maße gefährlich weiterzusteigen, wenn es den Fähigkeiten und dem Talent widerspricht. Wir werden unsicher, geraten ins Wanken, und im schlimmsten Falle stürzen wir ab.

Ihre Mission sollte nicht an Image, Prestige und gesellschaftlicher Anerkennung ausgerichtet sein. Sie sollte die Erfüllung Ihrer Fähigkeiten und Talente sein. Wenn Sie Leidenschaft für Ihr Tun empfinden, wenn sie mit Begeisterung aktiv sind und sich dabei authentisch fühlen, dann leben Sie Ihr Talent. Dass es dennoch Schwierigkeiten, Blockaden und Rückschläge geben kann, versteht sich von selbst. Denn auch der Weg des Talents ist niemals hundertprozentig perfekt.

Wenn Sie sich aufmachen, Ihr Talent zu entdecken und zu entfalten, werden Sie sich verständlicherweise erst einmal auf Ihre Stärken besinnen: Sie sind ein guter Zuhörer, Sie sind mathematisch begabt,

Sie haben ein Händchen für effektive Problemlösungen und Sie können gut mit Menschen umgehen. Das ist doch was! Daraus könnte man doch was machen! Ja, könnte man tatsächlich, wenn sich zu den Stärken nicht auch manche Schwächen hinzugesellen würden. Denn dummerweise können Sie mitunter ein arger Hitzkopf sein und neigen zudem in regelmäßigen Abständen dazu, sich Ihrem Phlegma zu ergeben.

Niemand kann sich von Schwächen freisprechen, auch wenn wir sie am liebsten nicht wahrhaben wollen. Denn eigentlich sind wir sicher, dass die Stärken bei weitem überwiegen. Die Stärken werden nun einmal weit mehr geschätzt, und darum wollen wir uns ihnen auch zuerst zuwenden.

Notieren Sie zuerst, was Sie ganz allgemein als Ihre sechs größten Stärken, Begabungen oder Fähigkeiten ansehen. Schreiben Sie dann jeweils drei Stärken auf, die Sie im Beruf, im Privatleben und im ganz persönlichen Bereich auszeichnen. Mehrfachnennungen sind natürlich erlaubt. Eine schlichte Benennung wäre allerdings zu einfach. Fragen Sie sich deshalb: Was lässt Sie glauben, diese Stärken zu haben? Womit können Sie das begründen? Welche Auswirkungen haben Ihre Stärken im Berufsleben, im Privatleben, im ganz persönlichen Bereich?

In gleicher Weise beschäftigen Sie sich dann mit ihren Schwächen. Anschließend bitten Sie einen Ihnen sehr vertrauten Menschen, dass er möglichst viele Stärken und Schwächen, die er an Ihnen wahrnimmt, aufschreibt und erklärt, wodurch sie sich äußern.

Wenn Sie nun Ihre Aufzeichnungen mit denen des vertrauten Menschen vergleichen, werden Sie ganz bestimmt feststellen: Stärken, die Sie benannt haben, tauchen in den Notizen des anderen nicht auf. Dafür sieht er Stärken an Ihnen, die Ihnen selbst gar nicht bewusst sind. Mit den Schwächen wird es ebenso sein. Das ist nicht verwunderlich, denn unser Selbstbild stimmt nicht immer mit der Realität überein.

Sinn und Zweck der Übung ist gleich mehreres: Sie werden sich Ihrer Stärken bewusst und dank der Hilfe Ihres Freundes können Sie möglicherweise weitere hinzufügen.

Sie erkennen, dass eine angenommene Stärke gar nicht besteht. Da Sie aber glaubten, diese Stärke zu haben, entspricht sie vielleicht einem Wunsch und mag an sich ein lohnendes Ziel für Ihr Ko-Be-Pro sein.

Sie haben sich mit Ihren Schwächen auseinandergesetzt und dabei vielleicht erkannt, dass manche Schwäche eher die Bezeichnung „liebenswerte Eigenschaft" verdient.

Sie haben aber auch Schwächen erkannt, die Ihre Strategiepunkte, Ziele, Fähigkeiten und Talente erheblich beeinträchtigen. Wenn Sie diese Schwächen gegen etwas anderes eintauschen könnten, was würde das sein? Was hindert Sie daran, und welche Stärken können Ihnen dabei behilflich sein, diese Schwächen tatsächlich gegen etwas anderes einzutauschen? Vielleicht ergeben sich auch hier neue Strategiepunkte für Ihr Ko-Be-Pro.

Noch eine wesentliche Anmerkung zu den Schwächen: Schwächen sind menschlich. Meist sehen wir unsere Schwächen als etwas an, was dringend verändert werden sollte. Wir setzen uns unter Druck, um sie zu überdecken, wir fühlen uns durch sie gelähmt oder wir finden uns fatalistisch damit ab. Wir glauben, erst dann „gut" zu sein, wenn wir keine Schwächen mehr haben. Doch Schwächen gehören zum Menschen wie Dornen zur Rose. Wichtig ist aber, den bewussten Umgang mit den Schwächen zu lernen und sie gegen die Stärken abzuwägen. Sie sind nicht erst dann „gut", wenn Sie keine Schwächen mehr haben. Sie sind gut, wenn Ihre Stärken zum Tragen kommen und Ihre Schwächen nicht zum Stolperstein werden. Wenn sie es aber werden oder bereits sind und wenn Sie sich dadurch gestört fühlen, dann sollten Sie etwas unternehmen.

Eine Schwäche kann Ansporn sein und eine besondere Aufgabe im Leben darstellen. Oft reicht es schon, ganz bewusst zu seiner Schwäche zu stehen, damit sie sich wandelt. Denn hinter manchen sogenannten Schwächen steht eine wunderbare Stärke. Die mangelnde Durchsetzungsfähigkeit verbirgt möglicherweise eine große Rücksichtnahme, die Menschenscheu ein ausgeprägtes Feingefühl und die zu langsame Arbeitsweise eine große Sorgfältigkeit. Deshalb ist es so wichtig, die Schwächen bewusst wahrzunehmen und zu beleuchten, um feststellen zu können, ob sich dahinter eine Stärke verbirgt, ob es einfach nur eine menschliche Schwäche ist, die weder andere noch Sie und Ihren Lebensweg stört, oder ob es eine Schwäche ist, die – auch wenn sie keine Stärke verdeckt – Ihre Mission erschwert.

Wenn Sie drei Wünsche frei hätten ...

Stellen Sie sich einmal vor, eine Fee stünde plötzlich vor Ihnen und fragte Sie nach Ihren größten Wünschen. Sie wissen doch, in der Märchenwelt ist alles möglich. Welche Wünsche kämen Ihnen dann in den Kopf? Denken Sie gut nach, denn Sie wissen: Feen sind unbestechlich, und ein einmal geäußerter Wunsch wird sich erfüllen. Auch dann, wenn damit ungewollte Begleiterscheinungen verbunden sind.

Das steht also die Fee vor Ihnen, lächelt Ihnen zu und Sie brauchen gar nicht lange zu überlegen: „Ich wünsche mir Glück, Erfolg und Gesundheit." Die Fee nickt, winkt Ihnen freundlich zu und verschwindet.

Toll, von nun an wird das Leben ein Fest! Davon sind Sie überzeugt, schließlich enthalten die Begriffe Glück, Erfolg und Gesundheit alles, was Sie sich wünschen: den Super-Job, das schnuckelige Haus mit herrlich großem Grundstück, ein prall gefülltes Bankkonto, eine wunderbar harmonische Beziehung, gute Freunde, viel Freizeit und, und, und. Das alles werden Sie so richtig genießen können, denn schließlich haben Sie sich auch Gesundheit gewünscht.

In den nächsten Wochen passiert vieles: Die Firma, für die Sie arbeiten, ist zahlungsunfähig, doch Sie bekommen innerhalb von zwei Tagen einen neuen, gleichwertigen Job angeboten. Dort haben Sie jede Menge Arbeit zu erledigen, müssen viel Zeit investieren. Sie meistern jedoch alle Aufgaben mit Energie und Bravour und werden dafür hoch gelobt. Dann werden Sie in einen schweren Autounfall verwickelt, den Sie als Einziger vollkommen unbeschadet überleben. Ihr Wagen dagegen ist hinüber. Da kommt Ihr Vorgesetzter unerwartet auf Sie zu und verkündet, Sie hätten sich zwischenzeitlich sehr gut bewährt und Ihnen stünde nun ein Firmenwagen zu, den Sie auch privat nutzen könnten.

So geht es weiter: etwas Pech hier, eine unglückliche Fügung dort. Doch jedes Mal geschieht beinahe gleichzeitig etwas, was die Sache wieder zum Guten wendet. Das Pendel des Lebens schwingt ungestüm von rechts nach links, von links nach rechts ... Das einzige Stabile in Ihrem Leben ist die Gesundheit. Gleichgültig, was Ihnen geschehen ist, Sie sind kerngesund und quicklebendig davongekommen.

Irgendwann, in einem stillen Moment, stellen Sie fest: Nein, das ist wirklich nicht das, was ich mir unter Glück und Erfolg vorgestellt habe. Doch dann dämmert es Ihnen. Ja, Sie hatten Glück bei allem, was Ihnen widerfahren ist, und Sie hatten Erfolg. Es ist nur eine Frage der Interpretation. Allerdings hatten Sie bei der Wunschäußerung etwas anderes im Sinn als das, was tatsächlich geschehen ist.

Gut, Ihren Gesundheits-Wunsch hat die Fee richtig gedeutet, bei den Themen Glück und Erfolg lag sie allerdings ziemlich daneben. Doch woher hätte sie auch wissen können, was Sie unter Glück und Erfolg verstehen?

Für den einen ist es Glück, den Sonnenuntergang zu bestaunen, für den anderen ist es der Lottogewinn oder eine erfüllte Liebe. Und Erfolg? Auch da gibt es wohl so viele Konkretisierungen wie es Menschen gibt. Gleiches gilt für Begriffe wie Harmonie, Reichtum, Liebe und ähnlich schwammige Bezeichnungen. Sie hätten Ihre Wünsche präzisieren sollen; Sie hätten der Fee sehr deutlich sagen müssen, welches Glück und welchen Erfolg Sie sich wünschen.

Werden Sie sich klar darüber, was Ihnen wirklich so wichtig ist, dass Sie es der Fee benennen könnten, ohne unliebsame Überraschungen zu erleben.

Ihre Mission wird dann erfolgreich sein, wenn Sie sehr konkret wissen, was Sie wirklich wollen. Ansonsten kann es Ihnen passieren, dass Glück, Erfolg, Reichtum, Liebe oder Harmonie Ihnen zwar widerfahren, der Gehalt jedoch ziemlich von dem abweicht, was Sie sich darunter vorgestellt haben.

Nach dem ganzen Schlamassel mit der Fee will das Schicksal wieder alles ins rechte Lot bringen. Es schickt Ihnen ein Telegramm und teilt Ihnen mit, dass nun tatsächlich Ihre drei größten Wünsche in Erfüllung gehen werden.

Dieses Mal sind Sie verständlicherweise sehr vorsichtig, und bevor Sie in Jubel ausbrechen, überlegen Sie erst einmal sehr genau, was denn da wohl in Erfüllung gehen wird. Schließlich möchten Sie nicht wieder enttäuscht werden, und außerdem wollen Sie wissen, ob das Schicksal wirklich Ihre drei größten Wünsche erfüllen wird. Dass Sie dafür erst einmal selber sehr genau wissen müssen, welche Wünsche das sind, das ist Ihnen nach der Erfahrung mit der Fee klar geworden.

Also nehmen Sie Papier und Stift zur Hand und betrachten lange und ausführlich Ihr Mind Map, Ihre Collage und das Ko-Be-Pro.

Nach eingehender Prüfung Ihrer Wünsche und Ziele stellen sie fest, dass so einiges davon mit Ihrer wahren Persönlichkeit nicht sehr viel zu tun hat, und Sie hoffen, dass das Schicksal nicht ausgerechnet diese Wünsche und Ziele ernst genommen hat.

Sie lehnen sich zurück, schließen die Augen, und vor Ihrem geistigen Auge steigen Bilder auf, die ganz offensichtlich ein Vorgriff auf Ihre

Zukunft sind. Sie sehen sich in Ihrem Job, erkennen sogar, welche Arbeit Sie dort erledigen, und bemerken, dass Sie Ihre Aufgaben mit Spaß, Eifer und Begeisterung erfolgreich erledigen. Sie sehen sich im heiteren Zusammensein mit Ihren Kindern und im zärtlichen Miteinander mit Ihrem Ehepartner. Sie sehen sich mit Ihren Freunden in harmonischer Runde. Sie sehen Ihr Haus, den Garten, das Umfeld. Alles das läuft sehr lebendig, wie ein Film vor Ihrem geistigen Auge ab.

Und es kommt noch besser. Während Sie die Bilder dieses äußerst angenehmen Films erleben, stellen Sie plötzlich fest, dass auch Geräusche und Gerüche wahrzunehmen sind. Stellenweise meinen Sie sogar, etwas zu schmecken. Vor allem aber: Sie fühlen sich absolut wohl, Sie genießen diesen Future-Trailer in höchstem Maße. Genau so, wie Sie es jetzt gerade erleben, stellen Sie sich Ihre Zukunft vor. Das sind Ihre Wünsche und Ziele.

Mit einem Ruck kommen Sie in die Wirklichkeit zurück, und Sie wissen auf einmal sehr genau, welches Ihre drei größten Wünsche sind. Darüber hinaus ist Ihnen völlig klar geworden, welche weiteren Wunscherfüllungen und Zielverwirklichungen Ihr Leben bereichern werden.

Emsig und mit großem Vergnügen verbessern Sie das Ko-Be-Pro, überarbeiten das Mind Map und setzen die Collage neu zusammen. Eine nochmalige Prüfung ergibt: Ja, alles passt zusammen. Das ist es, was ich wirklich will. Trotz mancher notwendiger Mühen will ich genau das verwirklichen. Das ist meine Mission!

Wie könnte das Schicksal sich jetzt noch bei der Wunscherfüllung irren?

Think Deep!

ISBN 978-3-89901-148-7

ISBN 978-3-89901-149-4

ISBN 978-3-89901-150-5

ISBN 978-3-89901-151-7

ISBN 978-3-89901-152-4

ISBN 978-3-89901-153-1

Warum sind manche Unternehmen in ihrem Auftritt am Markt gut, andere hingegen wirklich exzellent? »Think DEEP!«, das neue Label der Business-Reihe »inspire!«, zeigt: Die Outperformer sind deshalb besser, weil sie anders – nämlich tiefer – denken und damit ihre natürlichen Ressourcen effizienter erschließen und nutzen können.

Die Neuauflage der sechs Bücher bündelt erstmals alle »Think DEEP!«-Bücher von Wolf W. Lasko in einer Reihe.

jkamphausen

Weitere Bücher von Wolf W. Lasko

Forschungsprojekt Sein

Mit 66 Experimenten führt der Autor den Leser in die direkte sinnliche Erfahrung von XU, dem grenzenlosen Gewahrsein jenseits von Leben und Sterben.

Das ewige Sein ist so nahe, wie unser Atem – hier können wir es erleben.

Wolf W. Lasko: XU | 332 Seiten | ISBN 978-3-89901-154-8

www.inspire-news.de

...hier geht's weiter!

Verehrte Leserin, verehrter Leser,

wir laden Sie herzlich ein, mit uns neue, inspirierende und multimediale Wege zu gehen.

ONLINE

informieren – austauschen – mitwirken – begegnen

Nutzen Sie die vielen Möglichkeiten unserer Website.

- Info-Pakete & Online-Kurse
- Mitschnitte & Tageslosungen
- Aktionen, Foren & Newsletter
- Communities in „mein.weltinnenraum.de"
- Blogs und Vlogs, u. ä.

Wir freuen uns auf Sie

Ihr

Joachim Kamphausen, Verleger

weltinnenraum.de
J.Kamphausen | Mediengruppe